한국 FPSB 지정교육기관

이패스코리아 동영상 강의
www.epasskorea.com

2025 최신개정판

이패스
사례형 핵심문제집

이패스코리아 금융연구소 저

epasskorea

머리말

구글 딥마인드(Google DeepMind)가 개발한 인공지능 바둑프로그램인 알파고(AlphaGo)가 이세돌 9단에 4 대 1로 승리한 것이 2016년입니다. 그리고 짧은 세월이 지나 2023년 3월 14일, OpenAI의 최신 언어모델인 GPT-4가 출시되었으며, 모든 금융기관에서 인공지능을 활용한 업무영역을 확장하고 있는 게 현실입니다. 앞으로도 이러한 추세는 지속될 것이며, 금융기관이 업무에서 일반적인 업무를 담당하는 직원들의 업무영역은 축소되고, 개편될 것이며, 사라질 것입니다. 단순 입출금과 간단한 지식을 요하는 업무를 필요로 하는 고객에 대하여 금융기관은 업무의 효율성과 비용 절감을 위하여 인공지능에 의한 업무 수행을 선호할 것이며, 고객 또한 이러한 추세에 맞추어 적응해 나갈 것이기 때문입니다. 그러나 그에 반하여 금융전문가로서 특화된 전문업무영역은 오히려 그 중요성을 더 할 것입니다. 금융기관에게 많은 수익을 안겨주는 중요한 VIP 고객의 경우 단순한 업무 수행을 넘어서 신뢰를 바탕으로 한 파트너로서의 관계를 요구하고 이러한 현상을 지속적으로 강화될 것이기 때문입니다.

또한 현재의 금융시장을 살펴보아도 금융환경의 다각화로 금융기관 간의 업무영역이 없어지고 고객유치경쟁도 날로 치열해지고 있는 실정이며, 특히 일정 금액 이상의 거액자산을 가진 부유층을 겨냥한 VIP 마케팅의 중요성은 날로 증대되고 VIP 고객의 니즈와 투자성향에 근거하여 고객중심의 종합자산관리형 영업 전개와 고품격 금융컨설팅 서비스를 전담할 실력 있는 고능률의 FP(Financial Planner)의 육성이 더욱 절실해지고 있습니다.

따라서 모든 금융기관들은 VIP 고객과의 업무영역을 넓히고 강화하고 수익을 창출하기 위하여 파이낸셜 플래닝의 전분야에 대한 지식을 습득하여 상담이 가능하고 네트워크를 활용하여 대안을 제시할 수 있고 윤리성을 갖춘 금융주치의로서의 역할을 수행할 수 있는 자격을 갖춘 전문가로서 역할을 수행할 직원의 필요성을 절실하게 느끼고 있으며 이러한 직원의 채용과 양성에 많은 노력을 기울이고 있습니다.

지금 우리가 도전하여 획득하고자 하는 CFP 자격증은 Financial Planning의 전문성을 높여 공익에 기여하기 위해 미국의 CFP Board가 국제적 기준에 따라 4E(Ethics, Education, Experience, Examination)의 기본적인 자격인증요건을 충족하고 고객에게 종합 자산설계 서비스를 제공할 수 있는 최고의 전문가에게 부여하는 국제 공인자격증입니다. 또한 CFP® 자격인증자가 수행하는 업무는 종합 개인 재무 설계업무로서 고객과의 상담, 자료수집, 고객의 재무상태 분석 및 평가 업무를 수행함과 동시에 제안서 작성 및 제시, 실행, 모니터링뿐만 아니라 각종 교육 및 홍보를 수행할 수 있는 CFP® 자격인증자입니다.

대부분 금융기관의 종합 금융전문가들은 CFP 자격증을 보유하고 있으며 현업에서는 금융 고객을 상담하는 담당자에게 CFP® 자격을 요구하고 있는 추세입니다. 일부 금융기관의 경우 사내 대리급으로 승진 시 AFPK 자격증을 필수요건으로 채택하고 있으며, 간부급으로 승진 시 CFP® 자격증에 대해 별도의 승진 가산점을 주는 등 각종 인센티브 제도를 통해 자격증 취득을 유도하고 있습니다. 은행, 보험, 증권회사 등 금융회사들은 CFP특별반을 그룹차원에서 편성하여 매년 CFP 양성교육을 실시하고 있습니다.

그 이유는 바로 금융 현장에서 바로 사용할 수 있는 인력 즉 "실전형 인재"가 절실하게 필요하기 때문이며, 이미 많은 여러분들의 선배인 CFP® 자격을 갖춘 인재가 금융현장에서 바로 활용할 수 있는 현장감 있는 지식과 사례가 겸비된 인재로서의 업무수행능력을 충분히 검증한 때문이기도 합니다.

물론 금융기관 취업을 생각하고 있는 분의 경우 AFPK나 CFP 자격증이 있다고 해서 금융권 취업이 보장되지는 않습니다. 이 세상 어디에도 이제는 어떤 자격증도 암행어사의 마패처럼 취업이 보장되는 것은 아무것도 없습니다. 단지 자격증의 역할은 달리는 말에 채찍을 더하듯 나의 경력에 하나의 화려한 옷을 덧입히는 것입니다. 가장 중요한 것은 준비된 나의 모습을 보여주는 것입니다. 더욱이, CFP 합격이 다른 자격증에 비해 어렵기에 더욱더 가치가 있는 법입니다. 아무나 쉽게 취득하는 자격증이라면 진정으로 도전할 가치가 있을까요?

AFPK와 CFP 자격증에 도전해 보십시오! 생각보다 쉽지 않은 시험입니다. 특히 AFPK 경우 최소 3개월, CFP 경우 6개월의 시간이 필요한 장기간의 도전입니다. 교육기관과 교재, 강사의 선택도 중요하지만 합격의 지름길은 장기 레이스를 달리는 마라토너와 같이 페이스를 잃지 않는 꾸준함과 성실, 그리고 자신과의 싸움에서 이기는 것입니다. 기회는 스스로 준비하는 자에게 오는 것입니다. 여러분의 선택이 여러분의 미래를 바꿀 것입니다.

이패스코리아 금융연구소 저

출제경향분석

1 출제범위

구분	시험과목	문항수	출제 범위	제외되는 범위
지식형 (170문항)	재무설계 원론	15	각 과목 기본서 중심 (단, 개인재무설계 사례집 내용 포함) 교재 내용을 토대로 응용이 가능한 부분	재무설계사 직업윤리 「제3장(징계규정)」 및 「부록(관련 규정)」
	재무설계사 직업윤리	5		
	위험관리와 보험설계	25		
	은퇴설계	25		
	부동산설계	20		
	투자설계	28		
	세금설계	27		
	상속설계	25		
사례형 (50문항)	단일사례	과목 구분 없이 30문항	각 과목 기본서 + 개인재무설계 사례집	
	복합사례(Ⅰ, Ⅱ, Ⅲ)	과목 구분 없이 각 10문항		
	종합사례	과목 구분 없이 20문항		

※ 지식형에서 계산문제가 출제될 수 있으며, 단일사례에서도 공식의 이해 문제가 출제될 수 있습니다. 지식형은 기본서에서만 출제되고, 단일사례는 개인재무설계 사례집에서만 출제되는 것이 아니므로, 학습 시 기본서와 개인 재무설계 사례집을 병행하여 공부하는 것이 필요합니다.

※ 복합사례 및 종합사례의 경우 과목의 순서가 고객 니즈에 맞게 구성되어 있고, 지식형 문항과 단일사례형 문항이 혼합되어 출제되기 때문에, 고객 니즈에 맞는 종합적인 판단이 요구됩니다.

2 과목별 주요학습내용

과목명	주요 학습내용
재무설계 원론 및 직업윤리	• 종합재무설계, 자격인증자의 기본업무, ★ 화폐의 시간가치, ★ 종합재무설계 프로세스, ★ 부채관리, ★ 행동재무학 • ★ 재무설계사의 직업윤리, CFP® 자격표장, 재무설계 업무수행 유의사항
위험관리와 보험설계	• 위험, 보험산업(보험요율·보험금 지급절차), ★ 생명보험(정기·종신·장애인전용·기타·저축성보험), ★ 제3보험(상해·실손의료), ★ 손해보험, 보험설계
은퇴설계	• 은퇴설계, 은퇴소득, ★ 공적연금(기초·국민연금), ★ 퇴직연금, ★ 개인연금, 은퇴자산 축적을 위한 투자관리, 은퇴소득 인출전략과 지출관리, 비재무적 은퇴설계
부동산설계	• 부동산 시장분석, ★ 부동산 관련 법(임대차보호법), ★ 부동산 투자분석, ★ 부동산투자, 부동산 금융, 부동산설계 사례
투자설계	• 거시경제와 금융시장, ★ 현대 포트폴리오 이론, 투자성 금융상품 위험등급, 고객 투자성향, ★ 주식 및 채권 투자, ★ 투자전략, 자산배분전략, 투자설계 프로세스, 대체자산 및 구조화상품, 투자설계 사례
세금설계	• 세금설계 총론(조세구제제도, 국세부과), ★ 소득세, 법인세, 부가가치세, ★ 금융자산과 세금, ★ 부동산자산과 세금, ★ 은퇴소득과 세금
상속설계	• 상속설계 개관, ★ 상속 개시 전·후 상속설계, 상속집행과 분쟁해결

- 특히 **재무설계원론의 TVM 계산**은 사례형 문항에서 비중있게 다뤄지므로 이에 대비한 완벽한 학습이 필요하며, **위험관리와 보험설계의 '제6장 보험설계'**는 사례집과 연계하여 생명보험 필요보장액 등 계산 문제의 학습이 필요합니다.
- **은퇴설계의 '제3장 공적연금'과 세금설계의 '제2장 소득세', 제6장 부동산자산과 세금'**은 지식형 및 사례형에서 자주 출제되며 응용형 문제가 출제될 가능성이 높아 제도에 대한 깊이 있는 학습이 필요합니다.
- **부동산설계의 '제4장 부동산투자'**는 사례집과 연계하여 TVM을 활용한 계산문제에 대한 학습이 필요하며, **상속설계의 '제2장 상속개시 전 상속설계'**는 사례형 시나리오에 유언장으로 포함될 수 있습니다. 또 **'제5장 상속세 및 증여세의 이해'**는 지식형 및 사례형에서 빈번히 출제되므로 깊이 있는 학습이 필요합니다.

좀 더 자세한 내용 및 수험정보 등은 당사 홈페이지(www.epasskorea.com) 참조

CFP ACCEPTANCE STRATEGY — 학습전략

→ CFP 공부순서

- 사실 CFP 공부순서라고 정해진 것은 없습니다. 가장 좋은 것은 본인이 자신있는 과목부터 시작하는 것입니다. 예를 들면 이과 전공자라면 투자설계를, 문과 전공자라면 법률부터 시작하는 것이 유리할 수 있습니다.

- 단, 기본이론 과목의 학습보다 선행되어야 하는 것이 TVM(Time Value of Money)입니다. TVM은 시험 전 마지막 순간까지도 붙들고 있어야 합니다. 아래는 CFP 학습 시 함께 묶어서 공부하면 좋은 Part를 제시합니다.

→ 효율적 학습전략 (PART 3 분할학습)

PART Ⅰ) 구성 및 학습순서 : TVM → 재무설계원론 → 은퇴설계 → 보험설계

목적자금이나 은퇴자금 마련을 위한 재무설계 시 TVM(화폐의 시간가치, cash flow 등)의 원리가 적용되기 때문의 위의 4개의 과목은 하나의 Part로 학습하시는 것이 좋습니다. 또는 TVM 이후 은퇴설계와 보험설계를 먼저 하시고 재무설계원론을 마지막에 하셔도 좋습니다. 재무설계원론은 다른 과목의 포인트가 되는 부분들을 다루고 있어 마지막에 학습하실 경우 중복되는 내용들을 더 쉽게 이해하실 수 있습니다. 직업윤리는 학습내용이 많지 않고 규정에 대한 암기가 필요한 부분으로 시험 직전에 학습을 하셔도 충분합니다.

PART Ⅱ) 구성 및 학습순서 : 투자설계 → 부동산설계

'투자'라는 관점에서 보면 '부동산'도 투자의 대상이 되고, 보유 비율이 높은 자산 중 하나입니다. 특히 투자설계 과목에서도 '부동산 투자'를 다루고 있어 두 개의 과목을 연관지어 학습하시는 것이 학습효율을 높일 수 있습니다.

PART Ⅲ) 구성 및 학습순서 : 세금설계 → 상속설계

세금설계와 상속설계는 정해진 법대로 상속세, 증여세 등 세금과 관련된 내용을 학습하는 과목으로 '세금' 관련 중첩되는 내용이 많고, 지식형 공부가 곧 사례형 공부가 되는 과목입니다. TVM이 기본이 되는 다른 과목과 달리 일반 가정용 계산기만으로도 대비가 가능하며, 반복학습이 강조됩니다.

과목 담당 교수가 알려주는 학습전략

1. 보험설계

보험의 이론적 이론뿐만 아니라 보험설계에 대한 계산사례 문제에 대비하여야 합니다. 생명보험과 손해보험에 대한 부분이 상대적으로 출제비중이 많은 편이기 때문에 중요한 내용을 중심으로 반복적으로 학습하길 권합니다.

보험약관과 관련한 내용은 보험소비자 입장 중심으로 이해하면서 학습하는 것이 좋으며 보험상품과 관련한 내용은 보험소비자의 재무적 상황에 적합한 보험상품을 권유하기 위한 보험상품의 특징을 중심으로 학습의 포인트로 하는 것이 좋습니다.

2. 세금설계

세금설계 과목은 이론적인 내용뿐만 아니라 세액을 계산하는 문제에 대비하여야 합니다. 대체적으로 세금의 큰 틀을 이해하고 정리가 잘 된다면 전략과목으로 고득점이 가능한 과목이므로 세금계산구조와 세율 등과 같이 일정부분은 암기가 요구됩니다.

법인세와 부가가치세 부분에 비해 개인재무설계와 관련한 종합소득세와 양도소득세에 대한 출제 비중이 크다고 할 수 있음으로 종합소득세와 양도소득세 부분에 학습의 집중도를 높이는 것이 좋습니다.

3. 부동산설계

부동산설계의 지식형이나 사례형 모두 좋은 점수를 취득할 수 있는 과목으로 공부한 만큼 점수가 나오는 과목입니다. 시험문제는 CFP 입장에서 고객에게 현명한 부동산설계를 제공하는데 필요한 기본적 지식을 요구하고 있기 때문에 무조건 암기보다는 기본 강의를 통해 내용을 이해하시기를 부탁드립니다. 또한 지식형 문제는 기본서 구석에 있는 문장이 출제가 되는 경향이 높다는 점에서 교재 중심으로 공부하시기 바랍니다.

제2장 부동산설계 관련 법, 제4장 부동산투자는 평소 부동산에 대한 관심이 많았던 분들이 쉽게 접근할 수 있는 파트이며, 제1장 부동산시장분석, 제2장 부동산설계 관련 법, 제6장 부동산설계 사례는 AFPK 부동산설계와 중복되는 부분이 있다는 점에서 고득점을 취득할 수 있는 파트입니다.

제3장 부동산투자분석은 지식형뿐만 아니라 사례형을 출제할 수 있는 문제의 보고입니다. 사례형의 대부분은 부동산가치평가(원가방식, 비교방식, 수익방식)이 출제되기 때문에 가치산출 프로세스를 꼭 암기하시고, 재무계산기를 사용해서 직접 사례를 해결할 수 있는 능력을 갖추어야 시험장에서 당황하지 않을 것입니다.

출제빈도가 낮은 제5장 부동산금융(프로젝트 파이낸싱, 부동산신탁)은 개념과 세금 부분을 이해하고 암기하신다면 고득점이 가능한 파트입니다.

→ 최동진 교수의 특별한 CFP 공부방법

1. **지식형**

   1) 처음부터 기본서 정독은 NO! 물 흐르듯이 전체적인 흐름 파악이 중요합니다.(단, 투자설계와 같이 공식 암기가 필요한 과목은 해당되지 않습니다.)
   2) 약간 정독한다는 느낌으로 천천히 읽기 + 강의 듣기
      ⇒ 깊이를 느낄 수 있어요!
   3) 문제풀이 시작!
      - 처음부터 문제집에 풀이과정 적으면서 공부 NO!
        처음에는 문제집에 필기하지 않고, 정답과 해설을 보면서 책을 한 번 본다는 느낌으로 풀어보세요!
      - 두 번째 볼 때 정독 시작! 처음보다 속도가 빨라질거예요!
      - 드디어 진짜 문제풀이 시작! 파이팅!

2. **사례형**

   1) 처음에는 하루에 5문제 정도만 정답과 해설을 보면서 풀어봅니다.
   2) 다음날 1~5번 문제를 다시 풀어보고, 새로운 문제를 3~5문제 추가하여 풀어봅니다.
      정답과 해설이 기억이 나서 풀 수 있는 문제도 있고, 그렇지 않은 문제도 있습니다.
   3) 전날 풀지 못했던 문제를 포함해서 전체적으로 문제를 풀어보고, 잘 풀리는 문제가 있다면 또 새로운 문제를 추가하여 학습합니다. 이렇게 누적하여 학습하다 보면 전체적으로 문제 유형 및 패턴을 익힐 수 있고 문제를 푸는 속도가 빨라집니다.

좀 더 자세한 내용 및 수험정보 등은 당사 홈페이지(www.epasskorea.com) 참조

시험정보

CERTIFIED FINANCIAL PLANNER

1 CFP® 자격인증 안내

CFP 자격인증은 재무설계 업무에 관한 전문 서비스를 제공할 수 있는 자격증으로서 개인종합재무설계 업무에 대한 국제 전문자격에 해당합니다.

2 CFP® 자격인증 절차

01 한국FPSB 지정교육기관에서 **CFP** 교육과정 수료 → 02 **CFP** 자격인증 시험 합격 → 03 **CFP** 자격인증 신청 합격유효기간 5년 이내, 실무경험 최소 3년 이상, 합격월로부터 1년 경과 후 인증 신청 시 누적 계속교육학점 충족 필요함.

3 CFP® 교육과정

CFP 인증시험에 응시하기 위해서는 한국FPSB의 지정교육기관에서 CFP교육과정을 수료하여야 합니다. 교육과정은 집합, 원격교육(인터넷)의 형태로 제공됩니다. 집합교육은 최소 200시간, 원격교육은 인터넷강의 220시간 이상을 모두 이수하여야 하며, 한국FPSB 일정에 따라 응시원서접수 시작 전 날까지 수료하여야 시험 응시가 가능합니다.

4 CFP® 교육면제 자격

대상자격증	교육면제과목
공인회계사 등록자	전체
Chartered Financial Analyst(CFA) 자격자	전체
변호사 등록자	전체
세무사 자격자⑷	전체
경영학 박사	전체
경제학 박사	전체
재무설계학 박사	전체

⑷ 2011년 11월 CFP, 자격시험부터 ① 세무사 등록자 또는 ② 세무사자격증 + 6개월 해당 업무 실무충족자로 변경 적용됩니다.

※ 전문자격이나 학위는 해당 기관의 확인서를 제출하는 경우에는 AFPK 인증유무와 관계없이 CFP 교육과정을 이수하지 않고, CFP 인증시험에 응시할 수 있으며 해당 자격이 있는 경우 자격증(합격증), 학위증을 한국FPSB에 제출하여야 합니다. 이는 교육 수료만 면제될 뿐 CFP시험 전 과목에 응시하여야 합니다.

INFORMATION > 시험정보

5 CFP® 자격시험 구성

구성	시간	시험과목	문항수
제1일차 (토요일) 지식형	1교시 오후 3:00 ~ 오후 5:00	재무설계 원론	15
		재무설계 직업윤리㈜	5
		위험관리와 보험설계	25
		은퇴설계	25
		부동산설계	20
	2교시 오후 5:30 ~ 오후 7:20	투자설계	28
		세금설계	27
		상속설계	25
	소계		170
제2일차 (일요일) 사례형	3교시 오전 10:00 ~ 오후 12:00	단일 사례	30
		복합 사례	10
	4교시 오후 12:30 ~ 오후 3:00	복합 사례	20
		종합 사례	20
	소계		80
총계			250

㈜ 별도의 시험과목으로 분류하지 아니하고 재무설계원론에 포함합니다.
※ 시험문제는 객관식 5지선다형입니다.

6 CFP® 합격기준 및 유효기간

[전체시험에 응시한 경우]

▶ **전체합격기준** : 전체평균이 70% 이상이며, 아래의 과락기준을 통과한 경우
  * 과락 : 지식형 중 한 과목이라도 40% 미만이 나온 경우이거나, 사례형에서 40% 미만인 경우
    - 유효기간 : 합격월로부터 5년 이내 CFP 인증을 신청하지 않을 경우 합격사실이 취소되며, CFP인증을 원할 경우 CFP시험에 재응시하여야 합니다. (단, 한국FPSB에서 인정하는 기타사유가 있을 경우 합격유효기간 최대 3년 연장 가능)

▶ **부분합격기준** : 전체평균이 70% 이하이나, 한 유형에서 아래의 합격기준을 통과한 경우
  * 지식형 합격 : 지식형 평균이 70% 이상이며, 각 과목별로 40% 이상인 경우
  * 사례형 합격 : 사례형 평균이 70%이상일 경우

[부분(지식형 or 사례형) 응시한 경우]
- ▶ **지식형 응시 합격기준** : 지식형의 전체평균 70% 이상이며, 각 과목별로 40% 이상인 경우
- ▶ **사례형 응시 합격기준** : 사례형의 전체평균이 70% 이상인 경우
  - 유효기간 : 부분합격 후 1년 이내(연이은 2회 시험)에 다른 유형 시험에 합격하지 못할 경우, 해당 유형의 부분합격 사실이 취소됩니다. (부분합격자의 경우 합격사실만 이월되며, 점수는 이월되지 않음)

7 2025 CFP® 시험일

회차	시행일	원서접수	합격자발표
1차(47회)	25.05.17(토) ~ 18(일)	04.21(월) ~ 05.07(수)	06.05(목)
2차(48회)	25.10.25(토) ~ 26(일)	09.29(월) ~ 10.13(월)	11.14(금)

※ 본 교재는 25년 2차(10월) ~ 26년 1차(5월) 시험까지 적용됩니다.

- ▶ **응시료** : 전체 – 242,000원(VAT 포함) / 부분(지식형 or 사례형) – 121,000원(VAT 포함)
- ▶ **시험 응시 지참물** : 수험표, 신분증, 지정 계산기, 컴퓨터용 사인펜, 수정테이프
- ▶ **시험 장소** : 서울(매 회차별 공지사항 확인 필요)

이패스코리아 CFP® 과정의 특징

1. 이패스코리아 CFP 과정 구성

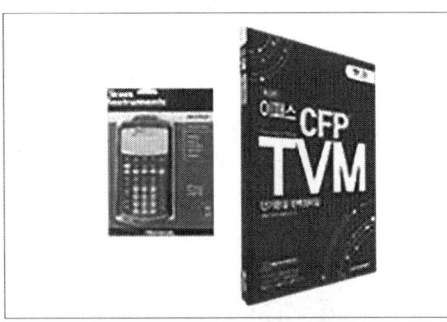

TVM
- 저자가 직접 개발한 교안&교재로 강의
- 와이드(21:9) 강의로 눈이 편한 학습
- 재무계산기 기초부터 K율까지 한 번에 정리!

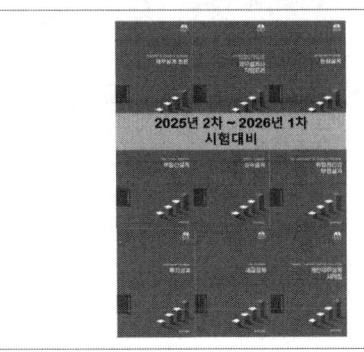

정규이론 과정
- 2025년 연례개정 기본서로 진행되는 강의
- 지식형 강의로 이론기초부터 탄탄하게!(수료必)
- 사례형 강의로 [개인재무설계사례집] 완벽 분석, 이론 및 계산 문제 등 심화학습!

지식형 문제풀이 과정
- 2025년 연례개정 및 주요내용을 반영한 이패스코리아 지식형 문제집으로 강의
- 실전 대비 문제유형 익히기 + 주요개념 반복학습

사례형 문제풀이 과정
- 2025년 연례개정을 반영한 이패스코리아 사례형 문제집으로 강의
- 복합·종합 시나리오 분석 능력을 길러주는 핵심강의
- 실전 대비 문제유형 익히기 + 풀이과정 반복학습

2 이패스코리아 CFP 교재 구성

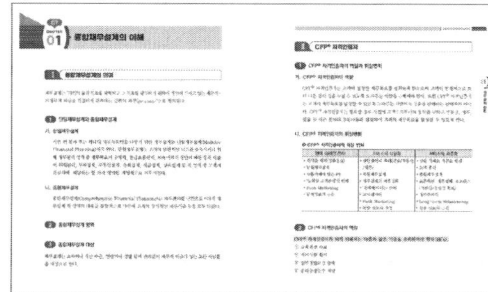

지식형 핵심요약집

학습중요도에 따른 2가지 음영처리로 학습의 길잡이 제공
- 진한 음영 : 핵심키워드 위주
- 회색 음영 : 중요한 문장 위주

*핵심요약집(비매품)은 이패스코리아 수강생에게만 제공됩니다.

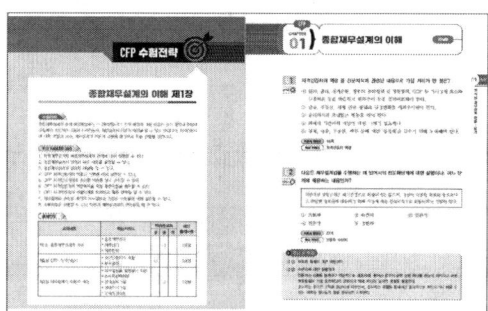

지식형 핵심문제집

- 각 과목별 수험전략 제시
- 각 과목의 3배수 핵심문제
- 실전 대비를 위한 지식형 모의고사 1회 수록
- 모든 문제에 핵심키워드, 기본서 페이지 수록

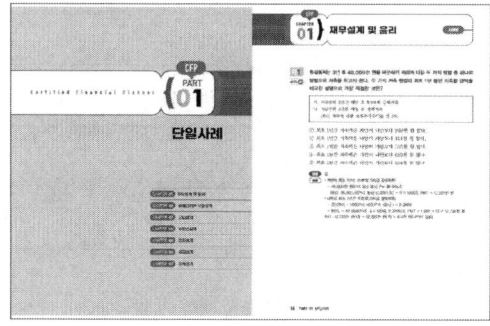

사례형 핵심문제집

- 단일사례, 복합사례, 종합사례 구성
- 2025 연례개정 기본서 반영한 시나리오 신규 개발
- 실전 대비를 위한 사례형 모의고사 1회 수록

이패스코리아 CFP® 과정의 특징

▶ 이패스코리아 CFP 수강후기

제46회 CFP 직장인 상위 10위 합격자

저는 이번 시험에서 일반부문 10위와 평소 관심이 많던 투자설계에서 100점을 받아 최종합격했습니다. 물론, 전국 수석, 차석을 할 정도의 점수는 아니지만, 첫 시험에서 당당히 최종합격하였고, 무엇보다 CFP 시험에 대한 부담으로부터 해방되었다는 성취감을 느꼈습니다.

평소 자산관리와 재테크, 노후준비에 관심이 많았고, 공적연금 관련 공공기관에서 재직 중인 직장인으로 직무(종합재무설계 상담, 연금소득 등)에 도움이 될 수 있다고 판단하여 수험생 입장에서 이해하기 쉽게 노력하시는 훌륭한 강사진분들과 더불어, 타 금융교육기관 대비 저렴한 교육비의 이패스코리아에서 도전하게 되었습니다. 주로 평일 저녁시간과 주말을 최대한 활용하여 대략 4개월 간 꾸준히 공부에 매진했습니다.(평일 인강 2강씩, 주말 및 공휴일 인강 5~6강씩)

시험공부에 대한 공통적인 노하우는 AFPK는 요약집만 보고도 합격가능성이 있을 수 있지만, CFP는 기본서 공부에 충실해야 한다는 점입니다. 저는 교수님의 강의가 1강씩 끝날 때마다 복습 겸 강의의 해당페이지를 정독하였습니다. 또한, 지식형 전체 강의가 끝나면, 7과목 모두 한 번씩 정독하여 놓쳤거나 이해 안 된 부분에 대해 그 부분만 다시 인강을 들었습니다. 이렇게 지식형은 기본서를 총 2회독 하였고, 사례형은 총 1회독 하였습니다.

이번 CFP시험을 보고 느낀점은, 개인재무설계 사례집에서 나오는 단일사례 내용이 지식형에서 계산문제 혹은 지식적인 내용이 왕왕 나왔다는 점입니다. 사례집의 문제가 지식형에서 그대로 나온 문제도 보았습니다. 따라서, 지식형과 사례형을 굳이 구분하여 공부하는 것을 추천드리지 않습니다. 마지막으로 시험 합격에 필요한 자세는 '중요한 건 꺾이지 않는 마음(중꺾마)'에 있다고 생각합니다. 강의를 처음 접할 때, 내용이 생소하여 이해가 안 될 수 있지만, 여러 번 반복 학습하면 합격에 도달할 것입니다. 감사합니다!

합격자 인터뷰 보기▶

제45회 CFP 대학생 상위 9위 합격자

저는 두 번째 시험에서 합격했습니다. 처음엔 기본서, 사례집 1회독만 했고, 두 번째 시험에서 기본서 2회독, 단일/복합사례만 1회독을 추가로 하였습니다. 두 번의 시험으로 이해를 선행하고 암기에 꽤 많은 노력을 해야 안정적 합격이 가능함을 깨달았습니다.

재무설계, 은퇴설계는 TVM과 계산문제를 많이 풀어보시고, 보험과 상속은 굉장히 세세한 내용까지 출제되므로 암기가 반드시 필요합니다. 투자, 부동산은 교수님들이 전략 과목이라고 하시는데 진짜 맞습니다. 저역시 이 두 과목에서 높은 점수를 받았고 합격에 결정적 역할을 했습니다. 사례형은 복합사례의 지식형 문제가 상당히 세세하고 지엽적이었습니다. 생각보다 지식형 문제가 많이 나오기 때문에 시간이 부족할까 너무 조급하게 풀지 않으셔도 됩니다.

강의 내용 외에 교수님들이 이해를 돕기 위해 실례를 들어주시는 데 개인적으로 재밌었고 즐거운 강의였습니다. 강의 초반엔 이해가 안 되고 어렵겠지만 끈기를 가지시고 여러 번 듣다보면 반드시 이해할 수 있게 됩니다. 파이팅!

학습플랜

6개월 학습플랜

	1월				2월				3월				4월 (D-100)				5월 (D-60)				6월 (D-30)			
	1주	2주	3주	4주	1주	2주	3주	4주	1주	2주	3주	4주	1주	2주	3주	4주	1주	2주	3주	4주	1주	2주	3주	4주
	TVM →6								투자설계 →				세금설계 →				→ Part Ⅲ. 회독 & 단일사례				→ 회독			
	재무설계원론 →								부동산설계 →				상속설계 →				→ Part Ⅲ. 회독 & 단일사례				→ 문제풀이			
			은퇴설계 →																		→ 모의고사			
			위험관리와 보험설계 →																		→ 나만의 오답노트 (sub note) 완성			
	← Part Ⅰ. 정규수업 완료 →												← Part Ⅲ. 정규수업 완료 → (특징 : 지식형 = 사례형 공부)											
							← Part Ⅱ. 정규수업 완료 →																
									← Ⅰ 회독 & 단일사례 →				← Ⅱ 회독 & 단일사례 →				← 복합·종합사례 시나리오 분석 →						

- Part Ⅰ. TVM(2주) → 재무설계원론(3주) → 은퇴설계(4주) → 보험설계(4주) : TVM원리가 적용되는 과목으로 처음부터 마지막까지 놓지 않고 해야 합니다!
- Part Ⅱ. 투자설계(4주) → 부동산설계(4주) : 경제에 대한 이해, 투자이론, 공식 암기 등이 필요합니다!
- Part Ⅲ. 세금설계(4주) → 상속설계(4주) : 지식형과 사례형의 구분 없이 공부해야 합니다!

※ 위의 학습플랜은 예시이며, 개인의 배경지식, 과목 학습내용에 대한 이해 및 선호도, 학습가능 시간 등을 고려하여 각 과목의 정규이론 학습시간을 조율하여 최소 4개월~6개월의 학습을 계획할 수 있습니다. 단, 정규이론은 한 번에 2개 이상의 과목을 진행하는 것은 권하지 않으며, 이론과 사례형을 연계하여 학습하시길 바랍니다. 시험일을 기준으로 60일~30일 전에는 '정규이론 회독+문제풀이'를 병행하는 것이 좋고, 모의고사 풀이 및 본인만의 오답노트를 완성하거나 자가진단 체크리스트 등을 작성하여 시험대비 마무리 학습을 진행하시면 좋습니다.

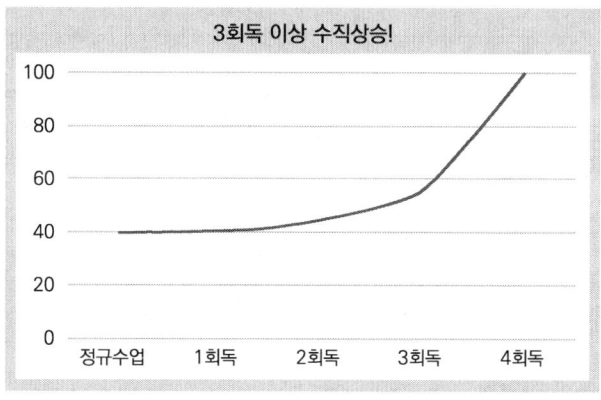

3회독 이상 수직상승!

* 안정적인 합격을 위해 정규이론(기본서 또는 요약집) 3회독 이상 학습을 권장합니다! 모두 열심히 준비하신 만큼 합격의 영광을 누리시길 기원하겠습니다!

차례

PART 01 단일사례

- **CHAPTER 01** 재무설계 원론 및 윤리 … 20
- **CHAPTER 02** 위험관리와 보험설계 … 34
- **CHAPTER 03** 은퇴설계 … 49
- **CHAPTER 04** 부동산설계 … 63
- **CHAPTER 05** 투자설계 … 76
- **CHAPTER 06** 세금설계 … 90
- **CHAPTER 07** 상속설계 … 106

PART 02 복합사례

- **CHAPTER 01** 복합사례 I … 122
- **CHAPTER 02** 복합사례 II … 135
- **CHAPTER 03** 복합사례 III … 150
- **CHAPTER 04** 복합사례 IV … 164
- **CHAPTER 05** 복합사례 V … 180
- **CHAPTER 06** 복합사례 VI … 193

PART 03　종합사례

CHAPTER 01　종합사례 I　208

CHAPTER 02　종합사례 II　232

APPENDIX　부록 사례형 모의고사

3교시　사례형 모의고사　256
- 단일사례　256
- 복합사례 I　275

4교시　사례형 모의고사　285
- 복합사례 II　285
- 복합사례 III　294
- 종합사례　303

　　사례형 모의고사 정답 및 해설　325

www.epasskorea.com

PART 01

CERTIFIED FINANCIAL PLANNER · CFP

단일사례

- CHAPTER 01 재무설계 원론 및 윤리
- CHAPTER 02 위험관리와 보험설계
- CHAPTER 03 은퇴설계
- CHAPTER 04 부동산설계
- CHAPTER 05 투자설계
- CHAPTER 06 세금설계
- CHAPTER 07 상속설계

CHAPTER 01 재무설계 원론 및 윤리 〔사례형〕

01 홍길동씨는 3년 후 40,000천 원을 마련하기 위하여 다음 두 가지 방법 중 하나의 방법으로 저축을 하고자 한다. 두 가지 저축 방법의 최초 1년 동안 저축할 금액을 비교한 설명으로 가장 적절한 것은?

> 가. 지금부터 3년간 매년 초 2.0%씩 증액저축
> 나. 지금부터 3년간 매월 초 정액저축
>   (모든 저축에 대한 세후투자수익률 연 3%)

① 최초 1년간 저축액은 가안이 나안보다 340천 원 많다.
② 최초 1년간 저축액은 나안이 가안보다 414천 원 많다.
③ 최초 1년간 저축액은 나안이 가안보다 505천 원 많다.
④ 최초 1년간 저축액은 가안이 나안보다 610천 원 많다.
⑤ 최초 1년간 저축액은 나안이 가안보다 514천 원 많다.

정답 ②

해설
- 가안의 최초 1년간 저축액(기시급 증액저축)
  - 40,000천 원[FV] 3[i] 3[n] PV 36,605.6
    BEG, 36,605.6[PV] 3[n] (1.03/1.02 − 1) × 100[i], PMT = 12,321천 원
- 나안의 최초 1년간 저축액(기시급 정액저축)
  - 금리정리 − 100[PV] 103[FV] 12[n] i = 0.2466
  - BEG, − 40,000[FV], 3 × 12[n], 0.2466[i], PMT = 1,061 × 12 = 12,735천 원
  차이 : 12,735천 원(나) − 12,321천 원(가) = 414천 원(나안이 많음)

02 홍삼동씨는 5년 전에 아파트를 구입하면서 동일은행에서 주택담보대출을 받았으나 원리금상환에 대한 부담을 느끼고 있다. 최근 금리의 하락으로 인해 동일은행보다 낮은 이자율로 대출을 해주는 한성은행의 주택담보대출로 대출을 대환하고자 추진하고 있다. 다음과 같은 조건일 때 홍삼동씨가 대환대출을 한 경우 매월 얼마의 원리금 상환액이 감소하는가? (상환 및 신규와 관련된 제반 비용은 없는 것으로 가정할 것)

- 동일은행 대출 내역
  - 대출일자 2020년 3월 초
  - 20년간 매월 말 원리금균등분할상환대출
  - 대출금액 600,000,000원
  - 대출이율은 고정금리대출로 연 9.0% 월복리
- 한성은행 신규대출 내역
  - 대출일자 2025년 3월 초
  - 15년간 매월 말 원리금균등분할상환대출
  - 대출금액 동일은행 대출금 잔액(60회차 상환 후 잔액)
  - 대출이율은 고정금리 연 6.0% 월복리

① 약 810천 원 ② 약 659천 원
③ 약 915천 원 ④ 약 906천 원
⑤ 약 803천 원

정답 ④

해설 우선 동일은행의 매월말 원리금 상환액 산출
- 600,000,000원[PV], 20 × 12[n], 9/12[i] PMT = 5,398,355원
현재 대출잔액
상환기간 입력 5 × 12[n] FV = 532,242,294원

두 번째 한성은행 대출 실행
대출 실행금액
532,242,294원[PV], 15 × 12[n], 6/12[i] PMT = 4,491,362원

대출 조정을 통한 매월 상환액 감소
5,398,355원 − 4,491,362원 = 906,993원

03 홍길동 씨는 재무목표 달성을 위해 2025년 1월부터 투자하고자 한다. 다음 홍길동씨의 재무상태표 정보를 고려할 때 2024년 12월 31일 기준 순자산 대비 2025년 12월 31일 기준 순자산의 금액 차이를 구하시오. (단, 세금 및 기타 비용은 없다고 가정함)

[재무상태표 관련 정보(2024년 12월 31일 현재)]

- 금융자산
  - MMF 평가금액 : 21,134천 원

- 부동산
  - 현재 거주 중인 아파트 평가금액 1,200,000천 원
  - 아파트를 구입하면서 5년 전에 K은행으로부터 받은 주택담보대출이 있음
    * K은행 대출 조건
      · 대출금액 500,000천 원
      · 대출기간 20년, 매월 말 원리금균등분할상환
      · 대출이율은 고정금리 연 4% 월복리
      · 2024년 12월 31일 현재까지 총 60회차 상환

- 추가정보
  - 2025년 1월부터 10년간 매월 말 1,000천 원씩 정액으로 적립식펀드에 투자(세후 투자수익률 연5%)
  - MMF 수익률 연 1.5% 월복리
  - 아파트 가격 상승률 연 3%
  - 주택담보대출은 원리금 균등분할상환 중

① 약 70,216천 원 ② 약 76,325천 원 ③ 약 72,108천 원
④ 약 69,721천 원 ⑤ 약 68,935천 원

정답 ⑤

해설 2025년도 말 순자산 880,451천 원 − 2024년도 말 순자산 811,516천 원 = 68,935천 원
2024년도 말 순자산 : 21,134천 원 + 1,200,000천 원 − 409,618천 원 = 811,516천 원
2025년도 말 순자산 : 21,453천 원 + 12,272천 원 + 1,236,000천 원 − 389,274천 원
= 880,451천 원
MMF : 21,134천 원[PV], 12[n], 1.5/12[i], FV = 21,453천 원
적립식 펀드
금리 정리 − 100[PV], 12[n], 105[FV], i = 0.4074
1,000천 원[PMT], 0.4074[i], 12[n], FV = 12,272천 원
아파트 1,200,000천 원[PV] 1[N] 3[i] FV = 1,236,000천 원
대출 잔액 389,274천 원(상환 기간 72개월)

04 다음과 같이 두 가지 방식으로 저축하였을 때 만기금액의 차이로 가장 적절한 것은?

> [A안] 10년 간 매월 초 3,200천 원씩 정액으로 저축(세후 투자수익률 연 5.5% 연복리)
> [B안] 267,288천 원을 연 6% 분기복리 상품으로 10년 간 투자

① 24,167천 원   ② 23,250천 원
③ 23,875천 원   ④ 24,928천 원
⑤ 22,520천 원

정답 ①

해설 A안 509,032천 원 − B안 484,865천 원 = 24,167천 원
금리 정리 − 100[PV], 12[n], 105.5[FV], i = 0.4472
A안 [BEG] 3,200천 원[PMT], 10 × 12[n], 0.4472[i], FV = 509,032천 원
B안 267,2388천 원[PV], 10 × 4[n], 6/4[i], FV = 484,865천 원

05 임씨는 2억 원에 매수가 가능한 상가건물에 대해 투자 여부를 고민하고 있다. 이 상가건물은 매년 말 10,000천 원의 임대료 수익이 발생하고 임대수익은 연 7%로 재투자하려고 한다. 상가건물을 5년 후에 매도하고 매년 3%씩 상승한다고 가정할 때 이 투자안의 수정된 내부수익률은 얼마인가?

① 5.667%   ② 6.467%
③ 6.627%   ④ 7.164%
⑤ 7.667%

정답 ⑤

해설 ① 임대료의 미래가치 : 57,507.39천 원
　　10,000[PMT], 5[n], 7[i], FV = 57,507.39
② 부동산의 미래가치 : 231,854.81천 원
　　200,000[PV], 5[n], 3[i], FV = 231,854.81
③ 총 현금유입[FV] : 289,362.20천 원
④ 총 현금유출[PV] : 200,000천 원
⑤ 수정 IRR : 7.66%
　　−200,000[PV], 289,362.20[FV], 5[n], i = 7.667
이 투자안의 수정내부수익률은 7.667%이다.

06 황정안씨(45세)는 교육자금에 대한 투자를 실시하려고 한다. 그러나 15년 후 퇴직이 예정되어 있으므로 자녀 교육자금 투자는 10년 후에는 불가능할 것으로 생각된다. 현재 5,000천 원과 매월 말 200천 원씩 10년간 저축한다면 고등학교 입학시 자녀 교육자금으로 얼마의 추가 대출이 필요한지 아래 자료를 이용하여 계산하시오.

- 자녀 나이 4세
- 고등학교 교육비 연간 5,000천 원, 대학교 교육비 연간 10,000천 원
- 고등학교는 16세, 대학교는 19세부터 교육비가 필요하다고 가정
- 교육비는 매년 초에 필요하고, 저축은 매월 말에 한다고 가정
- 저축하는 상품의 세후투자수익률은 6% 연 복리
- 교육비 상승률 연 4%

① 34,567천 원 ② 35,787천 원
③ 36,048천 원 ④ 37,637천 원
⑤ 47,698천 원

정답 ②

해설
- CASH FLOW 방식
  - 0[CF$_0$], 0[CF$_1$](11), 5,000[CF$_2$](3), 10,000[CF$_3$](4), (1.06/1.04 − 1) × 100[i],
    NPV = 40,929.95
- 투자금액
  - 연 6% 연 복리를 월 복리로 전환 12[n], 100[PV], −106[FV], i = 0.4868
  - 매월 투자금액의 현가 : 〈기말급〉 120[n], 0.4868[i], 200[PMT], PV = 18,144.86
  - 투자로 인해 준비할 수 있는 교육자금 : 18,145 + 5,000 = 23,145천 원
  - 현재시점 부족자금 : 40,930천 원 − 23,145천 원 = 17,785천 원
  - 고등학교 입학 시 필요금액 17,785[PV], 12[n], 6[i], FV = 35,786.91
- 먼저 필요경비를 구한 후, 5,000천 원과 매월 저축한 금액으로 교육경비를 충당할 수 있는지 계산한 후에 부족한 금액을 추가 대출해야 함

07 고객 장만옥씨가 경주은행에 전세자금대출을 받기 위해 내점하여 상담하던 중 다음과 같이 문의하였다. 고객 장만옥씨의 문의에 대해 CFP® 자격인증자인 당신의 설명으로 가장 적절하다고 생각되는 것을 고르시오.

[상담내용]
- 경주은행 고객인 장만옥씨는 현재 면목동에서 보증금 10,000천 원, 월세 500천 원에 24평 아파트를 임차하여 거주하고 있으며, 임대차 기한이 만료되는 다음 달 다른 아파트로 이사하면서 경주은행에서 취급하는 전세자금대출 30,000천 원을 5년 상환조건으로 받으려고 함

[문의요지]
- 고객 장만옥씨는 CFP® 자격인증자인 당신에게 매월 말 이자만 내다가 만기에 원금을 일시 상환하는 정기상환대출이 유리한지 아니면 매월 원리금을 균등하게 상환하는 원리금균등 할부상환이 유리한지에 대해 설명을 요청
- 고객 장만옥씨는 현재 매월 상환부담도 적고 5년 후에는 물가상승률만큼 화폐가치가 떨어지므로 정기상환대출이 훨씬 더 유리한 조건이라고 생각하고 있음

[가정]
- 전세자금대출은 30,000천 원이고, 대출이율 연 7.5% 월 복리, 물가상승률 연 4%로 가정한다.

① 위와 같은 조건 하에서는 어느 방법을 선택한다고 해도 동일하다.
② 대출이율과 물가상승률을 감안하면 정기상환대출이 현재가치로 약 2,320천 원 ~ 2,330천 원만큼 적게 부담한다.
③ 대출이율과 물가상승률을 감안하면 원리금균등할부상환대출이 현재가치로 약 2,150천 원 ~ 2,160천 원만큼 적게 부담한다.
④ 대출이율과 물가상승률을 감안하면 정기상환대출이 현재가치로 약 2,150천 원 ~ 2,160천 원만큼 적게 부담한다.
⑤ 대출이율과 물가상승률을 감안하면 원리금균등할부상환대출이 현재가치로 약 2,290천 원 ~ 2,300천 원만큼 적게 부담한다.

정답 ③

해설
- 정기상환대출의 현가
  - 월 이자의 현가 : 30,000 × 7.5%/12 = 187.5
    · 연 4% 물가상승률을 월단위로 전환 : 12[n], 100[PV], −104[FV], i = 0.3274
    · 〈기말급〉 0.3274[i], 5 × 12[n], 187.50[PMT], PV = 10,198.94

- 5년 후 만기 상환 대출금의 현가
  · 5 × 12[n], 0.3274[i], 30,000[FV], PV = 24,657.81
- 합계 : 10,199 + 24,658 = 34,857천 원
• 원리금 균등 할부상환의 현가
  - 원리금 산출 : 〈기말급〉 5 × 12[n], 7.5/12[i], 30,000[PV], PMT = 601.14
  - 원리금의 현가 : 〈기말급〉 601.14[PMT], 5 × 12[n], 0.3274[i], PV = 32,698.53
• 차이 : 34,857 − 32,699 = 2,158천 원

08 김도길씨는 주택담보대출상품의 전환을 고민하고 있다. 현재의 대출은 5년 전에 만기일시상환방식으로 받아 현재 이자만 납입하고 있다. 만약 김도길씨가 현재의 대출을 원리금균등분할상환대출 방식으로 전환한다면 대출기간 동안 부담해야 하는 이자액의 차이는 얼마인가? (대출을 전환할 때 별도의 비용은 없는 것으로 가정한다.)

[기존대출]
• 현재 대출 잔액 200,000천 원
• 대출 만기까지 남은 기간 15년
• 대출이율은 고정금리 연 3.6% 월복리

[신규로 받고자 하는 대출의 조건]
• 대출금액 200,000천 원
• 대출기간 15년
• 대출이율은 고정금리로 연 2.5% 월복리
• 대출상환방식은 매월 말 원리금균등분할상환

① 67,956천 원   ② 65,215천 원   ③ 71,021천 원
④ 68,321천 원   ⑤ 63,258천 원

정답 ①

해설 기존대출 15년간 대출이자 108,000천 원
신규대출 15년간 대출이자 40,044천 원
차이 67,956천 원
• 기존대출의 향후 15년간 이자 부담액
  200,000천 원 × 3.6%/12 × 12 × 15 = 108,000천 원
• 신규대출의 15년 간 이자 부담액
  − 200,000천 원[PV], 15 × 12[n], 2.5/12[i] PMT = 1,333.57천 원
  2 AMORT P1(1), P2(180), INT = 40,044천 원

09 다음 자료를 참조하여 대출가능 금액을 산출하시오. (보기의 조건으로만 산출할 것, 선순위 담보 내용과 소액임차보증금은 없는 것으로 가정한다.)

- 구입하고자 하는 주택의 가격 500,000천 원(해당 주택에 임대차는 없음)
- 차주의 연소득 48,000천 원
- 부동산담보대출 조건
  - 대출기간 20년
  - 상환방식은 매월 말 원리금균등분할상환방식
  - 대출이율은 고정금리 연 4% 월복리
  - LTV 50%, DTI 40%를 적용하여 두 기준 중 낮은 금액을 대출가능금액으로 산정한다.

① 267,000천 원 ② 265,000천 원
③ 240,000천 원 ④ 250,000천 원
⑤ 215,000천 원

정답 ④

해설
- LTV 기준 대출가능금액 250,000천 원
  별도의 선순위 담보권이나 임대차 관련 내용을 적용하지 않는다면 주택가격의 50%을 대출 받을 수 있다.
- DTI 기준 대출가능금액 264,034천 원
  - 연간 원리금 상환액 48,000천 원 × 40% = 19,200천 원
  - 연간 원리금 상환액을 기준으로 대출 가능금액을 산출
  - 매월 상환금액 19,200천 원/12 = 1,600천 원
  - 따라서 매월 상환액을 기준으로 대출금을 산출하면
    1,600천 원[PMT], 20 × 12[n], 4/12[i] PV = 264,034천 원

10 A씨는 은행에서 20년 만기에 원리금균등분할상환을 조건으로 4억 원을 대출받았다. A씨가 매월 말 상환해야 하는 금액을 기준으로 8년간 상환을 한 시점에서 남은 대출금 잔액과 그때까지 지급한 대출금 이자는 각각 얼마인가? (대출이율은 연 4% 월복리)

① 276,852.401원, 109,548,817원
② 266,852.401원, 103,548,817원
③ 246,852.401원, 110,548,817원
④ 296,852.401원, 115,548,817원
⑤ 226,852.401원, 102,548,817원

정답 ①

해설 ① 월 원리금상환액 : 2,423,921원
400,000,000[PV], 20 × 12[n], 4/12[i], PMT = 2,423.921
② 8년 상환 시점에서의 대출잔액 : 276,852.401원
2,423,921[PMT], 12 × 12[n], 4/12[i], PV = 276,852.401
③ 2,423,921원 × 96 = 232,696,416 − (400,000,000 − 276,852.401)
= 109,548,817
8년간의 이자 지급액 : 109,548,817원

11 한동일씨는 계약기간이 1년인 정기예금을 1천만 원(만기까지 92일 남음)을 은행에 예금하고 있으나 부득이한 사정으로 금전이 필요한 상황이 되어 정기예금을 만기일 이전에 중도해지를 할지, 정기예금을 담보로 예금담보대출을 1천만 원(100% 담보대출이 가능하다고 가정)을 받을지 고민하고 있다. 다음 보기의 내용 중 가장 적절한 것은?

- 정기예금 가입 현황
  - 원금 : 1천만 원, 기간 : 1년, 만기약정이율 : 2.0%, 가입 후 경과기간 : 273일, 중도해지를 하는 경우의 이율은 : 1.0%
- 예금담보대출에 관한 사항
  - 대출가능금액 : 예금의 100%인 1천만 원, 대출이율은 정기예금이율 + 1.2%
  - 대출상환은 정기예금 만기자금으로 이자와 원금을 상환
- 기타 가정
  - 예금 이자의 원천징수세율은 15.4%이며 계산의 편의를 위해 원단위까지 계산
  - 대출이자 이외에 별도의 수입인지대 등 대출 관련 비용은 없다고 가정
  - 유리한 안의 비교는 현재시점에서 정기예금을 중도해지하는 금액과 예금담보대출을 받고 만기시점에 예금을 해지하여 대출의 이자와 원금을 상환하고 남은 금액을 서로 비교하되 화폐의 시간가치는 고려하지 않고 단순히 발생하는 금액을 비교
  - 1년 이하의 이자계산은 단리방식으로 계산한다.

① 정기예금 중도해지가 12천 원 유리
② 예금담보대출을 받는 것이 25천 원 유리
③ 예금담보대출을 받는 것이 12천 원 유리
④ 정기예금 중도해지가 25천 원 유리
⑤ 예금담보대출을 받는 것이 51천 원 유리

정답 ②

해설
- 정기예금 중도해지
  - 10,000,000 × 1.0% × 273/365 = 74,795(세전이자)
  - 74,795 × (1 − 15.4%) = 63,276(세후이자)
- 예금담보대출을 받고 만기 시
  - 10,000,000 × 2.0% = 200,000(세전이자)
  - 200,000 × (1 − 15.4%) = 169,200(세후이자)
- 예금담보대출 이자
  - 10,000,000 × 3.2% × 92/365 = 80,658
- 대출 상환 후 남는 금액
  - 169,200 − 80,658 = 88,542
- 즉, 담보대출을 받는 것이 25,266원(88,542 − 63,276) 유리

12 현재 200,000천 원을 투자했을 때 연간 수익률이 가장 높은 투자안은? (단, 세금 등 별도의 비용은 고려하지 말 것)

① 5년 후 260,000천 원을 받는다.
② 매년 말 26,000천 원씩 정액으로 10년 간 받는다.
③ 5년이 경과한 시점부터 최초 16,000천 원부터 시작하여 매년 초 4%씩 증액된 금액을 20년간 받는다.
④ 투자 즉시 10,000천 원씩 매년 초 정액으로 영구연금을 받는다.
⑤ 투자한 첫해 말 18,000천 원으로 시작하여 매년 말 3%씩 증액된 금액을 15년 간 받는다.

정답 ⑤

해설
① −200,000천 원[PV], 5[n], 260,000천 원[FV], i = 5.387
② 26,000천 원[PMT], 10[n], −200,000천 원[PV] i = 5.079
③ −200,000천 원[CF₀], 0[CF₁] ; 4, 13,150[CF₂] ; 20, IRR = 1.9505
증액율 조정수익률 1.9505 × 1.04 + 4 = 6.0285(투자수익률)
현재 200,000천 원을 투자한 시점을 기준으로 K값으로 계산한 것이므로 계산 시 최초 연금액은 현재 시점을 기준으로 하여 계산하여야 함. 1,600[FV] 5[n] 4[i] 13,150[PV]천 원으로 입력
④ 10,000천 원/(200,000천 원 − 10,000천 원) = i = 5.263
⑤ 18,000천 원/1.03[PMT], −200,000천 원[PV], 15[n], i = 3.5895 × 1.03 + 3 = 6.6972

13

투자안을 실시하고 나서 아래와 같이 모니터링을 실시한 결과 세후투자수익률이 7%에서 5%로 하락할 것으로 예상되었다. 이 경우 매년 추가되는 저축액은 얼마인지 적절한 것을 고르시오.

[예전 안(2년 전)]
- 세후투자수익률 연 7%, 교육비상승률 연 4%
- 고등학교 교육비 5,000천 원, 대학교 교육비 10,000천 원(연간 필요비용이며, 고등학교 3년간, 대학교 4년간 필요)
- 자녀 나이 12세
- 고등학교는 16세에, 대학교는 19세에 입학(필요 교육비는 매년 초에 지출됨)
- 자녀교육비 마련을 위해 올해 말부터 4년간 정액으로 저축을 함
  - 2년 후 모니터링 결과 향후 예상되는 수익률 : 세후투자수익률 연 7%에서 연 5%로 하락
  - 지금은 1월 초임

① 약 310천 원   ② 약 510천 원   ③ 약 710천 원
④ 약 910천 원   ⑤ 약 2,620천 원

정답 ⑤

해설
- 필요 교육경비 계산(수정 전 예전 안을 먼저 계산)
  - 고등학교
    · 교육경비 미래가치 : 4[n], 4[i], 5,000[PV], FV = 5,849.29
    · 누적 교육경비 : 5,849.29[PMT](B), 3[n], (1.07/1.04−1) × 100[i], PV = 17,060.48
    · 누적교육경비의 현가 : 17,060.48[FV], 4[n], 7[i], PV = 13,015.36
  - 대학교
    · 교육경비 미래가치 : 7[n], 4[i], 10,000[PV], FV = 13,159.32
    · 누적 교육경비 : 13,159.32[PMT](B), 4[n], (1.07/1.04 − 1) × 100[i], PV = 50,464.64
    · 누적교육경비의 현가 : 50,464.64[FV], 7[n], 7[i], PV = 31,426.84
  - 총 필요 교육경비 : 13,015 + 31,427 = 44,442천 원
- 저축액
  - 〈기말급〉 4[n], 7[i], 44,442[PV], PMT = 13,120.53
- 2년 후 세후투자수익률 5%일 경우 총필요 교육경비
  - 2년간 저축한 금액 : 〈기말급〉 2[n], 7[i], FV = 27,159.49
  - 0[CF$_0$], 0[CF$_1$], 5,000[CF$_2$](3), 10,000[CF$_3$](4), (1.05/1.04 − 1) × 100[i], NPV = 52,165.84
  - 2[n], 4[i], 52,165.84[PV], FV = 56,422.57(NPV값을 물가를 적용하여 현재시점으로 환산)
  - 추가로 준비될 자금 : 56,423 − 27,159 = 29,264(필요금액에서 2년간 저축한 금액 차감)
- 신규 저축액 : 〈기말급〉 2[n], 5[i], 29,264[PV], PMT = 15,738.32
- 추가로 저축이 필요한 금액 : 15,738 − 13,121 = 2,617천 원

14 이기동씨는 건물을 매입하여 5년간 운영하고 나서 매각할 예정이다. 매입가는 1,200,000천 원이며 5년 후 매도가는 세후 1,500,000천 원으로 예상된다. 이 기간 중 현금유입에 대해서는 세후투자수익률 연 5%로 부리되고, 현금유출은 연 10%의 이자비용이 지출된다. 5년간 매년 말 현금 유입과 유출(매도가 제외)금액은, -300,000천 원, 200,000천 원, 300,000천 원, 400,000천 원, 300,000천 원일 경우, 이기동씨의 건물투자에 대한 수정 내부수익률로 적절한 것을 고르시오.

① 10.36% ② 11.36%
③ 13.56% ④ 15.49%
⑤ 16.93%

정답 ③

해설
- 현금유출의 현가
  - 1,200,000[CF₀], 300,000[CF₁], 10[i], NPV=1,472,727.27
- 현금유입의 종가
  - 0[CF₀], 0[CF₁], 200,000[CF₂], 300,000[CF₃], 400,000[CF₄], (300,000 + 1,500,000)[CF₅], 5[i], NPV = 2,179,985
  - 2,179,985[PV], 5[n], 5[i] FV = 2,782,275
- 수정 내부수익률
  - 5[n], 1,472,727[PV], -2,782,275.00[FV], i = 13.56

15 한영달씨는 한솔은행에 맡겨둔 목돈으로 매달 생활비를 정액으로 인출하여 사용하려고 한다. 한솔은행의 금리는 연 2% 월복리이며, 새마을금고의 금리는 연 4% 월복리인 경우 두 상품의 자금 소진기간은 얼마나 차이가 나는가, 또한 두 기간 중 수령기간이 긴 기간을 기준으로 한솔은행에서 생활비를 수령하고자 한다면 한솔은행에 추가로 얼마의 금액을 예치하여야 하는가?

[생활비 수령 조건]
- 준비자금 1,000,000천 원
- 수령기간 20년 간 매월 초 정액으로 수령
- 생활비는 매달 6,040천 원을 수령

① 46개월 약 195,954천 원
② 43개월 약 190,241천 원
③ 46개월 약 189,254천 원
④ 43개월 약 199,254천 원
⑤ 43개월 약 191,854천 원

정답 ①

해설
- 새마을금고 금리로 수령하는 경우
  [BEG] -1,000,000천 원[PV], 6,040천 원[PMT], 4/12[i], n = 약 240개월
- 한솔은행 금리로 수령하는 경우
  [BEG] -1,000,000천 원[PV], 6,040천 원[PMT], 2/12[i], n = 약 194개월
  기간 차이 : 240개월 - 194개월 = 약 46개월
- 한솔은행에 추가로 예치해야 하는 금액
  [BEG] 240[n], 6,040천 원[PMT], 2/12[i] PV = 1,195,954천 원 - 1,000,000천 원
  = 195,954천 원

CHAPTER 02 위험관리와 보험설계

사례형

01 김수로(45세) 씨의 다음과 같은 정보를 가지고 이윤수 씨가 현재 시점에서 일반사망을 한다고 가정하고 생애가치법을 통해 생명보험의 필요보장금액을 산출하고자 할 경우 이에 대해 가장 적절한 것은?

- 가족관계 : 김수로, 배우자(43세), 딸(15세)
- 연 소득 : 75,000천 원 (연봉에 대한 변동은 없으며 향후 소득기간은 15년을 예상함)
- 소득세율 24%
- 본인 생활비 : 세후 연 소득의 15%
- 적용 할인율 : 5%
- 종신보험 가입내역 : 일반사망보험금 80,000천 원, 정기특약(60세 만기) 70,000천 원, 재해사망특약 200,000천 원
- 기타 : 연봉은 계산 시점에서 1년 후부터 받는 것으로 가정함

① 208,307천 원 ② 352,894천 원
③ 378,039천 원 ④ 502,894천 원
⑤ 528,039천 원

정답 ②

해설
- 생명보험 총 필요보장금액 : 75,000 × (1 − 0.24) × (1 − 0.15) [PMT] (END), 15[n], 5[i], PV = 502,894천 원
- 생명보험 준비금액 : 150,000천 원(일반사망보험금 80,000천 원 + 정기특약 70,000천 원)
- 추가적으로 필요한 생명보험 필요보장금액 : 502,894 − 150,000 = 352,894천 원

02 이만기(50세)는 자신이 사망한 후에도 가족에게 매년 초에 연간 36,000천 원(월 3,000천 원)의 소득을 유지하고자 하며, 사망 시 사후정리자금으로 10,000천 원과 비상예비자금 20,000천 원 그리고 아들과 딸의 교육자금으로 현재시점에서 45,000천 원을 마련하고자 하는 니즈가 있다. 이만기 씨의 자산부채상태표가 아래와 같을 경우 자본보유방법에 의한 생명보험 필요보장액으로 가장 적절한 것은? (단, 연이율은 5%로 가정함)

[자산부채상태표]

자산	금액 (천 원)	부채 및 순자산	금액 (천 원)
주택	450,000	주택자금대출금	100,000
자동차	30,000	자동차대출금	2,000
기타 동산	40,000	마이너스통장	18,000
주식	50,000		
정기예금	35,000	총부채	120,000
생명보험 사망보험금	150,000	순자산	635,000
총자산	755,000	부채 및 순자산	755,000

- 주택, 자동차 및 기타동산은 무수익자산으로 간주한다.
- 사망 시 국민연금의 유족연금은 매년 초 12,000천 원이다.
- 투자수익은 매년 말에 발생한다고 가정할 것

① 88,000천 원
② 288,000천 원
③ 441,904천 원
④ 464,000천 원
⑤ 545,000천 원

  ④

해설
- 가용소득 창출 자본 : 755,000(자산) − 120,000(부채) − 무수익자산(520,000) − 교육비(45,000) − 사후정리비용(10,000) − 비상예비자금(20,000) = 715,000천 원
- 가용소득창출자본의 연 수입의 현재가 = 40,000 × 5%/1.05 = 1,904.8천 원
- 매년 초 필요소득의 부족분 36,000 − 12,000 − 1,904.8 = 22,095.2천 원
- 자본보유방법에 의한 생명보험 필요보장금액 = 22,095.2/0.05 + 22,095.2 = 464,000천 원

03 백현우씨에 대한 정보가 다음과 같을 경우 현재 시점에서 백현우씨가 사망을 할 경우 니즈분석방법에 따른 추가적으로 가입해야 할 사망보험금은 얼마인가?

1. 인적사항

이름	나이	연소득	은퇴시점	기대수명
백현우	35세	80,000천 원	65세	–
홍해인	35세	–	–	84세 말
백두산	5세	–	–	–

2. 필요자금

구분	금액	필요시기	필요기간
사후정리자금	10,000천 원	현재	1년
양육기 생활비	36,000천 원	막내 30세까지	25년
자녀 독립 후 생활비	24,000천 원	60세 이후	25년

3. 가정

세후투자수익률	6%	물가상승률	3%	

① 818,344천 원   ② 831,329천 원
③ 832,178천 원   ④ 842,178천 원
⑤ 873,333천 원

정답 ⑤

해설 현재시점 생명보험 필요보장액 계산
- CF_0 : 46,000 (사후정리자금 10,000 + 양육기 생활비 36,000)
- C_{01} : 36,000 (양육기 생활비)/F_{01} : 24
- C_{02} : 24,000 (자녀 독립 후 생활비)/F_{02} : 25
- I : (1.06/1.03 − 1) × 100
- NPV = 873,333천 원

[별첨]

구분	*사후정리자금	*양육기 생활비
PMT (BGN)	10,000	36,000
I (K율)	(1.06/1.03 − 1) × 100	(1.06/1.03 − 1) × 100
n	1	25
[CPT] PV	10,000	651,458

*막내 독립 후 생활비
① 막내독립시점에서의 현재가치 : 434,305
 − PMT(BGN) : 24,000, I : (1.06/1.03 − 1) × 100, n : 25, (CPT) PV = 434,305

② 현재시점에서의 현재가치 : 211,875
- FV : 434,305, I : (1.06/1.03 − 1) × 100, n : 25, [CPT] PV = 211,875
▶ 사후정리자금 + 양육기 생활비 + 막내 독립 후 생활비
= 10,000 + 651,458 + 211,875 = 873,333

04 조미정 씨는 7년 전에 상가를 2,500,000천 원에 구입하면서 담보대출로 1,000,000천 원을 받았다. 대출조건은 대출기간은 20년, 대출이자는 고정금리로 연 5% 월 복리, 매월 말 원리금균등분할상환방식이다. 조미정씨는 현재 시점에서 만약 자신이 사망할 경우에 상가를 건드리지 않고 남아있는 담보대출을 모두 상환하기를 원하고 있기에 이에 맞는 사망보장금을 지급받기를 원하고 있다. 또한 지금 당장은 아니지만 현재로부터 만약 앞으로 8년 후에 사망을 할 경우 상가에 대한 상속세를 납부하기 위한 재원으로 사망보험금을 활용하고자 하고자 한다. 조미정씨가 현재시점에서 담보대출을 상환하기 위하여 가입해야 할 사망보험금과 앞으로 8년 후 상속세 납부 재원을 마련하기 위해서 가입해야 할 사망보험금은 각각 얼마인가? (단, 상가상승률은 연 3%, 상속세율은 50%, 상속재산가액은 상가의 8년 후 미래가치로 가정함)

① 955,911천 원, 1,738,911천 원
② 655,911천 원, 1,738,911천 원
③ 755,911천 원, 1,947,459천 원
④ 755,911천 원, 1,738,911천 원
⑤ 855,911천 원, 1,947,459천 원

정답 ③

해설
• 현재시점 담보대출에 대한 보장금액
 - 매월 말 상환액 : 6,600천 원 → 1,000,000[PV], 20 × 12[n], 5/12 [i], PMT[END] = 6,600
 - 7년 경과시점의 대출잔액 : 755,911천 원 → 6,600 [PMT][END], 13 × 12 [n], 5/12 [i], PV = 755,911
• 앞으로 8년 후 상속세 납부재원을 위한 보장금액
 - 앞으로 8년 후 상가 미래가치 : 3,894,919천 원 → 2,500,000 [PV], 15 [n], 3 [i], FV = 3,894,919
 - 상속세 : 1,947,459천 원 → 3,894,919 × 50%

05 현재 40세인 홍길동씨는 자녀교육이 끝나는 시점인 65세가 될 때 까지를 보장기간으로 하는 2억 원의 사망보장보험 가입을 고려하고 있다. 몇 군 데 생명보험회사에 알아본 결과 정기보험은 보험료는 저렴하지만 만기에 환급금이 전혀 없고, 종신보험은 환급금은 있으나 매 기간 보험료가 부담이 되어 고민하던 중 담당 CFP® 자격인증자에게 상담을 의뢰해 왔다. 이에 담당 CFP® 자격인증자는 아래 내용을 참고로 정기보험 보험료에다 65세 시점에 종신보험의 해약환급금에 해당하는 금액을 수령할 수 있는 저축금액을 더한 두 건의 보험을 가입하는 안을 종신보험료와 비교해 주고자 한다. 홍길동 고객에게 제안한 내용 중 가장 적절한 것은?

- 사망보험금 2억 원을 보장받기 위한 종신보험(25년납)의 월 보험료는 285천 원이며, 25년 경과시점의 해약환급금은 80,000천 원으로 예상된다.
- 65세 될 때까지 사망보험금 2억 원을 보장받기 위한 정기보험(25년 만기, 전기납)의 월 보험료는 95천 원이며, 만기환급금은 없다.
- 비교를 위한 저축의 가정은 매월 기말급, 세후투자수익률은 연 6%로 합의함

① 종신보험을 선택하는 것이 매월 32천 원 저렴하다.
② 종신보험을 선택하는 것이 매월 65천 원 저렴하다.
③ 정기보험과 저축을 선택하는 것이 매월 32천 원 저렴하다.
④ 정기보험과 저축을 선택하는 것이 매월 65천 원 저렴하다.
⑤ 정기보험과 저축을 선택하는 것이 매월 72천 원 저렴하다.

정답 ⑤

해설
- 월 저축액(이율전환) : −100 [PV], 106 [FV], 12 [n], i = 0.487
- 해약환급금 80,000 [FV], 25 × 12 [n], 0.487 [i], PMT(END) = 118.23천 원 + 정기보험 95천 원 = 213천 원
- 종신보험 월보험료보다 72천 원(= 285 − 213) 저렴하다.

06 근로소득자인 김원덕 씨에게는 10세인 장애인 딸이 있다. 항상 딸을 마음에 두고 있었는데 CFP® 자격인증자인 김종해를 통해서 장애인인 딸을 위해 보험을 활용할 수 있다는 얘기를 듣게 되었다. 만약 김원덕 씨가 다음과 같은 내용으로 (가)와 (나)의 방법으로 보험을 활용하였을 때 해당되는 금액은 총 얼마인가?

> (가) 김원덕 씨가 계약자이고 장애인인 딸을 피보험자로 하는 장애인전용보장성보험을 연간 보험료 1,500천 원으로 가입했을 때 받게 되는 추가 보험료 세액공제 (지방소득세 별도)
> (나) 김원덕 씨의 배우자가 장애인인 딸을 수익자로 하여 매년 연금으로 40,000천 원을 수령하게 했을 때의 부담해야 할 증여세 산출세액 (단, 5년 전에 20,000천 원을 증여한 바 있음)

① 150천 원
② 225천 원
③ 2,150천 원
④ 2,250천 원
⑤ 4,000천 원

정답 ①

해설
- 장애인전용보장성보험의 보험료 세액공제 : min(1,500, 1,000) × 15% = 150천 원
- 장애인을 수익자로 하는 보험계약의 보험금의 경우에는 연간 40,000천 원까지 증여세 비과세로 부담할 증여세는 0원이다.

07 홍영길씨는 얼마 전에 심각한 목과 어깨통증으로 인하여 병원에 내원하여 진료 결과 단기간의 입원을 하여 치료를 마친 후 퇴원하면서 병원비를 지불하고 다음과 같이 진료비 영수증을 받게 되었다. 만약 현재 홍영길씨가 4세대 실손의료보험에 가입 중에 있다면 보험회사로부터 지급받게 될 보험금은 얼마일까? (비급여특약 및 3대 특약은 모두 가입하였다고 가정함)

항목		급여		비급여
		본인부담금	공단부담금	
기본항목	입원비	300천 원	500천 원	
	영상진단료	20천 원	50천 원	
선택항목	MRI			300천 원

① 434천 원   ② 466천 원
③ 496천 원   ④ 528천 원
⑤ 530천 원

정답 ②

해설
- 급여항목 : 320 × (1 − 자기부담비율 20%) = 256천 원
- 비급여항목 : 300 × (1 − 자기부담비율 30%) = 210천 원
- 지급보험금 : 256 + 210 = 466천 원

08 근로소득자인 박만규(45세)는 앞으로 20년 후인 65세에 은퇴하기를 원하고 있으며 노후에 일상생활에 대한 장해로 인하여 장기개호상태 위험에 빠지게 될 경우에 현재 가입중인 종신보험을 개호상태 발병 즉시 간병연금으로 전환하여 매년 초 4년간 정액으로 45,000천 원씩 지급받아 활용할 예정이다. 아래 정보를 참고하여 부족분을 해결하기 위해 보험을 가입할 경우 현재 시점에서 추가로 준비해야 일 일시금으로 가장 적절한 것을 고르시오.

만약 박만규씨가 사망하기 4년 전(82세 시점)에 실제로 개호상태가 발생할 경우를 대비하여 현재 시점에서 추가로 준비해야 할 금액으로 적절한 것을 고르시오.

- 기대여명 : 89세말까지 생존 (90세 초 사망)
- 개호 상태 발생 시 비용은 현재 물가기준으로 연간 40,000천 원이 필요
- 개호비용상승률은 연 4%, 세후 투자수익률은 연 6%로 가정함

① 15,083천 원 ② 37,023천 원
③ 56,066천 원 ④ 66,054천 원
⑤ 71,226천 원

정답 ③

해설
- 현재시점 필요자금 일시금
  - CF_0 : 0
  - C_{01} : 0 / F_{01} : 40
  - C_{02} : 40,000 (필요 개호자금 40,000) / F_{02} : 4
  - I : (1.06 / 1.04 − 1) × 100
  - NPV = 71,226천 원
- 현재시점 준비자금 일시금
  - CF_0 : 0
  - C_{01} : 0 / F_{01} : 40
  - C_{02} : 45,000 (종신보험의 간병연금 45,000) / F_{02} : 4
  - I : 6
  - NPV = 15,160천 원
- 추가 준비해야 할 일시금 : 71,226 − 15,160 = 56,066천 원

09 김성태씨는 자신의 사망보험금을 추가적으로 증액을 하기 위하여 향후 10년간 보험료를 납입하는 조건으로 최고봉 CFP®를 통해 가나생명보험회사의 종신보험상품과 다라생명보험회사의 종신보험상품을 추천을 받아 가입을 고려하고 있다. 제안을 받은 종신보험상품과 관련하여 벨쓰방식에 의한 단위 보험금액 100천 원당 코스트를 비교할 경우 김성태씨가 선택할 수 있는 종신보험상품으로 적절한 것은? (단, 세후 투자수익률은 5%로 가정함)

구분	가나생명보험 종신보험	다라생명보험 종신보험
주계약 사망보험금	150,000천 원	150,000천 원
당해 보험연도 말의 해약환급금	19,600천 원	18,500천 원
직전 보험연도 말의 해약환급금	17,850천 원	17,300천 원
월 납입보험료	200천 원	180천 원
연간 배당금	300천 원	200천 원

① 가나생명보험의 종신보험의 단위 보험금액 10만 원당 코스트는 1,318원이다.
② 다라생명보험의 종신보험의 단위 보험금액 10만 원당 코스트는 1,045원이다.
③ 단위 보험금액 10만 원당 코스트를 비교할 경우 가나생명보험의 종신보험을 선택한다.
④ 단위 보험금액 10만 원당 코스트를 비교할 경우 다라생명보험의 종신보험을 선택한다.
⑤ 두 종신보험의 10만 원당 코스트는 같다.

정답 ③

해설
- 가나생명보험 종신보험의 단위 보험금액 10만 원당 코스트
  = {(200 × 12 + 17,850) × (1 + 0.05) − (19,600 + 300)}/{(150,000 − 19,600) × 0.00001} = 1,045원
- 다라생명보험 종신보험의 단위 보험금액 10만 원당 코스트
  = {(180 × 12 + 17,300) × (1 + 0.05) − (18,500 + 200)}/{(150,000 − 18,500) × 0.00001} = 1,318원

10 최진두 씨는 사업용으로 사용중인 공장 건물(보험가액 800,000천 원)에 대하여 보험가입금을 600,000천 원의 일반화재보험에 가입을 하였다. 이후 알 수 없는 원인으로 인하여 공장에 화재가 발생하여 다음과 같이 손해를 입었을 경우 일반화재보험 약관상 최진두씨가 지급받게 될 보험금으로 가장 적절한 것은? (단, 공장화재에 대한 고의나 중대한 과실은 없음)

- 재산손해액 : 350,000천 원
- 잔존물 제거비용 : 40,000천 원
- 잔존물 보전비용 : 1,000천 원
- 손해방지비용 : 2,500천 원
- 기타협력비용 : 5,000천 원

① 305,125천 원
② 300,125천 원
③ 310,125천 원
④ 371,406천 원
⑤ 376,406천 원

정답 ②

해설
- 재산손해액 : 350,000 × 600,000/800,000 = 262,500천 원
- 잔존물 제거비용(비례보상) :
  min(40,000 × 600,000/800,000, 350,000 × 10%) = 30,000천 원
- 손해방지비용(비례보상) : 2,500 × 600,000/800,000 = 1,875천 원
- 잔존물 보전비용(비례보상) : 1,000 × 600,000/800,000 = 750천 원
- 기타협력비용(실비보상) : 5,000천 원

11 김선진 씨는 가전제품부품을 제조 및 판매하고 있는 사업을 하고 있다. 창고에 보관 중인 재고자산에 대해서 실제 재고가액으로 보상받기 위하여 화재보험의 재고가액통지특별약관을 추가하여 가입하였다. 보험을 가입한 후 매월 정해진 때에 재고가액을 통지하고 있는데 아래의 정보를 참고로 하여 실제 창고에 있는 재고가액보다 적게 통지를 하는 경우와 아예 통지를 하지 않는 경우에 화재 발생 시 김선진 씨가 보험회사로부터 지급받을 수 있는 재고가액통지특별약관의 보험금은 얼마인가?

- 보상한도액 : 1,000,000천 원
- 손해액 : 450,000천 원
- 최종통지 재고가액 : 500,000천 원
- 최종통지 재고가액 작성 당시의 실제 재고가액 : 800,000천 원
- 사고시점의 실제 재고가액 : 1,200,000천 원

① 미통지시 375,000천 원, 적게 통지 시 375,000천 원
② 미통지시 375,000천 원, 적게 통지 시 281,250천 원
③ 미통지시 281,250천 원, 적게 통지 시 281,250천 원
④ 미통지시 281,250천 원, 적게 통지 시 375,000천 원
⑤ 미통지시 450,000천 원, 적게 통지 시 450,000천 원

정답 ②

해설
- 미통지시 보험금
  min(손해액, 보상한도액) × max(보상한도액, 최종통지 재고가액)/사고발생시점의 실제 재고가액
  = min(450,000, 1,000,000) × max(1,000,000, 500,000)/1,200,000
  = 375,000천 원
- 적게 통지시 보험금
  min(손해액, 보상한도액) × 최종통지 재고가액/최종통지 재고가액 작성 당시의 실제 재고가액
  = min(450,000, 1,000,000) × 500,000/1,200,000 = 281,250천 원

12 올해 신입사원으로 입사한 김재문 씨가 자가용 승용차를 운전하고 자동차 전용도로를 주행하던 중 상대차량과 충돌하여 사망하였다. 다음 정보를 참고하여 김재문 씨의 사망보험금을 자동차보험금 지급기준에 의해 추정할 경우 가장 적절한 것은?

- 출생일 : 1997년 2월 20일
- 사고일 : 2025년 6월 20일
- 과실관계 : 김재문 씨 과실비율 20%
- 월평균 현실소득액은 6,000천 원이며 정년은 65세
- 적용 호프만 계수 : 251.0323
- 가해차량은 개인용 자동차보험의 모든 담보에 가입함

① 847,303천 원
② 867,303천 원
③ 871,303천 원
④ 1,004,129천 원
⑤ 1,089,129천 원

정답 ③

해설
- 장례비 : 5,000천 원
- 위자료 : 65세 미만 80,000천 원
- 상실수익액 : 월평균 현실소득액 × 2/3 × 호프만계수 = 6,000 × 2/3 × 251.0323
  = 1,004,129천 원
- 과실비율 20%를 감안한 보험금 : 1,004,129 × (1 − 20%) = 871,303천 원

13 정하진씨는 아파트를 분양 받아 이사하면서 혹시 모른 손해를 대비하기 위하여 배상책임담보를 포함하여 보험가입금액 1억 원으로 하는 장기손해보험을 가입하였다. 이후 실제 사고가 아래와 같이 발생하였을 경우 지급받게 되는 보험금으로 가장 적절하지 않은 것은?

- 2월 1일 : 사고금액 10,000천 원
- 3월 1일 : 사고금액 20,000천 원
- 4월 1일 : 사고금액 50,000천 원
- 5월 1일 : 사고금액 20,000천 원
- 6월 1일 : 사고금액 40,000천 원
- 비교를 위한 저축의 가정은 매월 기말급, 세후투자수익률은 연 6%로 합의함

① 2월 1일 : 10,000천 원 ② 3월 1일 : 20,000천 원
③ 4월 1일 : 50,000천 원 ④ 5월 1일 : 20,000천 원
⑤ 6월 1일 : 0원

정답 ⑤

해설 장기손해보험의 경우에는 자동복원제도가 있어 1회의 보험사고에 의하여 지급받은 보험금이 가입 시 최대지급보험금의 80% 미만인 경우에는 가입 시의 보험가입금액으로 원상회복되기 때문에 6월 1일에 발생한 사고금액 40,000천 원에 대해서 40,000천 원을 보상받을 수 있다.

14 유광선 씨는 장기운전자보험과 관련하여 대한손해보험회사와 민국손해보험회사를 통해서 아래와 같이 가입을 하였다. 이후 유광선 씨가 자동차를 운전하던 중에 졸음운전으로 중앙선을 침범한 급격하고도 우연한 자동차 사고로 인하여 마주오던 승용차와 충돌하여 승용차의 운전자가 사망에 이르게 되는 사고가 발생하게 되었다. 이 사고로 피해자의 유가족과 형사합의금으로 60,000천 원을 지급하기로 교통사고 형사합의서를 작성하였다면 대한손해보험회사와 민국손해보험회사에서 지급하게 될 보험금으로 가장 적절한 것은?

보험회사	보험종목	보험기간	가입금액
대한손해보험회사	장기운전자보험	2025.1.1.~2040.1.1.	교통사고처리지원금 70,000천 원 한도
민국손해보험회사	장기운전자보험	2025.1.1.~2035.1.1.	교통사고처리지원금 80,000천 원 한도

① 대한손해보험회사 60,000천 원, 민국손해보험회사 60,000천 원
② 대한손해보험회사 70,000천 원, 민국손해보험회사 80,000천 원
③ 대한손해보험회사 28,000천 원, 민국손해보험회사 32,000천 원
④ 대한손해보험회사 32,000천 원, 민국손해보험회사 28,000천 원
⑤ 대한손해보험회사 30,000천 원, 민국손해보험회사 30,000천 원

 ③
- 각 계약의 보상책임액에 따라 각 계약의 비례분담액을 보상책임액으로 지급함
  - 대한손해보험회사 : 60,000 × 70,000/150,000 = 28,000천 원
  - 민국손해보험회사 : 60,000 × 80,000/150,000 = 32,000천 원

15 이수일(58세)과 심순애(56세) 씨 부부는 이수일 씨가 올해 30년을 근무한 회사에서 실시한 희망퇴직 시 받은 퇴직금을 생명보험회사를 통해 일시납 연금상품에 가입하고 이수일 씨의 나이 60세부터 연금으로 수령하여 부부의 노후생활자금으로 활용하고자 한다. 다음 각 연금의 지급방식 중 하나를 선택할 경우 현재가치가 가장 적은 것은 어느 것인가?

- 이수일은 84세 말까지, 심순애은 87세 말까지 생존할 것으로 가정함
- 60세 시점 일시금 계산을 위한 할인율은 연 5%로 함
- 연금수령에 따른 소득세 등은 고려하지 않음
- 아래 ①~④번은 이수일씨 기준 단생연금 방식임
- ③번의 경우 이수일 사망이후에도 연금이 보증기간까지 지급됨

① 평준 생애수입방법을 선택하여 60세부터 매년 말 정액으로 45,000천 원을 수령
② 확정기간 분할수령방법을 선택하여 60세부터 20년간 매년 초 정액으로 50,000천 원을 수령
③ 보증부 생애수입방법을 선택하여 60세부터 매년 말 정액으로 42,000천 원을 수령하되 30년간은 보증지급
④ 이자수령방법을 선택하여 60세부터 매월 초 정액으로 2,500천 원을 지급받고 사망 시 600,000천 원을 수령
⑤ 연생 생존자 생애수입방법을 선택하여 이수일 나이 60세부터 부부 모두 생존 시에는 매년 말 정액으로 40,000천 원을, 1인만 생존 시에는 매년 말 정액으로 20,000천 원을 수령

정답 ⑤

해설
① 45,000 [PMT][END], 25[n], 5[i], PV = 634,228천 원
② 50,000 [PMT][BGN], 20[n], 5[i], PV = 654,266천 원
③ 42,000 [PMT][END], 30[n], 5[i], PV = 645,643천 원
④ 2,500 [PMT][BGN], 25 × 12[n], 0.41/12[i], 600,000[FP], PV = 611,366천 원
  (* − 100 [PV], 105[FV] 12[n], i = 0.41)
⑤ 부부 모두 생존시 40,000 [PMT][END], 25[n], 5[i], PV = 563,758천 원
  심순애만 생존시 20,000 [PMT][END], 5[n], 5[i], PV = 86,590천 원
  86,590 [FV], 25[n], 5[i], PV = 25,570천 원
  부부 모두 생존시 PV + 심순애만 생존시 PV = 589,328

CHAPTER 03 은퇴설계

01 은퇴시점까지 저축한 금액의 세후 평가금액으로 가장 적절한 것은?

- 은퇴까지 남은 기간 20년(저축기간)
- 저축에 대한 세전투자수익률 6%
- 저축은 두 가지 납입방법을 통해 진행하기로 한다.

가. 올해 말부터 저축계좌(A계좌)에 매년 10,000천 원씩 저축을 한다.
나. 추가로 내년 말부터 A계좌에 500천 원부터 시작하여 매년 말 500천 원씩을 직전 년도에 비해 더 많이 19년 간 저축한다.
다. 저축계좌는 은퇴시점에 전액 인출하여 연금형태의 자산으로 전환할 계획이다.
라. 계산의 편의상 이익금에 대한 과세는 해지 시 한번 과세하는 것으로 하며, 종합과세는 고려하지 말 것.

① 약 474,966천 원
② 약 487,265천 원
③ 약 492,020천 원
④ 약 502,021천 원
⑤ 약 512,785천 원

정답 ①

해설 재무계산기로 계산하는 일반적인 일정비율의 증액 내용이 아닌 정액으로 증액하는 경우에 해당한다. 이러한 기말급 정액 증액의 경우에는 아래와 같은 순서로 계산하기로 한다.
가. 저축에 대한 종가계수를 산출한다.
   1[PMT], 20[n], 6[i], FV = 36.786
나. 다음 산식을 적용한다.
   최초 저축액(10,000천 원) × 저축의 종가계수(36.786) + [종가계수(36.786) − 투자기간(20)] × 증액저축액(500천 원)]/저축의 수익률(6i) = 507,726천 원
   납입원금 : 295,000천 원
   − 10,000천 원 × 20년 = 200,000천 원
   − 증액 납입금액 500천 원 × [기간(19년) × (기간(19년) + 1)]/2 = 95,000천 원
다. 세금산출
   원리금 합계액(507,726천 원) − 원금(295,000천 원) = 212,726천 원 × 15.4%
   = 32,759천 원
라. 세후평가금액
   원리금 합계액(507,726천 원) − 조세(32,759천 원) = 474,966천 원

02 은퇴시점에 처분하여 은퇴자금으로 활용하려 했었던 아파트(현재 가격 20억 원)를 현재 시점에서 매각하여 자녀의 주택 구입자금으로 활용하고자 한다. 다음의 자료를 참조하여 은퇴시점에서 현재물가기준으로 매년 얼마의 은퇴소득이 감소하는지 적절한 것을 고르시오.

[관련 정보]
- 은퇴까지 남은 기간 10년
- 아파트 가격 상승률 연 2%
- 세후투자수익률 연 6%
- 은퇴기간 25년
- 처분에 따른 비용은 처분가액의 3%
- 물가상승률 연 4%

① 71,011천 원
② 79,562천 원
③ 77,125천 원
④ 75,279천 원
⑤ 73,846천 원

정답 ②

해설
- 순매도가격 : 2,000,000[PV], 10[n], 2[i], FV = 2,437,988 × 97% = 2,364,849
- 은퇴시점 감소되는 연간 은퇴소득 :
  2,364,849[PV], 25[n], (1.06/1.04 − 1) × 100[i], [PMT](B) 117,772
- 현재물가기준의 금액 : 117,772[FV], 10[n], 4[i], PV 79,562천 원

03 다음 조건의 경우 연금수급개시연령(65세)보다 5년 일찍 수령하는 경우와 정상적으로 노령연금을 수령하는 경우의 차이를 연금수급개시연령시점을 기준으로 비교하면 얼마의 금액이 차이가 나는가?

[조건]
- 연금수급개시연령 65세
- 노령연금액(기본연금액) 연 10,000천 원
- 연금수령예상기간 25년
- 조기노령연금의 경우 5년 일찍 수령
- 조기노령연금의 경우 연금수령예상기간 30년
- 은퇴자산에 대한 세후투자수익률 3%
- 물가상승률 연 2%
- 조기노령연금 수령액은 별도로 산출하여 계산할 것.
- 국민연금은 매년 초에 수령하며 물가상승률에 의해 연금액은 변동됨.

① 약 12,305천 원   ② 약 18,325천 원
③ 약 10,843천 원   ④ 약 11,365천 원
⑤ 약 13,526천 원

정답 ③

해설 222,930천 원(가) − 212,087천 원(나) = 10,843천 원
가. 노령연금 일시금 평가액 : 222,931천 원
  [BEG] 10,000[PMT], 25[n], (1.03/1.02 − 1) × 100[i] PV = 222,930천 원
나. 조기노령연금 일시금 평가액 : 212,087천 원
  [BEG] 7,000[PMT], 30[n], (1.03/1.02 − 1) × 100[i] PV = 182,948천 원
  182,948 [PV] 5 [n] 3 [i] FV = 212,087천 원

04 다음 내용을 참조하여 지속가능한 인출률로 가장 적절한 것을 고르시오.

홍길동(65세) 현재 2억 원의 은퇴자산을 보유하고 있으며 이를 30년간 인출하여 사용하고자 한다. 물론 자산이 풍족한 은퇴생활을 하기에는 충분하지는 않겠지만 규모있는 생활을 통하여 지속가능한 인출 전략이 100% 성공할 수 있기를 바란다. 은퇴기간 중 물가상승률을 연 2%로, 세후투자수익률을 연 7%로 가정한다면 홍길동씨의 초기인출률로 가장 적절한 것은?

① 6.1%   ② 6.9%
③ 5.8%   ④ 7.6%
⑤ 7.8%

정답 ①

해설 초기인출률 산정
[BEG] 200,000[PV], 30[n], (1.07/1.02 − 1) × 100[i] PMT = 12,264천 원/200,000천 원
= 6.13%

05 김영길씨(45세)는 은퇴시점까지(20년 남음) 매월 말일 2,000천 원씩을 투자하여 은퇴자금을 마련하고자 한다. 은퇴를 위한 저축의 목표수익률은 세후투자수익률 5%이다. 만약 채권형 자산의 세후투자수익률이 4%이고 주식형 자산의 세후투자수익률이 6%라면 김영길씨가 목표로하는 5%의 목표수익률을 달성하기 위하여 주식형 자산에 매월 얼마의 금액을 배분하여야 하는가?

① 45.1%
② 46.8%
③ 49.8%
④ 51.3%
⑤ 53.2%

정답 ②

해설 [풀이 순서]
목표수익률로 투자한 경우와 주식형 자산과 채권형자산으로 투자한 경우의 종가를 계산한다.
(주식형 자산과 채권형 자산은 종가계수로 산출하여 계산할 수도 있음)

- 목표수익률(포트폴리오)로 투자한 경우
  2,000[PMT], 0.4074[i], 240[n] FV = 811,595천 원
- 주식형 자산으로 투자한 경우
  2,000[PMT], 0.4868[i], 240[n] FV = 906,934천 원
- 채권형 자산으로 투자한 경우
  2,000[PMT], 0.3274[i], 240[n] FV = 727,708천 원
- 다음과 같이 비중을 계산한다.
  (811,595천 원 − 727,708천 원)/(906,934천 원 − 727,708천 원)
  = 46.8%(주식형 자산 투자비중)

- 주식형펀드 투자 비중(W_s) = $\dfrac{F - (B \times P)}{(S - B) \times P}$
- 채권혼합형펀드 투자 비중(W_b) = $1 - W_s$

F : 포트폴리오 증가, P : 정기저축액 또는 일시금 투자액
S : 주식형펀드 종가계수, B : 채권혼합형펀드 종가계수

- 주식형펀드 투자 비중(W_s) = $\dfrac{F - (W_b \cdot B + W_a \cdot A) \times P}{[(S - (B + A)] \times P}$
- 채권혼합형펀드 투자 비중(W_b) = $1 - (W_s + W_a)$
- 대체자산 투자 비중(W_a) = $1 - (W_s + W_b)$

F : 포트폴리오 증가, P : 정기저축액 또는 일시금 투자액
S : 주식형펀드 종가계수, B : 채권혼합형펀드 종가계수, A : 대체자산 종가계수
W_s : 주식형펀드 투자 비중, W_b : 채권혼합형펀드 투자 비중, W_a : 대체자산 투자 비중

06 은퇴시점에 추가로 필요한 금액을 마련하기 위하여 20년간 매년 말 20,000천 원씩 추가로 저축하기로 하였다. 아래 정보를 참고하여 주식형 상품에 투자하는 투자비율과 주식형 상품 추가 저축액의 은퇴시점 평가금액으로 가장 가까운 값을 고르시오.

[정보]
- 자금마련을 위한 세후투자수익률은 6%임
- 각 자산에 대한 예상수익률(a와 b의 투자비중은 동일할 것)
  - a : 확정금리형 상품 4.5%
  - b : 채권형 상품 5%
  - c : 주식형 상품 10%

① 458,957천 원 (투자비율 21.32%)
② 389,257천 원 (투자비율 15.36%)
③ 294,857천 원 (투자비율 19.20%)
④ 208,710천 원 (투자비율 18.22%)
⑤ 192,285천 원 (투자비율 17.42%)

정답 ④

해설
F = 20,000[PMT], 20[n], 6[i], FV = 735,711천 원
a = 20,000[PMT], 20[n], 4.5[i], FV = 627,428천 원
b = 20,000[PMT], 20[n], 5.0[i], FV = 661,319천 원
c = 20,000[PMT], 20[n], 10[i], FV = 1,145,499천 원

- (a + b)/2 = 627,428 + 661,319 = 1,288,747/2 = 644,373천 원
- F − (a + b)/2 = 735,711 − 644,373 = 91,337천 원
- C − (a + b)/2 = 1,145,499 − 644,373 = 501,125천 원
- 주식형 상품 투자 비율(F − (a + b)/2/[c − (a + b)/2]) = 91,337/501,125 = 18.22%
- 주식에 투자한 추가저축액 : 20,000 × 18.22% = 3,644천 원
- 은퇴시점의 평가금액 : 3,644[PMT](E), 20[n], 10[i], FV = 208,710천 원

07 다음 정보를 참고하여 은퇴기간 중 현재물가기준으로 연간 얼마의 소비가 가능한지 적절한 것을 고르시오.

[은퇴관련 정보]
- 현재부터 매년 5,000천 원 정액저축(기말, 저축기간 15년)
- 은퇴나이 60세
- 은퇴까지 남은 기간 20년
- 은퇴기간 25년
- 국민연금 현재물가기준 10,000천 원
- 물가상승률 4%
- 세후투자수익률 6%

① 12,235천 원
② 13,539천 원
③ 14,258천 원
④ 16,157천 원
⑤ 18,154천 원

정답 ②

해설 정액저축 기간의 평가금액 : 5,000[PMT], 15[n], 6[i], FV = 116,379천 원
- 저축액의 은퇴시점 평가금액 : 116,379[PV], 5[n], 6[i], FV = 155,742천 원
- 은퇴시점 연간 소득 : 155,742[PV], 25[n] (1.06/1.04 − 1) × 100[i], PMT(B) = 7,756천 원
- 저축액의 현재물가기준 금액 : 7,756[FV], 20[n], 4[i], PV = 3,539천 원
- 국민연금과 저축액의 연간소비수준의 현재물가기준 금액 : 3,539 + 10,000 = 13,539천 원

08 다음 중 투자성과가 더 좋은 투자안과 투자안의 금액차이로 가장 적절한 것은?

- 투자기간은 20년, 세전투자수익률 6%

[투자안 1]
적립식 펀드에 매년 말 6,000천 원씩 투자

[투자안 2]
연금저축계좌에 매년 말 6,000천 원씩 투자
- 연금저축계좌에서 세액공제(지방소득세 포함)를 적용받은 금액은 모두 연금저축계좌에 추가납입.
- 근로자 김영길의 연봉은 80,000천 원임.
- 적립식펀드의 경우 계산의 편의를 위하여 20년 후 인출시점에 전액 과세하는 것으로 보아 적립기간 중에는 과세 내용이 없는 것으로 가정한다.
- 투자기간 종료 시점의 금액으로만 비교할 것. 추후 과세에 따른 내용은 고려하지 말 것

① 연금저축계좌가 29,134천 원이 더 적립된다.
② 연금저축계좌가 45,214천 원이 더 적립된다.
③ 적립식펀드가 1,258천 원 더 적립된다.
④ 적립식펀드가 3,852천 원 더 적립된다.
⑤ 두 투자안의 내용에 차이가 없다.

정답 ①

해설
- 적립식 펀드에 투자하는 경우 : 220,713천 원
  6,000천 원[PMT], 20[n], 6[i] FV = 220,713천 원
- 개인형퇴직연금계좌에 투자하는 경우 : 220,713천 원 + 29,137천 원 = 249,847천 원
  6,000천 원[PMT], 20[n], 6[i] FV = 220,713천 원
- 세액공제 효과
  연봉이 80,000천 원인 근로자이므로 세액공제율은 지방소득세 포함하여 13.2%를 적용
  792천 원을 개인형퇴직연금계좌에 추가납입
- 792천 원[PMT], 20[n], 6[i] FV = 29,134천 원

09 문제 8번의 내용 중 연금저축계좌를 통하여 25년 간 연금을 수령하는 경우 첫해에 과세되는 연금소득세는 얼마인가?

> - 연금저축계좌의 투자수익률은 6%
> - 연금수령자의 연령은 현재 63세
> - 연금소득세는 지방소득세를 포함하여 계산할 것
> - 연금수령금액은 연금수령한도 내 수령인지 확인하여 한도를 초과하는 경우에는 한도 내 금액까지만 연금으로 수령할 것.(n은 1을 적용한다.)
> - 연금 수령금액에 따른 종합과세 적용 여부는 추후 종합과세와 분리과세의 득실을 점검하여 적용할 것이므로 이번 계산에는 고려하지 말 것.

① 약 1,010천 원   ② 약 564천 원
③ 약 358천 원   ④ 약 254천 원
⑤ 약 143천 원

정답 ⑤

해설 연금수령액산출
[BEG] 249,847천 원[PV], 25[n], 6[i], PMT = 18,438천 원
- 연금소득세 과세 순서는 소득원천별 과세를 적용한다.
  - 가. 세액공제를 받지 않는 금액
  - 나. 이연퇴직소득
  - 다. 세액공제를 받은 금액과 이자수익 등
- 연금소득세율은 연령별로 다르게 적용한다.
- 현재 연금 수령자의 연령이 63세이므로 5.5%를 적용한다.
- 연금저축계좌에 소득원천별 구성내용을 보면
  - 가. 연금저축계좌에 매년 정기적으로 납입하는 금액이 6,000천 원이므로 세액공제를 적용받을 수 있는 한도를 모두 적용받았다. 따라서 추가로 세액공제를 받은 금액을 납입하는 792천 원은 세액공제를 받지 않은 과세제외금액에 해당한다. 792천 원 × 20년 = 15,840천 원
  - 나. 연금수령한도는 249,847천 원/11 − 1 = 24,984 × 1.2 = 29,980천 원
  - 다. 연금 수령액 18,438천 원 − 15,840천 원 = 2,598천 원 × 5.5% = 143천 원(세부담액)

10 다음 자료를 참조하여 은퇴자금을 마련하기 위해 추가로 매월 말 정액으로 저축해야 하는 첫해의 월저축 금액으로 가장 적절한 것은?

> 가. 20년 후 저축 목표금액 300,000천 원
> 나. 저축기간 20년 간
> 다. 세후투자수익률 연 6%
> 라. 저축방식
> • 지금부터 20년 간 저축여력 증가율(5%)만큼 증액하여 저축한다.
> • 추가저축여력은 매년 초에 증가하는 것으로 보며, 매년 초 연간 증액된 저축금액을 산출하여 해당 년도에 매월 말 정액(동일한 금액)으로 나누어 저축하는 것으로 한다.

① 498천 원 ② 450천 원
③ 535천 원 ④ 412천 원
⑤ 439천 원

정답 ⑤

해설
- 증액저축과 정액저축을 모두 활용할 수 있어야 계산이 가능하다.
- 먼저 연간 증액 저축액을 산출한다.
  300,000천 원[FV], 20[n], 6[i], PV = 93,541천 원
  [BEG] 93,541천 원[PV], 20[n], (1.06/1.05 − 1) × 100[i] PMT = 5,110천 원
- 매년 초 증액된 금액을 매월 말 정액으로 납입한다.
  5,110천 원[PV], 12[n], 0.4868[i], PMT = 439천 원

11 아래 주어진 내용을 참고하여 은퇴시점에서 필요한 은퇴일시금으로 적절한 것을 고르시오.

[은퇴관련 정보]
- 은퇴 후 필요한 은퇴소득 : 현재물가기준으로 매년 초 연간 40,000천 원
- 은퇴나이 60세(현재 40세)
- 은퇴까지 남은 기간 20년
- 은퇴기간 25년
- 물가상승률(은퇴 전 5%, 은퇴 후 4%)
- 세후투자수익률(은퇴 전 6%, 은퇴 후 5%)
- 국민연금 : 현재물가기준으로 매년 초 연 8,000천 원 수령
- 1969년생으로 국민연금은 본인의 수급개시연령에 연기 없이 수령

[배우자 정보]
- 부인 36세
- 남편 사망 후에도 10년간 생활자금 필요
- 부인이 단독 생활에 필요한 소득 : 현재물가기준으로 매년 초 연간 16,000천 원
- 남편 사망에 따른 유족연금은 현재물가기준으로 매년 초 연 6,000천 원 수령
- 부부 각각 은퇴 기간 중 최종 3년간은 간병비가 현재물가기준으로 연간 5,000천 원이 소요됨

① 1,868,074천 원　　② 1,935,275천 원
③ 2,032,157천 원　　④ 2,158,963천 원
⑤ 2,262,108천 원

정답 ⑤

해설 [CF계산법]
40,000[CF_0], 40,000[CF_1](4), 32,000[CF_2](17), 37,000[CF_3](3), 10,000[CF_4](7), 15,000[CF_5](3),
(1.05/1.04 − 1) × 100[i], NPV = 852,565천 원
- 은퇴일시금 : 852,565[PV], 20[n], 5[i], FV = 2,262,108천 원

12 방한나씨(45세)의 자료를 참조하여 추가로 필요한 은퇴일시금으로 가장 적절한 것은?

> 가. 65세에 은퇴할 계획이며 국민연금도 65세부터 매년 초 10,000천 원을 수령(현재물가 기준)
> 나. 희망하는 필요은퇴소득은 현재물가기준으로 46,000천 원
> 다. 필요한 총은퇴일시금을 산정할 때 초기인출률 4%를 적용하여 산출
> 라. 은퇴자금은 올해부터 가입하는 확정기여형퇴직연금을 활용할 예정이다.
>   - 작년 연봉 60,000천 원
>   - 급여는 매년 초 3%씩 상승
>   - 확정기여형퇴직연금의 투자수익률은 6%
> 마. 추가로 필요한 은퇴일시금을 산정할 때 확정기여형퇴직연금은 보수적으로 평가하기 위하여 퇴직소득세 14,000천 원을 공제하여 산출할 것.
> 바. 물가상승률은 3%를 적용하여 산출할 것.

① 1,398,991천 원
② 1,301,245천 원
③ 1,431,745천 원
④ 1,320,451천 원
⑤ 1,410,512천 원

정답 ①

해설 가. 필요한 총은퇴일시금 산정
46,000천 원 − 10,000천 원 = 36,000천 원
36,000천 원[PV], 20[n], 3[i], FV = 65,020천 원
65,020천 원/4% = 1,625,500천 원

나. 은퇴자산(퇴직연금액 계산)
확정기여형 퇴직연금은 급여상승률과 투자수익률을 함께 적용해야 하므로 K값을 사용하여 계산한다. 직전년도 월 평균급여가 5,000천 원이며 올해 초 급여가 3% 상승하여 적용되므로 이 경우에는 확정기여형퇴직연금 적립액을 계산할 때 5,000천 원을 초기 PMT값으로 적립액을 산출한다.
[END] 5,000천 원[PMT], 20[n], (1.06/1.03 − 1) × 100[i], PV = 74,991천 원
또는 상승된 올해 연봉으로 산출 5,000천 원 × 3% = 150천 원, 따라서 올해 말 평균임금은 5,150천 원 [END]모드이므로 5,150/1.03 = 5,000천 원[PMT]로 계산 결국 같은 계산 내용임에 유의할 것.
74,991천 원[PV], 20[n], 6[i], FV = 240,509천 원 − 퇴직소득세 14,000천 원 = 226,509천 원

다. 추가로 필요한 은퇴일시금
1,625,500천 원 − 226,509천 원 = 1,398,881천 원

13 위의 확정기여형퇴직연금을 개인형퇴직연금으로 이체하여 65세부터(이체하면서 바로 연금을 수령하기 시작) 25년 간 연금으로 수령한다면 첫해 납부해야하는 연금소득세로 가장 적절한 것은?

> 가. 연금은 매년 초에 수령하는 것으로 한다.
> 나. 개인형퇴직연금의 투자수익률은 연 5%로 가정한다.
> 다. 개인형퇴직연금계좌로 이전할 때 이연된 퇴직소득세는 14,000천 원으로 가정한다.
> 라. 이연퇴직소득에서 인출하는 연금액은 금액에 관계없이 분리과세를 적용한다.
> 마. 연금을 수령할 때 연금수령 연차는 1년차를 적용한다.
> 바. 지방소득세는 고려하지 말 것

① 993천 원 ② 795천 원
③ 662천 원 ④ 610천 원
⑤ 596천 원

정답 ③

해설
- 연금수령액 산출
  [BEG] 240,509천 원[PV], 25[n], 5[i], PMT = 16,252천 원
- 한도내 수령 여부 확인
  240,509천 원/(11 − 1) × 120% = 28,861천 원
- 금번에 납입해야 하는 이연퇴직소득세 산출
  14,000천 원 × 16,252천 원/240,509천 원 = 946천 원 × 70% = 662천 원

14 다음 자료를 참조하여 매월 말 정액으로 1,000천 원씩 투자하고 있는 금융자산에 대한 세후평가금액과 세후투자수익률을 순서대로 나열한 것 중 가장 적절한 것은?

> 가. 금융자산 총 투자기간 20년(5년 전부터 투자를 해왔음)
> 나. 세전투자수익률 6%
> 다. 15년 후 만기에 금액을 인출할 때 원금을 제외한 수익에 대하여 이자소득세를 과세하는 것으로 가정(지방소득세를 포함하여 세금계산)
> 라. 금융소득종합과세, 저축기간 중 과세내용은 없는 것으로 가정

① 420,593천 원, 5.32%
② 412,058천 원, 5.12%
③ 435,125천 원, 5.39%
④ 458,978천 원, 5.51%
⑤ 469,741천 원, 5.98%

정답 ①

해설 가. 금융자산의 만기 금액 산출
1,000천 원[PMT], 240[n], 0.4868[i], FV = 453,467천 원
투자원금 1,000천 원 × 240개월 = 240,000천 원
나. 투자수익 및 세금 계산
453,467천 원 − 240,000천 원 = 213,467천 원 × 15.4% = 32,873천 원
다. 세금 공제후 평가액
453,467천 원 − 32,873천 원 = 420,593천 원
라. 세후 투자수익률 산출
420,593[FV], 240[n], 1,000[PMT], i = 0.433
− 100[PV], 12[n], 0.433[i], FV = 105.32
세후투자수익률 5.32%

15

다음 자료를 참조하여 은퇴시점에 저축계정과 투자계정에 예치하여야 할 금액으로 가장 적절한 것은?

> 가. 고객 연령 65세, 은퇴기간 65세부터 30년간
> 나. 은퇴기간 중 필요한 연간 생활비 24,000천 원(매년 물가상승률 만큼 필요금액 증가)
> 다. 국민연금은 65세부터 수령 연간 9,600천 원 수령(매년 물가상승률만큼 연금액 조정)
> 라. 은퇴자산에 활용할 금융자산 계정은 생활비 인출(연간 필요한 생활비에서 국민연금을 차감한 금액)에 활용할 생활비계정, 생활비 계정에서 1년치 생활비가 인출된 경우 생활비 계정으로 생활비 상당액이 이체되어 생활비로 활용될 저축계정, 저축계정의 자금이 생활비 계정으로 이체된 때 저축계정으로 이체되었다가 최종적으로 생활비 계정으로 사용하게 될 투자계정으로 구분하여 은퇴자산을 적립한다.
> 마. 저축계정과 투자계정에서의 자금 이체는 매년 말에 이체하는 것으로 한다.
> 바. 은퇴기간 중 물가상승률은 0%로 가정한다.

구분	생활비 계정	저축 계정	투자 계정
세후투자수익률	입출금계정(금리 0%)	3%	6%
계정유지금액	2년분 생활비 예치	3년분 생활비 예치	25년분 생활비 예치
초기(65세) 배분금액			

구분	저축 계정	투자 계정
①	39,254천 원	175,025천 원
②	42,325천 원	170,205천 원
③	40,732천 원	168,467천 원
④	45,021천 원	171,954천 원
⑤	49,069천 원	165,451천 원

정답 ③

해설 생활비계정, 저축계정, 투자계정을 순차적으로 계산하여 예치하여야 한다.
가. 생활비계정(2년 치)
물가상승률, 투자수익률이 모두 0이므로
14,400천 원 × 2년 = 28,800천 원예치
나. 저축계정(3년 치)
14,400천 원[PMT], 3[n], 3[i] PV = 40,732천 원
다. 투자계정(나머지 은퇴기간(25년) 필요자금)
우선 투자계정에서 저축계정으로 옮겨야 할 자금의 이동시점 현가 산출
14,400[FV], 3[n], 3[i], PV = 13,178천 원
해당 금액을 투자계정에 예치할 일시금으로 산출
13,178천 원[PMT], 25[n], 6[i] PV = 168,467천 원

CHAPTER 04 부동산설계

사례형

01 PART 단일사례

01 다음 정보를 고려할 때 원가법에 따른 다음 부동산 가치(토지와 건물 모두 포함)로 가장 적절한 것은? (토지는 거래사례비교법에 의해 평가하며, 건물의 감가상각은 물리적 감가와 기능적 감가 등을 고려할 것)

- 토지면적 : 800m², 건물면적 : 1층 400m², 2층 350m², 3층 300m², 4층 250m²
- 건물은 10년 전에 신축되었으며, 신축 당시 재조달원가는 500천 원/m²이다.
- 인근지역 내 유사토지의 최근 거래가격은 3,000천 원/m²으로 정상가격대비 10% 낮게 거래된 것으로 조사되었다. 사례 토지는 장방형으로 대상 토지가 10% 우세하며, 접근성 면에서도 대상 토지가 8% 우세한 것으로 조사되었다.
- 건물의 내용연수는 50년이며, 건축당시 건물의 재조달원가는 500천 원/m²이며, 기준시점 현재 건물을 신축할 경우 재조달원가는 800천 원/m²이다. 건물의 관리상태가 부실하여 장부상 경과년수보다 5년 더 경과된 것으로 관찰되었다.
- 건물의 기능을 보완하기 위하여 100,000천 원이 추가 소요될 것으로 예상된다.
- 건물의 잔존가치는 재조달원가의 10%인 것으로 추정된다.

① 약 3,920,800천 원　② 약 3,827,200천 원
③ 약 3,325,280천 원　④ 약 3,225,280천 원
⑤ 약 3,020,800천 원

정답 ②

해설 [원가방식에 의한 평가대상 부동산의 가치산정 (단위 : 천 원)]
가. 부동산의 가치 = 토지가치+건물가치 = 3,168,000 + 659,200 = 3,827,200
나. 토지가치 = 800m² × 3,000/m² × (100/90) × (110/100) × (108/100) = 3,168,000
다. 건물가치 = 재조달원가 − 감가상각액 = 1,040,000 − 380,800 = 659,200
　• 재조달원가 = 1,300m² × 800/m² = 1,040,000
　• 감가상각액 = 물리적 감가+기능적 감가 = 280,800+100,000 = 380,800
　　− 물리적 감가 = 1,040,000 × 0.9 × (15/50) = 280,800
　　− 기능적 감가 = 100,000

02 CFP® 자격인증자인 김재무씨는 고객이 보유하고 있는 토지가치를 거래사례비교법으로 산정하고자 한다. 이를 위해 대상토지와 유사성이 높은 사례를 수집하였으며, 다음 자료를 참고하여 고객이 보유한 토지가치로 가장 적절한 것을 고르시오.

> - 대상토지와 유사한 거래사례는 1년 전에 400,000천 원에 거래되었으며 이는 매도자 사정에 의해 5% 저가로 거래된 것으로 추정되는 사례이다.
> - 대상토지와 사례토지가 속한 지역은 최근 1년간 10%의 가격상승이 있었다.
> - 기준시점 현재 대상토지는 4m 도로에 접하고 사례토지는 2m 도로에 접한 것으로 대상토지는 사례토지보다 도로조건에서 20% 우세한 것으로 보인다.
> - 획지조건으로는 대상토지는 평지이고, 사례토지는 완경사지에 위치하고 있으며, 획지조건상 사례토지는 대상토지보다 약 10% 정도 열세한 것으로 보인다.
> - 사례토지와 대상토지는 면적은 동일하다.
> - 기준시점 현재 대상토지가 속한 지역의 평균적인 지가 수준은 평당 10,000천 원이며, 사례토지가 속한 지역의 평균적인 지가수준은 평당 8,000천 원으로 조사되었다.

① 약 698,530천 원 ② 약 745,220천 원
③ 약 771,930천 원 ④ 약 800,050천 원
⑤ 약 823,870천 원

 ③

- 거래사례비교법에 의한 토지가치 산정
  400,000 × 사정보정(100/95) × 시점수정(1.1) × 지역요인비교(10,000/8,000) × 도로조건(120/100) × 획지조건(100/90) = 약 771,930천 원

---

03 남장희씨는 300,000천 원을 투자하여 상가를 매입하려고 하는데 투자자본에 대한 요구수익률은 연10%이다. 3년 보유 후 매도할 경우 상가의 가치는 250,000천 원이 될 것으로 예상된다. 남장희씨의 요구수익률을 충족시킬 수 있는 연간 순영업수익(NOI)으로 적절한 것은?

① 약 15,000천 원 ② 약 25,000천 원
③ 약 30,000천 원 ④ 약 45,000천 원
⑤ 약 50,000천 원

정답 ④

해설
- 상가가치 불변시 순영업수익 : 300,000 × 0.10 = 30,000천 원
- 연간 가치하락분 : 50,000[FV], 3[n], 10[i], PMT = 15,105천 원
- 요구수익률을 충족시킬 수 있는 연간 순영업수익 : 30,000천 원 + 15,105천 원 = 45,105천 원
  ※ [별해] 300,000[PV], 3[n], 10[i], −250,000[FV], PMT = 45,105천 원

04 윤두식씨가 보유하고 있는 부동산의 운영현황은 다음과 같다. 자기자본수익률 변화에 대한 다음 설명 중 가장 적절한 것은?

[부동산의 운영현황]
가. 지난해 종합수익률은 10%이었으나 올해에는 공실 증가, 영업경비 증가 등으로 종합수익률이 8%로 하락하였다.
나. 대출이자율은 지난해 연 5%이었으나 올해에는 연 6%로 상승하였다.
다. 대출비율(LTV)은 60%로 지난해와 올해가 동일하다.
라. 보유부동산의 공실발생, 영업경비 증가 등과 대출이자율 상승은 동일한 시점에서 발생한 것으로 가정한다.

① 지난해 대비 4%p 상승
② 지난해 대비 6.5%p 상승
③ 지난해 대비 5.5%p 상승
④ 지난해 대비 4%p 하락
⑤ 지난해 대비 6.5%p 하락

정답 ⑤

해설 [자기자본수익률 산정]
- 종합수익률 = 자기자본수익률 × 자기자본비율 + 타인자본수익률(대출이자율) × 대출비율
가. 자기자본수익률은 지난해 대비 6.5%p 하락하였다.
나. 자기자본수익률 = 종합수익률 + (종합수익률 − 대출이자율) × (대출비율/자기자본비율)
  ① 지난해 자기자본수익률 = 10% + (10% − 5%) × (60%/40%) = 17.5%
  ② 올해 자기자본수익률 = 8% + (8% − 6%) × (60%/40%) = 11%

05 김미경씨 소유의 상가는 현재 연간 순영업수익이 100,000천 원이다. 순영업수익 산정시 적용한 공실률은 가능총수익의 5%, 영업경비는 52,000천 원, 종합환원율은 10%이다. 최근 시장환경 변화로 인해 공실률을 가능총수익의 10%로 적용하는 것이 합리적이라고 할 경우 상가의 가치로 적절한 것은? (부동산가치는 직접환원법으로 계산할 것)

① 920,000천 원 ② 940,000천 원
③ 980,000천 원 ④ 1,030,000천 원
⑤ 1,100,000천 원

정답 ①

해설
- NOI조정
  - 유효총수익 = 100,000 + 52,000 = 152,000천 원
  - 가능총수익 = 152,000/0.95 = 160,000천 원
  - 조정 유효총수익 = 160,000 × 0.9 = 144,000천 원
  - 조정 순영업수익 = 144,000 − 52,000 = 92,000천 원
- 상가의 가치 : 92,000/0.1 = 920,000천 원

06 부동산임대업을 하는 이수민씨는 최근 상가를 구입하려고 한다. 구입하고자 하는 상가의 연간 순영업수익은 50,000천 원으로 기대된다. 이수민씨의 주거래은행에서는 이수민씨가 소유하고 있는 상가건물의 가치 대비 60%까지 대출이 가능하다고 한다. 대출조건은 대출기간 20년, 이자율 연 8.0% 월복리, 매월 말 원리금균등분할상환 조건이다. 이수민씨가 기대하는 지분환원율이 연 12.0%일 때 상가의 시장가치로 가장 적절한 것은? (종합환원율은 금융적투자결합법에 의해 산정할 것)

① 약 462,000천 원 ② 약 561,000천 원
③ 약 661,000천 원 ④ 약 761,000천 원
⑤ 약 861,000천 원

정답 ①

해설
- 대출상수 : 1[PV], 20 × 12[n], 8/12[i], PMT = 0.00836 × 12 = 0.1004
- 종합환원율 : 0.6 × 0.1004 + 0.4 × 0.12 = 0.10824
- 해당 부동산의 시장가치 : 50,000/0.10824 = 461,936천 원

07

CFP® 자격인증자인 김재무씨가 다음의 정보를 고려하여 고객 송해영씨에게 신축 검토 중인 부동산의 경제적 타당성 여부를 설명한 내용으로 가장 적절한 것은?

> [신축 검토 중인 부동산의 현황]
> 가. 송해영씨는 임대사업을 목적으로 기존주택을 매입 후 매입한 기존주택을 철거하고 다세대주택 20가구를 신축하고자 한다.
> 나. 기존주택의 매입가격은 1,200,000천 원이며, 다세대주택 신축 시 기존주택 철거비용은 50,000천 원이 소요될 것으로 예상된다.
> 다. 다세대주택 신축을 위한 직접비용은 800,000천 원이며, 간접비용은 직접비용의 15%가 소요될 것으로 예상된다.
> 라. 신축된 다세대주택의 보증금은 가구당 20,000천 원, 월임대료는 가구당 1,000천 원, 공실 및 대손충당금은 가능총수익의 5%로 예상된다.
> 마. 신축된 다세대주택의 영업경비는 월 7,000천 원이 소요될 것으로 예상되며, 시장추출법에 따른 종합환원율은 8%, 임대보증금 운용수익률은 연 5%를 적용한다.
> 바. 비용성 측면인 원가방식과 수익성 측면인 수익방식에 의한 부동산가치를 기준으로 경제적 타당성여부를 판단하고자 한다.

① 수익가격이 약 2,037,500천 원이므로 수익가격 < 원가가격으로 경제적 타당성이 없다.
② 수익가격이 약 2,250,500천 원이므로 수익가격 > 원가가격으로 경제적 타당성이 있다.
③ 원가가격이 약 2,170,000천 원이므로 수익가격 > 원가가격으로 경제적 타당성이 있다.
④ 원가가격이 약 2,130,000천 원이므로 수익가격 > 원가가격으로 경제적 타당성이 있다.
⑤ 수익가격이 약 1,805,500천 원이므로 수익가격 < 원가가격으로 경제적 타당성이 없다.

정답 ①

해설 [신축에 따른 경제적 타당성분석 (단위 : 천 원)]
가. 비용성 측면인 원가방식에 의한 부동산가치(원가가격)는 2,170,000이며, 수익성 측면인 수익방식에 의한 부동산가치(수익가격)는 2,037,500이다. 따라서 원가방식보다 수익방식에 의한 부동산가치가 132,500 적으므로 경제적 타당성이 없다.
나. 비용성 측면인 원가방식에 의한 부동산가치 = 2,170,000
  ① 부동산가치 = 기존주택 매입가격 + 기존주택 철거비용 + 다세대주택 신축비용
       = 1,200,000 + 50,000 + 800,000 + 120,000 = 2,170,000
  ② 기존주택 매입가격 : 1,200,000
  ③ 기존주택 철거비용 : 50,000
  ④ 다세대주택 신축을 위한 직접비용 : 800,000
  ⑤ 다세대주택 신축을 위한 간접비용 : 800,000 × 0.15 = 120,000
다. 수익성 측면인 수익방식에 의한 부동산가치 = 2,037,500
  ① 부동산가치 = 순영업수익/종합환원율 = 163,000/0.08 = 2,037,500

가능총수익	260,000
− 공실 및 대손충당금	− 13,000
= 유효총수익	= 247,000
− 영업경비	− 84,000
= 순영업수익	= 163,000

  ② 가능총수익 = 임대료수입+보증금운용수입 = 240,000+20,000 = 260,000
  ③ 임대료수입 = 1,000 × 20가구 × 12개월 = 240,000
  ④ 보증금운용수입 = 20,000 × 20가구 × 0.05 = 20,000
  ⑤ 영업경비 = 7,000 × 12개월 = 84,000

---

08 문제 7번에서 송해영씨가 임대사업을 시행하기 위하여 기존주택의 매입을 위해 지불할 수 있는 최대금액으로 가장 적절한 것은?

① 1,180,500천 원 ② 1,160,000천 원
③ 1,100,500천 원 ④ 1,067,500천 원
⑤ 835,500천 원

정답 ④

해설 [기존주택 매입금액 산정 (단위 : 천 원)]
가. 송해영씨가 임대사업을 시행하기 위하여 기존주택의 매입을 위해 지불할 수 있는 최대금액은 1,067,500이다.
나. 수익방식에 의한 부동산가치 = 원가방식에 의한 부동산가치
  ① 2,037,500 = 기존주택 매입가격 + 50,000 + 800,000 + 120,000
  ② 기존주택 매입가격 = 1,067,500

09 정용한씨가 투자를 고려하고 있는 부동산의 순영업수익(NOI)이 150,000천 원이며 보유 예정기간 5년 동안 가치상승률은 15%로 예산된다. 매입시 구입자금의 40%를 20년 만기, 연 6.0% 월복리, 매월 말 원리금균등분할상환 조건으로 은행에서 대출이 가능하다. 정용한씨의 지분환원율이 연 9.0%일 때 엘우드법을 이용한 투자대상 부동산의 가치로 적절한 것은? (감채기금계수 0.167092, 환원율 산출시 소수 6번째 미만에서 반올림)

① 약 1,214,000천 원 ② 약 1,451,000천 원
③ 약 2,043,000천 원 ④ 약 2,818,000천 원
⑤ 약 3,998,000천 원

정답 ④

해설

구분	계산	환원율
기본환원율	(대출비율 × 대출상수) + (자기자본비율 × 지분환원율) = (0.4 × 0.085968) + (0.6 × 0.09)	0.088387
지분형성분 (지분증가분)	대출비율 × 대출금상환비율 × 감채기금계수 = 0.4 × 0.150986 × 0.167092	0.010091
가치변동분 (가치상승분)	보유기간 중 가치상승률 × 감채기금계수 = 0.15 × 0.167092	0.025064
종합환원율	기본환원율 − 지분형성분 − 가치상승분	0.053232
부동산가치	150,000/0.053232	2,817,855천 원

• 대출상수 : 1[PV], 20 × 12[n], 6/12[i], PMT = 0.007164 × 12 = 0.085968
• 대출상환율(AMORT기능 이용) : 1 − 0.849014 = 0.150986
• 감채기금계수 : 1[FV], 5[n], 9[i], PMT = 0.167092

10 염창기업은 전주상가에 10,000,000천 원을 투자할 예정이다. 은행별 대출조건은 아래와 같고, 투자 결과 1차년도 순영업수익(NOI) 1,500,000천 원이 예상될 경우 다음 설명 중 가장 적절한 것은? (단, 다른 조건은 일정하다고 가정한다.)

구분	대출금	대출이자율
전주은행	6,000,000천 원	10%
덕진은행	7,000,000천 원	15%
광장은행	8,000,000천 원	20%

① 전주은행 대출조건에 의하여 투자가 이루어질 경우 자기자본수익률은 22.5%로 레버리지효과가 가장 낮다.
② 종합수익률은 은행별 대출조건에 관계없이 동일하다.
③ 덕진은행 대출조건에 의하여 투자가 이루어질 경우 자기자본수익률은 15%로 긍정적인 레버리지효과가 발생한다.
④ 광장은행 대출조건은 타 은행의 대출조건에 비해 대출비율이 높으므로 적은 투자금액으로 큰 수익을 올릴 수 있는 정(+)의 레버리지효과가 발생한다.
⑤ 염창기업은 타 은행보다 광장은행의 대출조건을 선호할 것이다.

정답 ②

해설 레버리지효과 분석
가. 종합수익률 및 은행별 대출조건에 따른 자기자본수익률 산정

① 종합수익률 = $\frac{15억}{100억} \times 100 = 15\%$

② 전주은행 대출조건 : $15\% + (15\% - 10\%) \times \frac{60}{40} = 22.5\%$ ⇒ 정(+)의 레버리지효과

③ 덕진은행 대출조건 : $15\% + (15\% - 15\%) \times \frac{70}{30} = 15\%$ ⇒ 중립적인 레버리지효과

④ 광장은행 대출조건 : $15\% + (15\% - 20\%) \times \frac{80}{20} = -5\%$ ⇒ 부(-)의 레버리지효과

나. 레버리지효과 분석
① 전주은행의 대출조건을 따를 경우에는 정(+)의 레버리지효과가 발생한다.
② 종합수익률은 15%로 은행별 대출조건에 관계없이 동일하다.
③ 덕진은행의 대출조건을 따를 경우에는 중립적인 레버리지효과가 발생한다.
④ 광장은행의 대출조건을 따를 경우 부(-)의 레버리지효과가 발생한다.
⑤ 염창기업은 타 은행보다 전주은행의 대출조건을 선호할 것이다.

11 투자자 문경주 씨는 향후 5년 동안 순영업수익(NOI)이 100,000천 원으로 일정한 부동산을 구입하려고 한다. 현재 지가 상승률을 고려하면 5년차 말에는 1,000,000천 원에 매도가 가능할 것으로 예상된다. 매도비용은 매도가격의 10% 정도로 추정된다. 부동산 구입자금 중 500,000천 원은 담보대출(대출기간 15년 대출이자율 연 6% 월복리, 매월말 원리금균등상환)로 조달할 계획이다. 매도자가 요구하는 금액은 950,000천 원이다. 문경주 씨가 지분수익률로 10%를 요구할 경우 세전할인현금흐름분석법에 의한 부동산 투자가치로 가장 적절한 것은?

① 약 10억 원
② 약 12억 원
③ 약 13억 원
④ 약 15억 원
⑤ 약 18억 원

정답 ①

해설 부동산 전체의 투자가치 = 자기자본가치 + 타인자본가치 + 보증금
- 자기자본가치
  - 매년 세전현금흐름 = 100,000 − 50,631* = 49,369
    (* 500,000[PV], 15 × 12[n], 6/12[i], PMT = 4,219.28(× 12) = 50,631)
  - 기간 말 매도금액 = 매도액 − 매도비용 − 미상환대출금
    = 1,000,000 − 100,000 − 380,045 = 519,955
  - 자기자본가치 = 519,955[FV], 49,369[PMT], 5[n], 10[i], PV = 509,998.50
- 부동산의 투자가치 = 509,998.50 + 500,000(대출금) = 약 10억

12 다음과 같은 조건의 부동산에 대한 투자를 검토하고 있다. 시장할인율이 8%일 때 세전할인현금흐름분석법에 의한 부동산의 가치로 적절한 것은?

> • 순영업수익(NOI) : 1년차 80,000천 원, 2~3년차도 매년 전년도 대비 5% 상승
>   – 투자(매입)시 대출금 6억 원, 대출기간 10년, 연 3.6% 월복리, 매월 말 원리금균등 분할상환
> • 투자 후 3년차 말 매각 예정
>   – 매각금액 : 3년차 말 순영업수익 기준, 시장추출법에 의한 종합환원율 6% 적용
>   – 매각비용 : 매각금액의 0.5%

① 약 842,000천 원
② 약 1,441,900천 원
③ 약 1,658,000천 원
④ 약 1,880,400천 원
⑤ 약 2,000,500천 원

정답 ②

해설

구분	소득수익			지분수익
	1년차	2년차	3년차	3년차 말 매각
NOI	80,000	84,000	88,200	매각금액 1,470,000
DS	71,536	71,536	71,536	미상환 대출잔액 442,054
–	–	–	–	매각비용 7,350 (1,470,000 × 0.005)
BTCF	8,464	12,646	16,664	1,020,596

• 부동산 시장가치 : 자기자본가치(소득수익 + 자본수익) + 타인자본가치(대출금)
  = 841,933 + 600,000 = 1,441,933천 원
• 세전현금흐름 현가의 합 : 841,933천 원
  0[CF_0], 8,464[CF_1], 12,464[CF_2], (16,664 + 1,020,596)[CF_3], 8[i], NPV = 841,933.34

13 다음 자료를 참고하여 고객 이미진씨가 부동산 구입시 금융기관으로부터 받을 수 있는 최대가능한 대출금액으로 적절한 것은?

[부동산의 현황]
가. 부동산(토지면적 400m², 건물 연면적 1,200m²) 매수가격 : 4,500,000천 원
나. 예상되는 월 임대료 : 40천 원/m², 예상되는 임대보증금 : 800,000천 원
다. 예상되는 공실 및 대손충당금 : 가능총수익의 5%, 영업경비 : 유효총수익의 35%
라. 시장추출법에 따른 종합환원율 : 8%, 임대보증금 운용수익률 : 연 6%
마. 대출승인기준 : 수익환원법(직접환원방식)에 의한 가치를 기준으로 한 LTV 60%와 DCR 1.2 모두를 충족시켜야 함
바. 대출조건 : 연 10%, 만기일시상환방식, 대출기간 20년

① 약 3,211,000천 원 ② 약 2,889,000천 원
③ 약 2,700,000천 원 ④ 약 2,583,000천 원
⑤ 약 2,382,000천 원

정답 ②

해설 [최대 대출가능금액 산정(단위 : 천 원)]
가. LTV 60% 적용 시 대출가능금액은 2,889,000(백만 원 미만 절사)이며, DCR 1.2 적용 시 대출가능금액은 3,211,000이다. 두 가지 대출승인기준 모두를 충족시켜야 하므로 최대 대출가능금액은 2,889,000이다.
나. LTV 60% 적용 시 대출가능금액 = 2,889,000(백만 원 미만 절사)
① 대출가능금액 = 부동산가치 × 0.6 = 4,816,500 × 0.6 = 2,889,900
② 수익환원법(직접환원방식)에 의한 부동산가치 = 4,816,500
부동산가치 = 순영업수익/환원이율 = 385,320/0.08 = 4,816,500

가능총수익	624,000
− 공실 및 대손충당금	− 31,200
= 유효총수익	= 592,800
− 영업경비	− 207,480
= 순영업수익	= 385,320

③ 가능총수익 = 임대료수입+보증금운용수입 = 576,000+48,000 = 624,000
④ 임대료수입 = 40/m² × 1,200m² × 12개월 = 576,000
⑤ 보증금운용수입 = 800,000 × 0.06 = 48,000
다. DCR 1.2 적용 시 대출가능금액 = 3,211,000
① DCR = 순영업수익/대출이자 = 순영업수익/(대출금 × 대출이자율)
② 대출금 = 순영업수익/(DCR × 대출이자율) = 385,320/(1.2 × 0.1) = 3,211,000

14 다음 자료를 참고하여 실투자수익률(cash on cash rate)로 가장 적절한 것은?

> 가. 서울시 송파구 소재 A 상가건물을 10억 원에 매입하였으며, 이 중 4억 원은 대출을 받았고, 2억 원은 임대보증금으로 충당하였다.
> 나. 1년간 운용한 결과는 다음과 같다.
>   • 임대료 수입 : 월 12,000천 원
>   • 임대보증금 운용수익 : 연간 20,000천 원
>   • 영업경비 : 월 3,000천 원
> 다. 대출조건
>   • 4억 원 대출, 만기 10년, 만기일시상환 조건으로 연 4.5%의 이자율 적용

① 22.5%
② 27%
③ 29%
④ 30.5%
⑤ 33%

정답 ①

해설 실투자수익률 = $\dfrac{\text{실투자수익(보증금운용수익을 고려하지 않은 순영업수익 - 대출이자)}}{\text{총투자금 - 보증금 - 대출금}}$

- 실투자수익 = 12,000천 원 × 12 − 3,000 × 12 − 400,000 × 0.045 = 90,000천 원
- 실투자금액 = 1,000,000천 원 − 400,000천 원 − 200,000천 원 = 400,000천 원
- 실투자수익률 = $\dfrac{90,000}{400,000}$ = 0.225(22.5%)

15 CFP® 자격인증자 김재무 씨가 다음의 정보를 참고하여 최부자 씨에게 보유 부동산의 리모델링 타당성 여부를 설명한 내용으로 가장 적절한 것은?

> [부동산의 현황]
> 가. 최부자 씨는 보유하고 있는 부동산이 노후화되어 현재 시장임대료 수준보다 약 30% 낮은 월 35,000천 원의 임대료를 매월 말에 받고 있다.
> 나. 임대수입의 정상화를 위해 시설을 개보수하는 리모델링을 검토하고 있다.
> 다. 리모델링 비용으로 700,000천 원이 소요될 것으로 예상되며 리모델링에 따른 비용은 일시불로 지급하고자 한다.
> 라. 리모델링 후 5년 간 보유할 예정이다. 5년 후 리모델링 비용의 잔존가치는 없으며, 리모델링 기간 및 리모델링 후의 가치상승분은 고려하지 않는다.
> 마. 시장할인율은 연 6%, 월 복리이다.

① 약 57,042천 원만큼 수익이 증가하므로 리모델링을 실시한다.
② 약 69,127천 원만큼 수익이 증가하므로 리모델링을 실시한다.
③ 약 75,883천 원만큼 수익이 증가하므로 리모델링을 실시한다.
④ 약 18,768천 원만큼 손실이 발생하므로 리모델링을 실시하지 않는다.
⑤ 약 31,667천 원만큼 손실이 발생하므로 리모델링을 실시하지 않는다.

정답 ③

해설
가. 리모델링으로 인하여 약 75,883의 수익이 증가하므로 리모델링을 실시하는 것이 타당하다.
나. 리모델링 후 월 임대료 = 35,000 × (100/70) = 50,000
다. 리모델링으로 인한 매월 추가임대료 = 50,000 − 35,000 = 15,000
라. 리모델링으로 인한 매월 추가임대료의 현가 = 775,883
    5 × 12[n], 6/12[i], 15,000[PMT], PV = 775,883
마. 리모델링으로 인한 투자수익의 증가분 = 775,883 − 700,000 = 75,883

CHAPTER 05 투자설계 〔사례형〕

01 김주식 씨는 2025년 현재 투자금 1억 원으로 미국주식 MS에 투자하여 연 10% 수익을 얻었다. 투자당시 환율이 1,000원/$이었고 1년 만기 선물환율도 1,000원/$이었다. 1년 후 환율은 900원이 되었다면 다음 설명으로 적절하지 않은 것을 고르시오. (단, 파생상품 거래에 따른 비용은 없다)

① 투자 당시의 금액을 미 달러화로 환산하면 100,000$이다.
② 아무런 헤지거래를 하지 않았다면 원화표시 투자수익률은 1% 손실로 나타난다.
③ 선물환거래를 하여 환헤지를 했다면 원화표시수익률이 10%다.
④ 1년 후 환율이 1,100원/$이 되었다면 환헤지를 하지 않았을 때 원화표시 수익률은 21%가 된다.
⑤ 선물환으로 환헤지를 하였다면 그렇지 않은 경우보다 1,000만 원 수익을 더 얻을 수 있었다.

정답 ⑤

해설 달러 환산금액 = 100,000,000/1,000 = $100,000
1년후 달러 환산금액 = 100,000 × (1 + 0.1) = $110,000
원화표시 투자수익률 = $110,000 × 900 = 99,000,000원(−1%)
환율이 상승(1,100)하였을 경우 수익률 = $110,000 × 1,100 = 121,000,000(21%)
선물환으로 환헤지 한 경우 수익(110,000,000) − 환헤지 하지 않은 경우 수익(99,000,000)
= 11,000,000

02 2025년 현재 원화와 달러화의 현물환율이 1,000원/$이며, 향후 1년 간 기대인플레이션과 이자율을 다음과 같이 예상될 때, 1년 후의 원/달러 환율의 기대치를 구매력평가설과 이자율평가설에 의하여 적절한 것을 고르시오.

구분	한국	미국
기대인플레이션율	3%	1%
명목이자율	4%	3%

① 구매력평가설 : 1,019원/$, 이자율평가설 : 1,009원/$
② 구매력평가설 : 1,060원/$, 이자율평가설 : 1,031원/$
③ 구매력평가설 : 1,012원/$, 이자율평가설 : 1,015원/$
④ 구매력평가설 : 1,090원/$, 이자율평가설 : 1,065원/$
⑤ 구매력평가설 : 1,040원/$, 이자율평가설 : 1,035원/$

정답 ①

해설 1) 구매력평가설 : 1,000 × (1.03/1.01) = 1,019.802원/$
2) 이자율평가설 : 1,000 × (1.04/1.03) = 1,009.709원/$

03 투자 포트폴리오의 기대수익률과 표준편차로 적절한 것을 고르시오.

개별자산	보유비중	기대수익률	표준편차
주식	30%	15%	13%
채권	30%	4%	4%
부동산	40%	8%	10%

* 상관계수 : 주식과 채권 = 0.3, 주식과 부동산 = 0.1, 채권과 부동산 = −0.15

	기대수익률	표준편차		기대수익률	표준편차
①	8.9%	4.4%	②	7.6%	5.4%
③	8.0%	5.4%	④	−9.1%	3.7%
⑤	9.8%	5.4%			

정답 ①

해설
1) 포트폴리오의 기대수익률
   $0.3 \times 15 + 0.3 \times 4 + 0.4 \times 8 = 8.9\%$
2) 포트폴리오의 표준편차
$$\sqrt{\begin{aligned}&(0.3 \times 13)^2 + (0.3 \times 4)^2 + (0.4 \times 10)^2 \\ &+ 2 \times (0.3 \times 13) \times (0.3 \times 4) \times 0.3 \\ &+ 2 \times (0.3 \times 4) \times (0.4 \times 10) \times 0.1 \\ &+ 2 \times (0.4 \times 10) \times (0.3 \times 13) \times (-0.15)\end{aligned}}$$
$= 4.416\%$

04 주식의 기대수익률이 12%이며, 세 가지 경제적 변수에 의해 영향을 받는다고 한다. 각 변수에 대해 조사한 결과가 아래와 같다고 할 때 다음 설명 중 적절하지 않은 것을 고르시오.

변수	민감도(A)	예상수치(B)	실제수치(C)
1	1.5	5.0%	4.0%
2	−2.0	3.5%	5.0%
3	2.0	2.0%	3.5%

① 1, 2, 3 변수들의 예상하지 못한 변화로 인한 영향은 −1.5%이다.
② 만약 변수 1의 민감도가 −2.0으로 변화한다면 예상하지 못한 수익률 변화는 +2.0%가 된다.
③ 변수 2의 예상하지 못한 변화로 인한 주식수익률에 대한 영향은 −3.0%이다.
④ 만약 이 주식의 고유한 특성으로 인한 예상하지 못한 수익률 변화가 −1.0%일 경우 다요인모형에 의하면 이 주식의 수익률은 6%이다.
⑤ 자산의 고유한 특성으로 인한 예상하지 못한 수익률 변화는 분산투자를 통하여 제거할 수 있다.

정답 ④

해설 ①, ③ 변수1 : 1.5 × (4.0 − 5.0) = −1.5%
변수2 : (−2.0) × (5.0 − 3.5) = −3.0%
변수3 : 2.0 × (3.5 − 2.0) = 3.0%
∴ (−1.5) + (−3.0) + 3.0 = −1.5%
② 변수1 : (−2.0) × (4.0 − 5.0) = 2.0%
∴ 2.0 + (−3.0) + 3.0 = +2.0%
④ 다요인모형에 의한 기대수익률
12 + (−1.5) + (−1.0) = 9.5%

05 아래 자료를 분석하여 각 주식의 현재가격에 대한 평가 중 가장 적절한 설명을 고르시오.

주식	베타계수	현재가격	1년 후 예상가격	예상 배당금수입
A	0.5	7,000	7,500	200
B	1.0	13,000	13,500	1,500
C	1.2	30,000	33,000	300
D	1.4	27,000	30,000	2,000
E	1.5	20,000	20,500	1,500

※ 무위험 이자율 : 5.0%, 주식시장 기대수익률 : 10.0%

① A주식은 저평가되어있고 D주식은 고평가되어 있다.
② B주식과 C주식은 저평가되어 있다.
③ C주식은 적정가격수준이고 E주식은 고평가되어 있다.
④ B주식은 적정가격수준이고 D주식은 저평가되어 있다.
⑤ D주식과 E주식은 고평가되어 있다.

정답 ③

해설
1) 요구수익률
   A : 5 + 0.5 × (10 − 5) = 7.5%
   B : 5 + 1.0 × (10 − 5) = 10.0%
   C : 5 + 1.2 × (10 − 5) = 11.0%
   D : 5 + 1.4 × (10 − 5) = 12.0%
   E : 5 + 1.5 × (10 − 5) = 12.5%
2) 기대수익률
   A : (7,500 + 200)/7,000 − 1 = 10%
   B : (13,500 + 1,500)/13,000 − 1 = 15.4%
   C : (33,000 + 300)/30,000 − 1 = 11.0%
   D : (30,000 + 2,000)/27,000 − 1 = 18.5%
   E : (20,500 + 1,500)/20,000 − 1 = 10%
3) 평가
   A : 요구수익률 < 기대수익률(저평가)
   B : 요구수익률 < 기대수익률(저평가)
   C : 요구수익률 = 기대수익률(적정가격수준)
   D : 요구수익률 < 기대수익률(저평가)
   E : 요구수익률 > 기대수익률(고평가)

06 2025년 (주)NJ의 가중평균자본비용(WACC)으로 적절한 것을 고르시오.

[부채]
- 부채 비중 : 50%
- 2025년 중 평균 부채비용(세전) : 8%
- 실효법인세율 : 20%

[보통주]
- 시가총액비중 : 35%
- (주)NJ의 주가수익률의 표준편차 : 15%
- 시장수익률의 표준편차 : 10%
- (주)NJ의 주가수익률과 시장수익률의 상관계수 : 0.5
- 주식시장의 리스크 프리미엄 : 8%
- 무위험이자율 : 4%

[우선주]
- 우선주 비중 : 15%
- 우선주 주가 : 주당 12,000원
- 2025년 우선주 배당금 : 주당 840원

① 6.58% ② 7.05%
③ 7.75% ④ 8.23%
⑤ 8.93%

정답 ③

해설
1) 세후부채비용
   세전부채비용 × (1 − 실효법인세율)
   = 8 × (1 − 0.2) = 6.4%
2) 보통주비용(요구수익률)
   무위험이자율 + 베타 × (시장수익률 − 무위험이자율)
   = 4 + (15/10 × 0.5) × 8 = 10%
3) 우선주비용
   배당금 / 우선주 주가 = 840 / 12,000 = 0.07 : 7.0%
4) 가중평균자본비용
   0.5 × 6.4 + 0.35 × 10 + 0.15 × 7.0 = 7.75%

07 최근 조사한 자본시장과 (주)한국에 대한 정보는 다음과 같다. 정률성장 배당할인모형을 이용하여 (주)한국의 적정주가로 적절한 것을 고르시오.

[시장 자료]
- 무위험수익률 : 5%
- 주식시장 위험프리미엄 : 8%

[(주)한국 자료]
- 베타계수 : 1.5
- 배당성향 : 30%
- 자기자본수익률 : 10%
- 금년도 배당금액 : 주당 1,000원

① 10,000원
② 10,400원
③ 10,700원
④ 11,200원
⑤ 12,000원

정답 ③

해설
- 요구수익률
  k = 무위험이자율 + 주식시장위험프리미엄 × 베타계수 = 5% + 8% × 1.5 = 0.17
- 잠재성장률
  g = 내부유보율 × ROE = (1 − 0.3) × 0.1 = 0.07
- 적정주식가치
  $V_0 = D_1 / (k - g)$ = (1,000 × 1.07) / (0.17 − 0.07) = 10,700원

08 표는 (주)고려택배의 ROE분석에 필요한 요소들이다. 전년 대비 ROE의 변화요인에 대해 적절하지 않은 설명을 고르시오.

[(주)고려택배의 요약 재무재표] (단위 : 억 원)

구분	2024년	2025년
당기순이익	21,000	16,000
매출액	170,000	190,000
평균 총자산	200,000	250,000
평균자기자본	110,000	125,000

① 2025년 ROE는 12.8%이다.
② 2025년 ROE는 전년 대비 변화율로 보면 33%가 하락하였다.
③ 매출액순이익률 감소가 전년대비 2025년 ROE 하락의 가장 큰 원인이다.
④ 총자산 회전율의 감소도 ROE가 하락하는 데 영향을 준 것으로 보인다.
⑤ 재무레버리지의 증가(재무위험의 증가)도 전년 대비 ROE하락에 기여하였다.

정답 ⑤

해설 1) ROE 산정
- ROE = 순이익 / 평균자기자본
      = (순이익 / 매출액) × (매출액 / 평균총자산) × (평균총자산 / 평균자기자본)
      = 매출액순이익률 × 총자산회전율 × 재무레버리지
- 2024년 ROE = (21,000 / 170,000) × (170,000 / 200,000) × (200,000 / 110,000)
             = 0.127 × 0.85 × 1.818 = 0.191(19.1%)
- 2025년 ROE = (16,000 / 190,000) × (190,000 / 250,000) × (250,000 / 125,000)
             = 0.084 × 0.76 × 2.00 = 0.128(12.8%)

2) 분석
- ROE 변화율 = (12.8 − 19.1) / 19.1 = −0.330(전년 대비 33% 감소)
- "매출액순이익률"과 "총자산 회전율"의 감소가 전년대비 2025년 ROE 하락의 원인이다.
- "재무레버리지의 증가"는 ROE를 증가시킨다.

09 통화안정증권(할인채)을 다음과 같이 매매할 때 세전매매단가로 적절한 것을 고르시오.

- 발행일과 만기 : 2024.7.13. / 2025.1.11.
- 발행금리 : 3.49%
- 매매일 : 2024.10.10.
- 매매수익률 : 3.90%

① 9,200원
② 9,302원
③ 9,901원
④ 10,005원
⑤ 10,020원

정답 ③

해설 [할인채의 세전매매단가 계산]

[할인채]
① 단가계산의 기본식 : 미래현금흐름의 현재가치

$$\frac{10,000}{[(1+i)^n \times (1+i \times d/365)]}$$

(i는 유통수익률, n은 연단위, d는 일단위 잔존기간)

② 경과이자 = 매매액면 × 표면금리 × 경과기간/365
- 잔존기간 계산 : 만기(2025.1.11) − 매매일(2024.10.10) = 93일
  (TI 계산기 : DATE 기능 활용 ⇒ DT1 : 10.10.24, DT2 : 01.11.25, DBD = 93일)
  (HP 계산기 : 10.102024 ↵, 01.112025 g ΔDYS = 93일)

- 세전매매단가 : $10,000/(1 + 0.039 \times \frac{93}{365})$ = 9,901원(원 미만 절사)

10 다음 자료를 기초로 계산한 기업어음의 세전매매단가로 적절한 것을 고르시오.

- 발행일과 만기일 : 2024.9.15. / 2025.9.15.
- 액면금액 : 100,000천 원
- 매매일 : 2024.11.10.
- 매매할인율 : 4.50%

① 95,500,000원
② 95,826,782원
③ 96,251,548원
④ 96,178,083원
⑤ 97,325,159원

정답 ④

해설
- [기업어음의 세전매매단가]
  - 기업어음

  매매액면 − 할인이자(매매액면 × r × $\frac{d}{365}$)

  − 기업어음의 과세

  과표이자 : 매매액면 − 매매금액 = 할인이자 ⇒ × 15.4%

  * r : 매매할인율(수익률), d : 잔존일수
- 잔존기간 : 매매일(2024.11.10.) ~ 만기(2025.9.15.) : 310일
- 할인이자 : 100,000,000 × 0.045 × $\frac{310}{365}$ = 3,821,917원
- 세전매매금액 : 100,000,000 − 3,821,917 = 96,178,083원

11 제시된 자료를 참고하여 기대이론과 유동성 프리미엄이론에 의해 계산된 3년 만기 채권의 만기수익률로 가장 적절한 것을 고르시오.

기간	예상이자율(1년 단위)	유동성 프리미엄
현재 ~ 1년	5%	0.0%
1년 후 ~ 2년	5.8%	0.3%
2년 후 ~ 3년	7.6%	0.5%

① 불편기대이론 : 5.0%, 유동성프리미엄이론 : 5.2%
② 불편기대이론 : 5.4%, 유동성프리미엄이론 : 5.5%
③ 불편기대이론 : 6.1%, 유동성프리미엄이론 : 6.4%
④ 불편기대이론 : 6.6%, 유동성프리미엄이론 : 6.9%
⑤ 불편기대이론 : 7.0%, 유동성프리미엄이론 : 7.3%

정답 ③

해설
1) 불편기대이론
   1년 = 5%
   2년 만기 이자율 = [1.05 × 1.058]1/2 − 1 = 0.054(5.4%)
   3년 만기 이자율 = [1.05 × 1.058 × 1.076]1/3 − 1 = 0.061(6.1%)
2) 유동성프리미엄이론
   1년 = 5%
   2년 만기 이자율 = [1.05 × (1 + 0.058 + 0.003)]1/2 − 1 = 0.056(5.6%)
   3년 만기 이자율 = [1.05 × (1 + 0.058 + 0.003) × (1 + 0.076 + 0.005)]1/3 − 1
                 = 0.064(6.4%)

12 2025년 현재 채권수익률이 10%에서 9%로 하락하는 경우 채권가격을 듀레이션과 볼록성으로 예측한 값이 적절한 것을 고르시오.

> • 표면이율 6%, 3개월 단위 이표채, 액면가 10,000원, 3년 만기
> • 채권의 세전단가 9,860원, 듀레이션 2.82, 볼록성 9.02

① 10,361원 ② 9,521원 ③ 9,705원
④ 9,826원 ⑤ 10,136원

정답 ⑤

해설
1) 채권가격의 변동률
   = [{−2.82 / (1 + 0.1/4)} × (−0.01)] + [0.5 × 9.02 × (−0.01)^2] = 0.028
   = 2.8% 상승
   * 이자지급이 연단위가 아닌 경우 수정듀레이션 계산에서는 기간이자율(I / 연간이자지급횟수)로 할인 함.
2) 채권가격
   9,860 × (1 + 0.028) = 10,136원

13 ZET항공사는 3개월 후 100만 갤런의 항공유를 사야 한다. 항공유 가격 상승을 대비하기 위해 선물시장을 이용하여야 하는데 항공유 선물시장은 없고 원유선물과 난방유 선물시장이 있다. 다음의 자료를 토대로 하여 최적 헤지계약으로 적절한 것을 고르시오.

	항공유	원유선물	난방유선물
가격변동 표준편차	5.0%	4.8%	5.4%
상관계수	• 항공유와 원유선물 : 0.89 • 항공유와 난방유선물 : 0.95		

※ 원유선물과 난방유 선물 1계약은 각각 42,000갤런이다.

① 원유선물 48계약 매도 ② 원유선물 45계약 매수
③ 난방유선물 48계약 매수 ④ 난방유선물 21계약 매수
⑤ 난방유선물 21계약 매도

정답 ④

해설
• 상관계수가 더 높은 난방유 선물로 헤지
  • 베타 = 5.0 / 5.4 × 0.95 = 0.880
  • 헤지계약수 = (1,000,000 × 0.880) / 42,000 = 20.952 계약
    ∴ 난방유 선물 21계약 매수

14 과거 3년간 성과가 우수했던 3개 주식형 집합투자기구를 선정하였다. 다음 중 젠센지수, 트레이너지수, 정보비율이 가장 우수한 펀드로 연결된 것을 고르시오. (무위험이자율 5%로 가정함)

집합투자기구	벤치마크 수익률	실현수익률	베타	Tracking error
A 인덱스형	17.0%	20.5%	1.1	2.5%
B 성장형	17.0%	24.0%	1.2	3.0%
C 가치형	17.0%	18.7%	0.8	2.0%

	젠센지수	트레이너지수	정보비율
①	A 인덱스형	B 성장형	C 가치형
②	B 성장형	A 인덱스형	A 인덱스형
③	C 가치형	B 성장형	A 인덱스형
④	A 인덱스형	C 가치형	B 성장형
⑤	B 성장형	C 가치형	B 성장형

정답 ⑤

해설
1) 젠센알파 = 실현수익률 − 요구수익률
   - A : 20.5 − 18.2 = +2.3%
     요구수익률 = 5 + 1.1 × (17 − 5) = 18.2%
   - B : 24.0 − 19.4 = +4.6%
     요구수익률 = 5 + 1.2 × (17 − 5) = 19.4%
   - C : 18.7 − 14.6 = +4.1%
     요구수익률 = 5 + 0.8 × (17 − 5) = 14.6%
2) 트레이너척도 = (실현수익률 − 무위험이자율) / 베타
   - A : (0.205 − 0.05) / 1.1 = 0.141
   - B : (0.24 − 0.05) / 1.2 = 0.158
   - C : (0.187 − 0.05) / 0.8 = 0.171
3) 정보비율 = (펀드수익률 − 벤치마크 수익률) / Tracking error
   - A : (20.5 − 17) / 2.5 = 1.4
   - B : (24.0 − 17) / 3.0 = 2.33
   - C : (18.7 − 17) / 2.0 = 0.85

15 3년간 상장지수펀드(ETF)에 투자하였다. 그 투자성과는 다음과 같다고 할 때 연간 기하평균 시간가중수익률과 금액가중수익률로 적절한 것을 고르시오.

시점	투자자금 증감	ETF 가격	1주당 현금 배당금	투자ETF 수 증감	ETF 잔고수량
0	+100,000,000	10,000	–	+10,000	10,000
1	+120,000,000	11,900	200	+10,000	20,000
2	−50,000,000	12,500	300	−4,000	16,000
3	–	12,900	100	–	16,000

※ 현금배당금은 기말에 지급되었으며, ETF 신규 매입/매도는 배당락 이후에 이루어졌음.
※ 현금배당금을 ETF에 재투자하지 않았음.
※ 투자자금 회수는 ETF를 시장에 매도하여 마련하였음.

	시간가중수익률	금액가중수익률		시간가중수익률	금액가중수익률
①	8.8%	10.6%	②	9.7%	8.8%
③	10.6%	9.7%	④	9.7%	9.7%
⑤	10.6%	8.8%			

정답 ⑤

해설
1) 시간가중수익률
   1기간 수익률 : (11,900 + 200) / 10,000 − 1 = 0.21 (21%)
   2기간 수익률 : (12,500 + 300) / 11,900 − 1 = 0.076 (7.6%)
   3기간 수익률 : (12,900 + 100) / 12,500 − 1 = 0.04 (4%)
   → 총수익률 = 1.021 × 1.076 × 1.04 − 1 = 0.354 (35.4%)
   → 기하평균 = ($\sqrt[3]{1.354}$) − 1 = 0.106 (10.6%)

2) 금액가중수익률
   −100,000,000[CF_0], [−120,000,000 + (200 × 10,000)][CF_1], [+50,000,000 + (300 × 20,000)][CF_2], [+(100 + 12,900) × 16,000][CF_3], IRR = 8.882%

CHAPTER 06 세금설계

01 제조업을 주된 사업으로 하면서 상가임대업과 주택임대업을 함께 영위하고 있는 김환희 씨의 다음 자료를 근거로 하여 당해연도 종합소득 과세표준으로 가장 적절한 것은?

• 직전연도 및 당해연도 소득현황 (결손금 공제 전 소득금액)

구분	직전연도	당해연도
제조업의 사업소득금액	−15,000천 원	−10,000천 원
주택임대업의 소득금액	5,000천 원	7,000천 원
부동산임대업의 소득금액	−10,000천 원	15,000천 원
기타 소득금액	5,000천 원	8,000천 원

• 종합소득공제 : 6,000천 원

① 2,000천 원
② 4,000천 원
③ 5,000천 원
④ 10,000천 원
⑤ 12,000천 원

정답 ②

해설 [결손금 및 이월결손금에 대한 처리]
- 이월결손금과 결손금이 동시에 존재하는 경우에는 결손금이 우선 처리되어야 함
- 일반사업소득금액과 주택임대업의 소득금액의 결손금은 다른 소득금액과 통산이 되지만 부동산임대 사업소득금액의 결손금은 다른 소득금액과 통산되지 않음
- 소매업과 부동산임대업에서 발생한 결손금은 주택임대업 소득금액과 기타소득금액에서 통산 가능함

[직전연도 결손금 통산]
① 부동산임대사업소득금액의 결손금 −10,000천 원은 다른 소득과 통산이 불가능하므로 이월된다.
② 제조업사업소득금액의 결손금 −15,000천 원은 통산 순서에 따라 주택임대업사업소득금액 (5,000 천 원)과 기타소득금액(5,000천 원)에서 통산되고 남은 −5,000천 원은 이월결손금이 된다.

[당해연도 결손금 및 이월결손금 처리(결손금 → 이월결손금 순서)]
① 제조업사업소득금액의 결손금 −10,000천 원은 다른 사업소득금액(주택임대사업소득금액 7,000천 원과 부동산임대사업소득금액 15,000천 원)에서 먼저 통산됨으로 주택임대사업소득금액은 0원이 되고 부동산임대사업소득금액은 15,000천 원에서 12,000천 원으로 조정이 이루어진다.

② 부동산임대사업소득금액 결손금은 당해 부동산임대사업소득금액에서 이월공제되므로 −5,000천 원의 이월결손금이 당해연도 결손금 통산 후 남은 12,000천 원에서 이월공제되고 7,000천 원으로 조정된다.

③ 제조업사업소득금액의 이월결손금 −5,000천 원은 이월결손금 공제 순서에 따라 이월공제되고 남은 부동산임대사업소득금액 7,000천 원에서 −5,000천 원이 이월공제되어 부동산임대사업소득금액 2,000천 원과 기타소득금액 8,000천 원이 종합소득금액이 된다.

④ 과세표준은 종합소득금액 10,000천 원에서 종합소득공제 6,000천 원을 차감한 4,000천 원이 된다.

02 이금숙 씨는 다음과 같이 주택 임대업을 하고 있을 경우 다음 자료를 기초로 하여 당해연도 귀속 부동산임대업소득금액의 총수입금액을 구하시오.

(1) 임대현황

구분	임대보증금	월 임대료	월 관리비	임대기간
A 주택	350,000천 원	5,000천 원	500천 원 (전기료 100천 원 별도)	1.1. ~ 12.31.
B 주택	300,000천 원	4,500천 원	500천 원 (전기료 100천 원 별도)	1.1. ~ 12.31.
C 주택	280,000천 원	3,500천 원	500천 원 (전기료 100천 원 별도)	1.1. ~ 12.31.

(2) 건설비 상당액은 50,000천 원을 적용함
(3) 임대보증금 일체를 정기예금에 예치하여 이자 6,000천 원의 이자수익을 실현함
(4) 다른 자료는 없으며 위 건물은 전부 주택임대사업에 사용하고 있으며 기장에 의해 소득세를 신고함
(5) 간주임대료 계산시 정기예금이자율은 3.1%로 가정함

① 178,788천 원 ② 179,718천 원
③ 183,318천 원 ④ 195,280천 원
⑤ 196,830천 원

정답 ②

해설 [부동산 주택임대 사업소득 계산]
- 임대료 수입 : (5,000 + 4,500 + 3,500) × 12개월 = 156,000천 원
- 관리비 수입 (전기료 제외) : (500 + 500 + 500) × 12개월 = 18,000천 원
- 간주임대료 : (350,000 + 300,000 + 280,000 − 300,000) × 60% × 3.1% − 6,000
  = 5,718천 원
- 주택임대사업소득 : 179,718천 원

03 배우자인 아내 박직녀 씨와 5년전 이혼한 근로소득자인 강견우 씨와 그와 생계를 같이 하는 동거가족의 당해연도 귀속 종합소득에 대한 현황이 다음과 같다면 올해 연말정산 시 적용을 받게 되는 강견우 씨의 인적공제액은 얼마인가?

구분	나이	소득내역	비고
강견우	45세	총 급여 85,000천 원	
박직녀	40세		5년 전 이혼
아들	13세		학생
딸	11세		학생
아버지	76세	사업소득금액 50,000천 원	부동산 임대업
어머니	74세	배당소득 15,000천 원	Gross up 대상
동생	42세	이자소득 15,000천 원	장애인

① 14,000천 원
② 13,500천 원
③ 12,500천 원
④ 11,500천 원
⑤ 10,500천 원

정답 ④

해설 [인적공제]
- 기본공제 대상자 : 5명 (사업소득금액이 1,000천 원을 초과한 아버지 제외)
- 장애인은 연령요건을 보지 않으며, 분리과세 금융소득은 소득요건에 미포함
  - 기본공제 : 5명 × 1,500천 원 = 7,500천 원
  - 경로우대공제 : 1명 × 1,000천 원 = 1,000천 원
  - 한부모공제 : 1,000천 원
  - 장애인공제 : 2,000천 원
  - 합계 : 11,500천 원

04 근로소득자인 김병찬 씨에 대한 다음 자료를 근거로 올해 연말정산 시 공제받을 수 있는 의료비세액공제액이 얼마인지 구하시오. (단, 지출한 의료비는 모두 의료비세액공제 적용대상이고 실손의료보험으로 보전받은 금액은 고려하지 않음)

구분	나이	의료비	소득	비고
본인	43세	10,000천 원	80,000천 원	근로소득
배우자	41세	1,500천 원	60,000천 원	근로소득
부	72세	2,500천 원	36,000천 원	임대소득
모	70세	1,800천 원		
아들	15세	500천 원		학생
딸	12세	3,000천 원		장애인

① 1,052천 원
② 2,265천 원
③ 2,535천 원
④ 3,525천 원
⑤ 3,950천 원

정답 ③

해설 [의료비 세액공제 계산]
- 의료비세액공제대상 금액 : "① + ②"의 산식에 의해 계산함
  ① 전액공제 대상 의료비(본인, 장애인, 65세 이상, 6세 이하, 난임)
     10,000 + 2,500 + 1,800 + 3,000 = 17,300
  ② 한도 (7,000천 원) 대상 의료비
     Min [{(1,500 + 500) − 80,000 × 3%}], 7,000] = −400
- 의료비세액공제금액 = (17,300 − 400) × 15% = 2,535천 원
- 의료비 세액공제는 그 대상자로 연령요건과 소득요건을 따지지 않고 부양가족을 위해 지출한 의료비에 대해 모두 공제대상이 될 수 있음

05 근로소득자인 배철수씨가 당해연도 다음과 같이 신용카드 등을 사용한 경우 소득공제를 받을 수 있는 신용카드 등 사용금액 소득공제금액을 구하시오.

구분	소득	신용카드 등 사용금액	비고
배철수	연봉 60,000천 원	15,000천 원	현금영수증 2,000천 원과 직불카드 사용액 5,000천 원 포함
배우자	사업소득금액 50,000천 원	3,000천 원	중학생 자녀 교복구입비 500천 원 포함
모		5,000천 원	병원 사용료 3,000천 원 포함
아들		1,500천 원	신용카드 사용분
형		2,000천 원	직불카드 사용액 1,000천 원 포함

① 1,950천 원 ② 2,325천 원
③ 2,500천 원 ④ 2,775천 원
⑤ 3,000천 원

정답 ①

해설 [신용카드 소득공제]
- 소득금액이 1,000천 원을 초과하는 배우자가 사용한 신용카드 등 사용금액은 소득공제 대상이 되지 못함
- 형이 사용한 신용카드 등 사용금액은 소득공제 대상이 되지 못함
- 최저사용금액 : 60,000천 원 × 25% = 15,000천 원
- 소득공제 대상 금액 : 21,500천 원
- 신용카드 사용금액의 구분 및 소득공제 금액
  신용카드 사용분 × 15% : (14,500 − 15,000) × 15% = 0
  현금영수증 사용분 × 30% : (2,000 − 500) × 30% = 450
  직불카드 사용분 × 30% : 5,000 × 30% = 1,500
  소득공제 금액 : 1,950천 원
- 한도액 : 3,000천 원(총 급여 70,000천 원 이하)

06 다음은 거주자인 김대한 씨의 가족현황과 당해연도 귀속소득에 대한 현황이다. 당해연도 귀속 종합소득세에 미치는 영향에 대한 설명으로 가장 적절한 것은?

(1) 동거가족 현황

관계	나이	비고
본인	40세	
배우자	38세	총급여 5,000천 원
아들	10세	
딸	7세	
아들	0세	당해연도 출생
아버지	72세	장애인

(2) 김대한 씨의 당해연도 귀속소득 현황

구분	수입원천	수입금액	비고
근로소득	총급여	100,000천 원	비과세 및 분리과세 제외
사업소득	상가임대수입	48,000천 원	필요경비 28,800천 원
배당소득	현금배당	10,000천 원	
이자소득	정기예금이자	10,000천 원	

* 근로소득공제 : 45,000천 원 초과시 : 12,000천 원 + 45,000천 원 초과분의 5%

(3) 기타사항
- 상기 가족 모두 생계를 같이 하고 있으며 배우자 외 소득내역은 없고 최대한 절세하려고 함
- 배당은 정상적으로 원천징수 되었으며 주어진 자료 이외에는 없음

① 김대한 씨의 배우자는 김대한 씨의 기본공제 대상이 되므로 김대한 씨는 인적공제로 1,500천 원을 받을 수 있다.
② 김대한 씨는 자녀세액공제로 250천 원과 출산자녀세액공제 300천 원을 받을 수 있다.
③ 김대한 씨의 종합소득금액은 104,450천 원이다.
④ 김대한 씨의 과세표준금액은 92,450천 원이다.
⑤ 김대한 씨의 산출세액은 16,917.5천 원이다.

정답 ②

해설 [종합소득세]
- 종합소득금액 : 104,450천 원
  - 근로소득금액 : 100,000 - (12,000 + 55,000 × 5%) = 85,250천 원
  - 사업소득금액 : 48,000 - 28,800 = 19,200천 원
    * 배당소득과 이자소득은 20,000천 원 이하이므로 분리과세 된다.
- 종합소득공제 : 10,500천 원
  - 기본공제 : 6명(본인, 배우자, 아들, 딸, 아들, 아버지) × 1,500천 원 = 9,000천 원
    * 배우자는 총급여가 5,000천 원 이하이므로 기본공제 대상이다.
    * 세 자녀는 기본공제 대상이며 8세 이상인 자녀에 대해 자녀세액공제 적용 대상이므로 10세인 아들만 250천 원의 공제가 가능하다.
    * 당해연도에 출생한 0세 아들은 셋째이므로 출산 자녀세액공제 700천 원을 받을 수 있다.
  - 추가공제 : 장애인 2,000천 원 + 경로우대 1,000천 원 = 3,000천 원
- 과세표준 : 종합소득금액 - 종합소득공제 = 104,450 - 12,000 = 92,450천 원
- 산출세액 : 92,450 × 35% - 15,440 = 16,917.5천 원

07 음식점업을 운영하는 개인사업자(성실신고확인대상 사업자)인 정은호 씨의 가족현황과 당해연도 매출액과 필요경비에 대한 현황이다. 아래 내역을 바탕으로 당해연도 귀속 종합소득세에 미치는 영향에 대한 설명으로 가장 적절하지 않은 것은?

(1) 동거가족 현황

관계	나이	비고
본인	50세	
배우자 (전업주부)	48세	의료비 지출 10,000천 원
아들 (대학생)	21세	교육비 지출 15,000천 원
딸 (고등학생)	18세	교육비 지출 1,500천 원

(2) 정은호 씨의 당해연도 매출액 및 필요경비 현황

구분	금액	비고
매출액	800,000천 원	장부상 금액
필요경비	560,000천 원	본인 인건비 30,000천 원과 기업업무추진비 20,000천 원(세법상 한도액 15,000천 원) 포함

(3) 기타사항 : 상기 가족 모두 생계를 같이 하고 있으며 본인 외 소득내역은 없고 최대한 절세하려고 함

① 정은호 씨의 사업소득금액은 275,000천 원이다.
② 정은호 씨가 받을 수 있는 인적공제금액은 4,500천 원이다.
③ 정은호 씨의 종합소득세 산출세액은 82,850천 원이다.
④ 정은호 씨는 배우자의 의료비로 사용한 금액에 대하여 의료비세액공제 263천 원을 받을 수 있다.
⑤ 정은호 씨는 자녀 교육비로 지출한 금액에 대하여 교육비세액공제를 2,475천 원을 받을 수 있다.

정답 ⑤

해설 [성실사업자 종합소득세]
- 필요경비 : 560,000 − 30,000(본인 인건비) − 5,000(기업업무추진비 중 세법상 한도초과액) = 525,000천 원
- 사업소득금액 : 800,000(매출액) − 525,000(필요경비) = 275,000천 원
- 인적공제금액 : 3명(본인, 배우자, 딸) × 1,500천 원 = 4,500천 원
- 과세표준 : 275,000(사업소득금액) − 4,500(종합소득공제) = 270,500천 원
- 산출세액 : 270,500 × 38% − 19,940 = 82,850천 원
- 의료비세액공제 : Min(10,000 − 8,250(사업소득금액의 3%), 7,000) × 15% = 263천 원
- 교육비세액공제 : 첫째 1,350{Min(15,000, 9,000) × 15%} + 둘째 225(1,500 × 15%) = 1,575천 원

08 일반과세자인 이부가 씨는 당해연도 1기 확정신고기간에 부가가치세를 자진신고 하였다. 아래 정보를 참고하여 계산한 납부할 부가가치세액은 얼마인가?

- 과세표준 : 700,000천 원
- 세금계산서 매입세액 : 35,000천 원 (세금계산서 매입세액 중 사무무관 매입세액 6,000천 원, 기업업무추진비 매입세액 2,500천 원이 있음)
- 면세사업 관련 매입세액 : 1,500천 원
- 신용카드 매입세액 : 7,000천 원
- 예정신고기간 고지세액 : 4,000천 원

① 22,500천 원
② 24,000천 원
③ 30,000천 원
④ 32,500천 원
⑤ 34,000천 원

정답 ⑤

해설 [부가가치세]
- 매출세액 : 700,000천 원 × 10% = 70,000천 원
- 매입세액 : 35,000천 원(세금계산서) + 7,000천 원(신용카드 매입세액) − 6,000천 원(사무무관 매입세액) − 2,500천 원 (기업업무추진비매입세액) − 1,500천 원(면세사업 관련 매입세액) = 32,000천 원
- 납부할 세액 : 70,000천 원 − 32,000천 원 − 4,000천 원(예정고지세액) = 34,000천 원

09 비상장 중소기업인 (주)코리아의 대주주인 최병문 씨는 2010년 12월 1일에 당해 주식 100,000주를 취득하여 계속 보유하다가 2025년 12월 1일에 주식 전부를 양도하였다. 다음 자료를 기초로 하여 당해 주식에 대한 양도소득세 및 지방소득세의 합계금액으로 가장 적절한 것은? (단, 해당 주식은 소득세법상 기타자산에 해당하지 않음)

- 양도가액 550,000천 원 (1주당 양도가액 5,500원)
- 취득가액 250,000천 원 (1주당 취득가액 2,500원)
- 양도시 증권거래세 : 2,000천 원
- 당해연도에는 상기 주식 이외에는 양도한 주식이 없음

① 62,834천 원
② 65,010천 원
③ 65,450천 원
④ 65,527천 원
⑤ 81,221천 원

정답 ②

해설 [주식의 양도소득세]
- 양도차익 : 550,000 − 250,000 − 2,000 = 298,000천 원
- 과세표준 : 298,000 − 2,500 = 295,500천 원
- 납부할 세액 : (295,500 × 20%) × 1.1 = 65,010천 원

10 다음은 송아지 씨의 당해연도 발생한 금융소득에 대한 정보이다. 이 자료를 바탕으로 송아지 씨의 금융소득금액으로 가장 적절한 것은? (단, 다음의 금융소득은 모두 원천징수 전의 금액임)

- 정기예금이자 : 10,000천 원(원천징수세율 14%)
- 외국법인배당 : 30,000천 원(국내에서 원천징수되지 않음)
- 출자공동사업자배당소득 : 100,000천 원 (원천징수세율 25%)
- 집합투자기구로부터의 이익 : 5,000천 원 (원천징수세율 14%)
- 비상장법인으로부터 받은 현금배당 : 50,000천 원 (원천징수세율 14%)
- 직장공제회 초과반환금 : 40,000천 원 (기본세율 적용)

① 190,000천 원
② 195,000천 원
③ 200,000천 원
④ 215,000천 원
⑤ 235,000천 원

정답 ③

해설 [금융소득금액]
- 종합합산 대상 금융소득
  - 정기예금이자 10,000 + 외국법인배당 30,000 + 출자공동사업자배당소득 100,000 + 집합투자기구로부터의 이익 5,000 + 비상장법인 현금배당 50,000 = 195,000천 원
- 금융소득금액 결정
  - 이자소득 : 10,000
  - Gross-up 비적용 배당소득 : 30,000(외국배당) + 100,000(출자공동배당) + 5,000(펀드) = 135,000천 원
  - Gross-up 적용 배당소득 : 50,000(비상장 배당금)
    → Gross up 금액 : 50,000 × 10% = 5,000천 원
- 금융소득금액 : 195,000 + 5,000 = 200,000천 원

11 비상장법인 (주)운수대통의 주주인 송상은 씨가 법인을 처음으로 설립한 후 최근까지의 송상은 씨의 지분율(특수관계인포함)의 변동 내역이 다음과 같을 때, 당해연도 9월 1일에 송상은 씨가 취득한 주식과 관련하여 과점주주로서의 부담해야 할 간주취득세는 총 얼마인가?

날짜	구분	취득비율	지분비율
1월 1일	설립시	–	45%
3월 1일	증자 및 취득	25%	70%
5월 1일	양도	40%	30%
9월 1일	재취득	50%	80%

* 간주취득세 대상 재산과세가액은 100,000천 원이며 간주취득세율은 2.2%를 적용함

① 1,540천 원 ② 1,600천 원
③ 1,760천 원 ④ 1,800천 원
⑤ 2,200천 원

정답 ③

해설 [과점주주의 간주취득세]
- 송상은 씨는 처음에는 과점주주가 아니었다가 지분이 증가되었을 때 최초로 과점주주가 되었을 때 보유한 주식지분에 대한 간주취득세가 부과되며 양도 후 재취득시에는 최고 보유지분의 비율을 초과한 지분비율에 대해서 간주취득세가 부과된다.
- 3월 1일 : 100,000(간주취득대상 재산과세가액) × 70%(최초로 과점주주가 된 경우 소유 지분율) × 2.2%(간주취득세율) = 1,540
- 9월 1일 : 100,000(간주취득대상 재산과세가액) × 10%(80% − 70%) × 2.2%(간주취득세율) = 220

12 현재 무주택자인 정겨운 씨가 다음과 같이 무궁화아파트(국민주택규모 이하)를 매매를 통해 구입하였을 경우 과세되는 취득세(농어촌특별세 및 지방교육세 포함)와 재산세에 대한 설명으로 가장 적절한 것은?

- 실제 취득가액 : 600,000천 원
- 취득세 시가표준액 : 350,000천 원
- 실제 잔금지급일 : 2024년 6월 3일
- 계약서상 잔금지급일 : 2024년 6월 2일
- 등기접수일 : 2024년 6월 5일

① 취득세는 6,600천 원이며 재산세 납부의무는 없음
② 취득세는 6,600천 원이며 재산세 납부의무는 있음
③ 취득세는 7,200천 원이며 재산세 납부의무는 없음
④ 취득세는 7,200천 원이며 재산세 납부의무는 있음
⑤ 취득세는 8,400천 원이며 재산세 납부의무는 없음

정답 ①

해설 [취득세 및 재산세]
- 취득세 : 600,000 × 1% = 6,000천 원
- 농어촌특별세는 국민주택평형 이하는 면제
- 지방교육세 : 600,000 × 0.1% = 600천 원
- 유상취득의 경우에는 사실상 잔금지급일에 취득한 것으로 보며 납세의무자는 6월 1일 현재 재산 보유자에게 부과되므로 정겨운씨는 재산세 납부의무가 없음

13 이대로 씨는 2025년 5월 1일에 상가를 1,500,000천 원에 매매로 취득한 후 소유권이전등기를 하고 취득세를 납부하였다. 이후 7월 1일에 김선달 씨와 해당 상가에 대한 임대차 계약을 체결하였는데 김선달 씨가 지방세법상 고급오락장 용도로 사용하게 되었을 경우 취득세, 재산세, 종합부동산에 대한 설명으로 가장 적절한 것은? (단, 상가에 대한 지방세법상 시가표준액은 1,000,000천 원이며 공정시장가액비율은 70%를 적용함)

① 이대로 씨가 최종적으로 부담하게 되는 취득세는 69,000천 원이다.
② 이대로 씨가 최종적으로 부담하게 되는 취득세는 180,000천 원이다.
③ 김선달 씨는 6월 1일 현재 점유자이므로 고급오락장에 대한 재산세를 28,000천 원을 부담하게 된다.
④ 김선달 씨가 10월 1일에 고급오락장에서 일반오락실로 변경하였다면 취득세는 69,000천 원이 된다.
⑤ 이대로 씨는 상가에 대한 종합부동산세를 12월에 부담하게 된다.

정답 ②

해설 [사치성재산]
- 사치성재산에 대한 취득세 : 1,500,000 × 12% = 180,000천 원
- 건축물 취득 후 5년이 경과되지 않은 시점에서 고급오락장을 운영하는 경우 취득세 및 재산세가 건축물 소유주에게 중과세율이 적용된다.
- 고급오락장은 분리과세대상이므로 종합부동산세 과세대상이 아니다.

14 거주자 임주석 씨는 1세대 1주택자로써 본인이 소유하고 있던 아파트를 당해연도에 다음과 같이 양도하였을 때 양도소득 산출세액으로 가장 적절한 것은? (등기자산이며 비과세 요건을 충족하고 당해연도 중에는 다른 부동산 등은 처분하지 않은 것을 가정함)

- 양도일 : 2025년 1월 1일
- 취득일 : 2014년 1월 1일 (취득과 동시에 등기함)
- 실제거주일 : 2019년 1월 1일 (양도일까지 계속하여 거주함)
- 양도가액 : 2,500,000천 원
- 취득가액 : 900,000천 원 (필요경비 포함)

① 197,990천 원
② 143,513천 원
③ 112,868천 원
④ 92,928천 원
⑤ 80,281천 원

정답 ④

해설 [고가주택의 양도소득세]

구분	금액	비고
양도가액	2,500,000천 원	
(−)취득가액	900,000천 원	
(−)필요경비	−	취득가액에 포함
(=)양도차익	832,000천 원	= 1,600,000 × (2,500,000 − 1,200,000)/2,500,000
(−)장기보유특별공제	532,480천 원	보유 : 10년(최대) × 4% × 832,000 거주 : 6년 × 4% × 832,000
(=)양도소득금액	299,520천 원	
(−)양도소득 기본공제	2,500천 원	
(=)양도소득 과세표준	297,020천 원	
(×)세율	38%	누진공제 : 19,940천 원
(=)산출세액	92,928천 원	

- 고가주택의 양도차익 = 일반 양도차익 × (양도가액 − 12억 원)/양도가액
- 고가주택의 장기보유특별공제 = 고가주택의 양도차익 × 장기보유특별공제율

15 근로소득자인 윤이나씨는 평생을 다니던 회사를 이번에 그만두게 되었다. 다음 정보를 참고하여 윤이나씨가 부담하게 될 퇴직소득 산출세액은 얼마인가? (단, 천 원 단위 미만 절사)

- 예상 퇴직금 : 세전 250,000천 원
- 근속기간 : 25년
- 근속연수공제 : 40,000천 원 + 3,000천 원 × (근속연수 − 20년)
- 환산급여공제 : 45,200천 원 + 70,000천 원 초과분의 55%

① 6,340천 원 ② 8,444천 원
③ 10,965천 원 ④ 15,258천 원
⑤ 19,475천 원

정답 ②

해설 [퇴직소득세 산출세액]

구분	금액	비고
퇴직소득	250,000천 원	
(−)근속연수에 따른 공제	55,000천 원	= 40,000 + 3,000 × (25 − 20)
(×)12		
(÷)근속연수		
(=)환산급여	93,600천 원	
(−)환산급여에 따른 공제	58,180천 원	= 45,200 + (93,600 − 70,000) × 55%
(=)퇴직소득 과세표준	35,420천 원	
(×)세율	15%	누진공제 : 1,260천 원
(=)환산 전 산출세액	4,053천 원	
(÷)12		
(×)근속연수		
(=) 퇴직소득 산출세액	8,444천 원	

CHAPTER 07 상속설계

사례형

01 다음 내용을 참조하여 공동상속인 B의 구체적 상속분을 구하시오.

- 피상속인의 가족 관계
  피상속인의 배우자(A), 피상속인의 자녀 B, C
- 피상속인 사망 당시 상속재산
  - 아파트 400,000,000원
  - 토지 1,000,000,000원
  - 주식 600,000,000원
  - 예금 500,000,000원
- 피상속인의 사망일은 2025년 4월 30일이며 사전내역은 다음과 같다.
  - 자녀 C에게 13년 전 200,000,000원 증여(상속개시 시점의 평가액)
  - 자녀 B에게 18년 전 300,000,000원 증여(상속개시 시점의 평가액)

① 557,142천 원
② 651,258천 원
③ 456,215천 원
④ 747,264천 원
⑤ 629,378천 원

정답 ①

해설 상속인 B의 구체적 상속분
분할대상 상속재산
아파트 400,000,000원 + 토지 1,000,000,000원 + 주식 600,000,000원 + 예금 500,000,000원 + 사전증여재산 500,000,000 = 3,000,000,000원
B의 구체적 상속분 3,000,000,000원 × 2/7 = 857,142,857원 − 300,000,000
= 557,142,857원

02 다음에 설명하는 내용으로 가장 적절한 것은?

① 실종선고에 의한 사망에 따른 상속세 관할 세무서는 원칙적으로 상속인의 주소지이다.
② 민법상 실종선고에 따른 피상속인의 상속개시일은 법원의 실종선고가 확정된 때이다.
③ 안타까운 사고로 신체적 능력에 제약이 생긴 경우 성년후견제도를 활용하여야 한다.
④ 재산분할에 대한 합의가 이루어진 경우에는 이에 의하여 유류분이 침해되었다고 하더라도 그 침해분에 대하여는 유류분반환청구권을 포기한 것으로 볼 수 있다.
⑤ 실종선고가 취소된 경우 실종선고를 직접 원인으로 하여 악의로 재산을 취득한 경우에는 현존하는 이익을 한도로 얻은 재산적 이익을 즉시 반환하여야 한다.

정답 ④

해설 ① 피상속인의 주소지이다.
② 민법상 실종선고에 따른 사망 간주시점은 실종기간이 만료된 때이다.
실종선고일이 2월 12일이라면 실종선고에 따른 과세표준 확정신고기한은 8월 31일이다.
민법에 따른 사망 간주시점(일반실종)은 실종일이 2016년 11월 1일 이라면 2021년 11월 1일이다.
③ 성년후견제도는 정신적인 제약이 있는 경우 활용하는 제도이다.
⑤ 악의인 경우에는 받은 이익에 이자를 붙여서 반환하여야 하고 손해가 있으면 이를 배상하여야 한다.

03 오랜 투병 끝에 갑은 유족으로 배우자 을, 장남 병, 차남 정, 출가한 장녀 무를 남기고 사망하였다. 갑의 사망당시 재산가액은 18억 원이었으며 배우자 을은 갑의 재산형성에 있어서 특별한 기여가 인정되어 기여분 2억 원이 인정된다. 사망개시 3년 전 갑은 장남 병에게 사업자금으로 6억 원을 증여하였으며, 장녀 무가 혼인할 때 혼인자금으로 5억 원을 증여하였다. 또한 갑은 정에게 2억 원을 유증하였다. 이 사례에 대한 다음 설명 중 적절하지 않은 것은?

① 을의 기여분은 공동상속인 간의 협의에 의해 결정되며 협의가 이루어지지 않는 경우에는 가정법원의 심판에 의한다.
② 갑이 배우자 을로부터 간병을 받았다고 하더라도 이는 부부간의 부양의무이행에 해당할 뿐 갑의 재산형성과정에 특별히 기여한 것으로 볼 수 없다는 것이 판례의 입장이다.
③ 을의 기여한 정도가 아무리 커도 을의 기여분은 7억 원을 넘을 수 없다.
④ 을의 기여분의 가액이 2억 원으로 산정되었으므로 을의 구체적 상속분은 11억 원이다.
⑤ 을이 상속을 포기한 경우라면 기여분을 받을 수 없다.

정답 ③

해설 기여분은 상속개시 당시 피상속인의 재산가액에서 유증가액을 공제한 금액을 초과하지 못한다. 따라서 기여분으로 인정되는 최대치는 18억 원 − 2억 원인 16억 원이다.
(간주상속재산) 18억 원 + 11억 원 − 2억 원 = 27억 원
(상속인별 구체적 상속분)
을 : 27억 원 × 1.5/4.5 + 2억 원 = 11억 원
병 : 27억 원 × 1/4.5 − 6억 원 = 0
정 : 27억 원 × 1/4.5 − 2억 원 = 4억 원
무 : 27억 원 × 1/4.5 − 5억 원 = 1억 원

04 김부자 씨는 아들 김행복 씨와 지방여행을 다녀오던 중 빗길 교통사고로 인하여 부자 모두 사망하였다. 김부자 씨의 유족으로는 김부자 씨의 모친 박한솔이 있으며 아들 김행복은 사고 1년 전 홍진숙과 결혼하였으며 이들 사이의 자녀는 없다. 사망의 선후가 다음과 같을 때 김부자 씨의 유산은 누가 가져가는가?

> 가. 김부자 씨가 김행복 씨보다 먼저 사망한 경우
> 나. 김행복 씨가 김부자 씨보다 먼저 사망한 경우
> 다. 김부자 씨와 김행복 씨의 사망의 선후가 드러나지 않은 경우

① 가의 경우 박한솔, 홍진숙 공동상속
② 가의 경우 홍진숙 단독상속
③ 나의 경우 박한솔 단독상속
④ 다의 경우 홍진숙, 박한솔 공동상속
⑤ 나의 경우 홍진숙, 박한솔 공동상속

정답 ①

해설
가. 김부자 씨가 사망한 경우 김부자 씨 상속재산은 1순위권자인 김행복 씨가 받게 되며, 이후 김행복 씨 사망시 2순위권자인 박한솔이 받게 되며 김행복 씨의 배우자 홍진숙은 공동상속인이 된다. 따라서 박한솔과 홍진숙이 공동상속 받게 된다.
나. 김행복 씨가 사망한 경우 2순위권자인 김부자 씨와 배우자 홍진숙이 상속을 받게 되며, 이후 김부자 씨가 사망한 경우 1순위권자인 김행복 씨가 없으므로 그 배우자 홍진숙 씨가 대습상속 받게 된다. 따라서 홍진숙 씨가 상속받게 된다.
다. 동시사망의 경우 사망한 당사자들끼리는 상속이 되지 않지만 대습상속이 인정되므로 홍진숙 씨가 상속받게 된다.

05 다음 중 공동상속인 자녀 C의 구체적 상속분으로 가장 적절한 것은?

[조건]
- 피상속인 A의 상속재산
- 금전 500,000천 원
- 상속 주택 800,000천 원
- 가족관계 : 배우자 B, 자녀 C와 D
  - 자녀 D에게는 5년 전 200,000천 원(상속개시일 현재 평가액)을 증여
  - C에게는 피상속인을 극진히 부양한 점을 인정하여 공동상속인의 합의로 기여분으로 100,000천 원을 인정
  - 배우자 B에게는 함께 거주하였던 상속 주택 800,000천 원을 유언으로 유증
  - 따라서 동거주택상속공제는 적용받지 못함.

① 300,000천 원
② 500,000천 원
③ 450,000천 원
④ 350,000천 원
⑤ 400,000천 원

정답 ⑤

해설
- 구체적 상속분 계산
  - B : 금전 500,000천 원 + 주택 800,000천 원 + 생전증여 200,000천 원 − 기여분 100,000천 원 = 1,400,000천 원
    1,400,000천 원 × 3/7 = 600,000천 원 − 특별수익(유증) 800,000천 원 = △ 200,000천 원
    B는 초과특별수익자임. 유류분과 관련이 없는 경우 반환 의무는 없음.
    초과특별수익자가 있는 경우 구체적 상속분 계산할 때 초과특별수익자는 구체적 상속분 계산 시 제외하여 구체적 상속분을 계산하되 초과특별수익은 나머지 상속인이 법정상속분에 따라 구체적 상속분에서 공제하여 계산한다.
  - C : 1,400,000천 원 × 2/7 = 400,000천 원 − 특별수익 0 + 기여분 100,000천 원 − 초과특별수익 100,000천 원(200,000 천 원 × 1/2) = 400,000천 원
  - D : 1,400,000천 원 × 2/7 = 400,000천 원 − 특별수익 200,000천 원 − 초과특별수익 100,000천 원(200,000 천 원 × 1/2) = 100,000천 원

06 배우자 B의 유류분 부족액에 대한 설명으로 가장 적절한 것은?

가. 피상속인 "A", 배우자 "B", 딸 "C"
나. 적극상속재산 10억 원, 소극상속재산(채무) 9억 원
다. 사망 전 11개월 전 삼촌 K에게 3억 원 증여함
라. A 생전에 배우자 B와 딸 C는 각각 2,000만 원을 증여 받음

① 4,800만 원 ② 5,800만 원 ③ 1.2억 원
④ 1.8억 원 ⑤ 3억 원

정답 ①

해설 [(1,000,000,000 + 300,000,000 + 40,000,000 − 900,000,000) × (3/5) × (1/2)] − 20,000,000 − [(1,000,000,000 + 40,000,000) × 3/5 − 20,000,000 − 900,000,000 × 3/5] = 48,000,000원

유류분부족액 = A(유류분산정의 기초가 되는 재산액) × B(그 상속인의 유류분 비율) − C(그 상속인의 특별수익액) − D(그 상속인의 순상속액)

- A = 적극적 상속재산 + 삽입될 증여 − 상속채무액
- B = 법정상속분의 1/2 또는 1/3
- C = 당해 유류분권리자의 수증액 + 수유액
- D = 당해 유류분권리자의 구체적 상속분 − (소극재산 × 상속분)

07 다음 내용을 참조하여 홍영동의 법정상속분으로 적절한 것은?

피상속인 홍만동의 가족은 배우자 한만녀와 자녀 홍일녀와 홍길동이 있다. 홍길동은 홍만동이 사망하기 3년 전에 불의의 사고로 사망하였으며 홍길동의 가족으로는 현재 배우자 김미녀와 홍영동이 있다. 피상속인의 배우자 한만녀는 홍만동의 유언장을 은닉하여 상속결격자가 되었다.
피상속인 홍만동은 30억 원의 상속재산을 남겼으며, 유언장에는 유증의 내용은 없고 남은 가족끼리 잘 살라는 유훈만 있었다.

① 600,000천 원 ② 900,000천 원 ③ 500,000천 원
④ 380,000천 원 ⑤ 450,000천 원

정답 ①

해설 피상속인의 공동상속인이 될 사람 중 배우자는 상속결격으로 상속인이 될 수 없으므로 나머지 자녀가 상속인이 될 것이나 홍길동은 선사망하였으므로 그의 배우자와 자녀가 대습상속을 한다. 따라서 피상속인의 자녀 홍일녀와 홍길동이 각각 15억 원씩 상속하여야 하나 홍일녀 15억, 홍길동의 상속지분은 그의 배우자 김미녀 9억 원, 홍영동 6억 원으로 분할되어 상속된다.

08 거주자 A는 2025년 10월 20일에 사망하였다. A의 상속재산이 다음과 같을 때 추정상속재산가액은 얼마인가?

> 가. 예금인출
>   - 상속개시일 1년 이내 1억 원(입증금액 5천만 원)
>   - 상속개시일 2년 이내 5억 원(입증금액 3억 원)
> 나. 채무부담
>   - 상속개시일 1년 이내 1억 원(입증금액 0.5억 원)
>   - 상속개시일 2년 이내 4억 원(입증금액 2.5억 원)
> 다. 부동산 처분
>   - 2024년 12월 5일 부동산을 3억 원에 처분(사용용도입증금액 1억 원)
>   - 2023년 11월 11일 부동산을 6억 원에 처분(사용용도입증금액 4억 원)

① 2.2억 원 ② 3.2억 원
③ 4.2억 원 ④ 6.5억 원
⑤ 9.5억 원

정답 ②

해설 추정상속재산
가. 예금순인출액 : (5억 − 3억) − min(5억 × 20%, 2억) = 1억 원
나. 채무부담액 : 추정상속재산 요건에 해당하지 않는다.
다. 부동산처분액 : (9억 − 5억) − min(9억 × 20%, 2억) = 2.2억 원
[재산종류별로 1년 이내, 2년 이내를 각각 계산하여 그 중 큰 금액을 적용한다.]

09 다음 자료를 참조하여 상속세 과세가액으로 가장 적절한 것은?

> • 피상속인은 2025년 10월 25일에 사망
>
> [피상속인의 상속재산 현황]
>
> 가. 상가
>   • 국세청장이 지정한 지역의 상업용 건물의 기준시가 : 400,000천 원
>   • 상가 임대차 현황 : 임대보증금 400,000천 원, 월 임대료 200만 원
>   • 상가는 보충적 평가방법으로 평가할 것
>
> 나. 자산
>   • 금융자산 100,000천 원
>
> 다. 부채
>   • 상가 임대보증금 이외에 은행 대출 100,000천 원이 있음
>
> 마. 장례비(모두 증빙 있음)
>   • 자연장지사용비용 5,000천 원
>   • 일반장례비용 5,000천 원
>
> 라. 사전증여재산(증여자 : 피상속인)
>   • 사위에게 2021년 1월 100,000천 원
>   • 손녀에게 2023년 3월 300,000천 원
>   • 자녀에게 2016년 12월 400,000천 원 증여

① 990,000천 원
② 965,000천 원
③ 930,000천 원
④ 890,000천 원
⑤ 880,000천 원

정답 ①

해설 본래의 상속재산
(상가) 600,000천 원
(예금) 100,000천 원
추정상속재산, 간주상속재산 없음
(총상속재산가액 : 700,000천 원)
− 채무부담액 500,000천 원
− 장례비 10,000천 원
+ 사전증여재산 800,000천 원
(상속세 과세가액 : 990,000천 원)
산출 근거
상가 Max(400,000천 원 + 24,000천 원/0.12, 400,000천 원)
장례비 모두 증빙있음 10,000천 원
사전증여재산가액 : 800,000천 원
상속인 10년 이내, 상속인이 아닌 경우 5년 이내 증여분 가산

10 다음 중 상속공제에 대한 설명으로 가장 적절한 것은?

> 가. 상속재산가액 : 3,000,000천 원
> 나. 상속개시일 현재 채무 : 200,000천 원(건물 임대 보증금)
> 다. 상속인 : 배우자(65세), 장녀(41세), 장남(35세), 막내(28세), 장녀는 장애인이며 통계법상 기대여명의 연수는 40년임.
> 라. 상속개시 당시 자녀는 모두 분가한 상태이며 1세대 1주택으로 피상속인 본인과 배우자만 함께 20년간 거주함.

① 막내는 미국 시민권자로 인적공제를 받지 못한다.
② 일괄공제를 선택하는 것이 유리하다.
③ 배우자가 상속을 포기하면 배우자 공제를 적용받을 수 없다.
④ 배우자와 10년 이상 동일 주택에 동거하였으므로 동거주택상속공제를 받을 수 있다.
⑤ 장녀의 자녀에게 상속재산 전액을 유증한다면 상속공제액은 0이다.

정답 ⑤

해설
① 인적공제 요건은 피상속인이 거주자이면 적용받을 수 있다.
② 기초공제 2억 + 자녀공제 1.5억 + 장애인공제 4억 = 7.5억이다.
③ 배우자가 상속을 포기하더라도 5억 원 공제가 적용된다.
④ 배우자는 동거주택 상속공제 적용을 받을 수 있는 상속인에 해당되지 않는다.
상속인 요건(직계비속 및 사망이나 상속결격사유로 대습상속인이 된 해당 직계비속의 배우자로 한정)

11 2025년 8월 중소기업인 소망기업(주) 주식의 상속재산가액으로 가장 적절한 것은?

- 소망기업(주) 비상장주식 : 10,000주
- 평가기준일 현재 1주당 순자산가치 : 50,000원
- 평가기준일 이전 1년이 되는 사업연도의 1주당 순손익 : 3,000원
- 평가기준일 이전 2년이 되는 사업연도의 1주당 순손익 : 2,500원
- 평가기준일 이전 3년이 되는 사업연도의 1주당 순손익 : 2,000원
- 3년 만기 회사채 유통수익률을 감안한 기획재정부령으로 정하는 이자율 : 10%
- 부동산 자산총액 중 부동산이 차지하는 비중은 45%

① 1.8억 원 ② 2.7억 원
③ 3.6억 원 ④ 4억 원
⑤ 5.2억 원

정답 ④

해설 [순손익가치 × 3 + 순자산가치 × 2]/5
- 순손익가치 : (3,000 × 3 + 2,500 × 2 + 2,000 × 1)/6 = 2,667(÷ 10%) = 26,667
- 1주당 평가금액 : (26,667 × 3 + 50,000 × 2)/5 = 36,000원
- 한도 : 순자산가치의 80% = 40,000원
- 비상장주식 평가액 : 40,000 × 10,000주 = 400,000,000원

12 다음 자료를 참조하여 자녀 홍길동(25세)이 2025년 8월에 어머니로부터 증여받았다. 이번 증여로 인하여 적용받을 수 있는 증여재산공제액으로 가장 적절한 것은?

증여자	증여일	증여재산	증여 당시 평가액	증여재산의 현재 평가액
아버지	2013년 5월	금전	50,000천 원	50,000천 원
할아버지	2019년 6월	상가	540,000천 원	600,000천 원
어머니	2025년 8월	채권	100,000천 원	100,000천 원

① 30,000천 원 ② 20,000천 원
③ 50,000천 원 ④ 10,000천 원
⑤ 증여재산공제없음

정답 ①

해설 2013년 아버지로부터 증여를 받을 때 증여재산공제 30,000천 원 적용(2013년 이전 30,000천 원 한도) 이후 2019년 할아버지로부터 증여를 받을 때 20,000천 원 공제를 받았으므로 10년 이내 증여공제 잔여한도는 30,000천 원임.

13 다음 내용을 참조하여 납부할 법인세와 납부할 상속세로 가장 적절한 것은?

> 가. 홍길동은 영리법인 K의 지분을 100% 소유
> 나. 홍길동의 부친인 피상속인 K는 영리법인 K에 80억 원을 유증
> 다. 홍길동이 직접 부친으로부터 유증을 받은 경우의 상속세는 32억 원
> 라. 법인세율은 20%로 가정

① 40억 원
② 34억 원
③ 16억 원
④ 24억 원
⑤ 35억 원

정답 ①

해설 법인세 부담액 80억 원×20% = 16억 원
홍길동씨가 상속세로 납부할 금액
[32억 − (80억 × 10%)] × 100% = 24억 원
법인 및 홍길동이 부담하는 총금액 : 40억 원

14. 금번 증여와 관련된 납부세액공제액으로 가장 적절한 것은?

- 증여자 : 할아버지
- 수증자 : 손녀
- 증여내용
  - 2023년 11월 금전 3억 원 증여
  - 2025년 8월 금전 3.5억 원 증여
  - 미성년자 아님

① 52,000천 원 ② 50,000천 원
③ 48,000천 원 ④ 45,000천 원
⑤ 40,000천 원

정답 ⑤

해설
가. 납부세액공제 = Min[가산한 증여재산에 대한 산출세액, 공제한도액]
나. 공제한도액 = 증여세 산출세액×가산한 증여재산의 과세표준/(해당증여재산 + 가산한 증여재산)의 과세표준
단, 기납부한 세대생략 증여세 할증과세액은 기납부증여세액(납부액)으로 공제하지 않는다.

- 2023년 11월 증여에 따른 증여세
  300,000천 원 − 50,000천 원 = 250,000천 원 × 20% − 10,000천 원 = 40,000천 원
  (할증 30% 12,000천 원은 고려하지 않음)
- 10년내 동일인 합산에 따른 증여세액
  650,000천 원 − 50,000천 원 = 600,000천 원 × 30% − 60,000천 원 = 120,000천 원
  (할증 30% 36,000천 원은 고려하지 않음)
- 공제한도액
  120,000천 원 × 250,000천 원/600,000천 원 = 50,000천 원
  ※ Min(40,000천 원, 50,000천 원) = 40,000천 원

15 부친이 보유하고 있던 아파트(시가 5억 원)을 특수관계인인 자녀에게 10억 원에 양도하였다. 다음에 설명하는 내용 중 가장 적절하지 않은 것은?

① 부친의 양도가액은 10억 원이다.
② 증여재산가액은 3.5억 원이다.
③ 증여세 납세의무자는 부친이다.
④ 자녀의 취득가액은 5억 원이다.
⑤ 증여세와 양도소득세를 모두 부담할 수 있다.

정답 ①

해설 고가양도에 따른 증여재산가액 계산
대가 − 시가 − Min(시가 × 30%, 3억)
10억 원 − 5억 원 − Min(1.5억 원, 3억 원) = 3.5억 원
부친이 이득을 보았으므로 증여세 납세의무자는 부친
양도가액은 10억 원 − 3.5억 원 = 6.5억 원
자녀의 취득가액은 5억 원임(취득 당시 시가)

www.epasskorea.com

PART 02

CERTIFIED FINANCIAL PLANNER

CFP

복합사례

- **CHAPTER 01** 복합사례 I
- **CHAPTER 02** 복합사례 II
- **CHAPTER 03** 복합사례 III
- **CHAPTER 04** 복합사례 IV
- **CHAPTER 05** 복합사례 V
- **CHAPTER 06** 복합사례 VI

CHAPTER 01 복합사례 I

한상민씨는 회사 사정으로 2025년도 중 회사의 구조조정과 은퇴 후 사업을 추진하기 위한 목적으로 조기퇴직이 예상되는 상황이며, 조기퇴직 후 캠핑용품전문점을 운영하고 싶어한다. 한상민 씨는 2025년 1월 초 김재무 CFP® 자격인증자를 만나 재무 상담을 진행하였다.

I. 고객정보(나이는 2025년 1월 초 만 나이임)
- 동거가족
  - 한상민(50세) : 대기업 영업부 차장, 상가B 임대사업(개인사업) 운영
  - 박혜경(48세) : 부인, 미용실(개인사업) 운영(2023년도 귀속 사업소득금액은 2,000천 원임)
  - 한가은(18세) : 딸, 올해 고등학교 3학년이 됨
  - 한나은(16세) : 딸, 올해 고등학교 1학년이 됨
- 주거상황
  - 경기도 소재 아파트A
  - 아파트A는 2017년 1월 초 구입(구입 시 주택담보대출 3억 원 받음)
  - 주택담보대출은 20년간 매월 말 원리금균등분할상환 방식, 대출이율 연 5.0% 월복리
    (2024년 12월 말까지 96회차 상환)

II. 고객 재무목표
  1. 위험관리(보험설계) 관련
     - 한상민 씨는 자신이 사망할 경우 가족들이 경제적 어려움을 받지 않기를 희망하고 있다. 현재 가입하고 있는 생명보험이 충분한 보장이 되는지 궁금해하고 있으며, 추가적인 저축 여력으로 충분하지 못한 경우에 적정 보장수준까지 보험을 추가 가입할 의향이 있다.
     - 한상민 씨는 현재 운영 중인 상가건물 B에 대한 화재보험에서 사고 발생 시 보상은 어떻게 이루어지는지 궁금해 한다.
  2. 부동산설계 관련
     한상민씨는 올해 조기퇴직할 경우를 대비해 상가를 추가로 매수해 캠핑용품전문점을 운영할 경우 상가의 수익가치와 매수 시 유의할 사항에 대해서 알고 싶어 한다.
  3. 세금설계 관련
     - 한상민씨는 추가로 상가를 매수하기 위해 자금이 부족하면 부친으로부터 상속받은 상가를 매도하고자 하며 이때 양도소득세가 얼마가 될지 궁금해하고 있다.
     - 한상민 씨는 캠핑용품전문점을 운영할 경우 세금납부 및 신고에 대해 궁금해하고 있다.

4. 상속설계 관련
- 한상민씨는 올해 조기 퇴직 후 사업을 하는 도중 사업이 잘못되었을 경우에 가족에게 채무가 상속되지 않게 하는 방법에 대해 궁금해하고 있다.
- 한상민씨는 사업 중 본인이 사망하게 되는 경우 배우자에게는 주택을 남기고 나머지 재산은 상속인들 간 공평하게 나눠 가지는 방법에 대해 궁금해하고 있다.

Ⅲ. 경제지표 가정
- 세후투자수익률 : 연 4.0%
- 물가상승률 : 연 2.0%

Ⅳ. 부동산 관련 자산 현황(2024년 12월 31일 현재)

(단위 : 천 원)

구분	취득일자	취득당시 기준시가/취득원가	현재기준시가/ 적정시세	비고
아파트 A	2017.1.	400,000 /500,000	600,000 /850,000	• 소유자 : 한상민 • 한상민 세대가 취득 이후 계속 거주
상가 B	2020.8.	200,000 / -	250,000 /350,000	• 소유자 : 한상민 • 임대보증금 : 100,000 • 월 임대료 : 800

※ 기준시가의 의미는 다음과 같으며, 2025년 기준시가는 2024년도 말과 변동 없음
- 양도소득세 계산 시 적용되는 양도 및 취득당시 기준시가를 의미
- 상속세 및 증여세법상 보충적 평가방법 적용 시 아파트는 공동주택가격, 상가는 국세청장이 산정·고시한 상가 건물의 기준시가(부수토지 포함)를 의미

※ 상가B는 국세청장이 산정·고시한 상업용 건물임

- 상가B에 대한 세부 정보
  - 상가B는 한상민이 부친으로부터 2020년 8월(상속개시일) 단독상속(상속받은 즉시 등기함) 받았으며, 상속 당시 상속세 및 증여세법상 평가액(시가)은 250,000천 원이었음
  - 부친은 상가B를 1980년 8월 20,000천 원에 취득하였음

Ⅴ. 부부의 국민연금 관련 정보(2024년 12월 31일 현재)
- 한상민의 현재시점까지 국민연금 가입기간 : 18년
- 박혜경의 현재시점까지 국민연금 가입기간 : 15년

Ⅵ. 부부의 보험 가입 정보(2024년 12월 31일 기준)
- 생명보험 가입내역

구분	종신보험[주1]	CI보험[주2]
보험계약자	한상민	박혜경
피보험자	한상민	박혜경
수익자	박혜경	한상민
보험가입금액	100,000천 원	50,000천 원
계약일(년 월)	2014.7.	2015.6.
보험료납입기간	20년납	20년납

주1) 사망보험금은 일반사망 시 주계약에서 100,000천 원, 60세 만기 정기특약에서 50,000천 원이 추가로 지급됨
주2) 사망보험금은 일반사망 시 50,000천 원이며, 재해사망 시(80세 만기) 50,000천 원이 추가로 지급됨

- 화재보험 가입내역(상가 B)

계약자 및 피보험자	한상민
계약일	2024. 10. 1.
만기일	2025. 10. 1.
보험가입금액	건물 : 200,000천 원 재고자산 : 50,000천 원
연간보험료	300천 원

Ⅶ. 자녀 교육 및 결혼 비용 관련 정보
- 자녀교육 관련 정보
  - 한가은은 19세까지 4년간 매년 초에 현재물가기준으로 10,000천 원 필요
  - 한나은은 16세부터 3년간 사교육비로 매년 초에 현재물가기준으로 5,000천 원 필요하며, 19세부터 4년간 매년 초에 현재물가기준으로 12,000천 원 필요
  - 사교육비는 상승하지 않으며, 대학교육비는 매년 연 3.0%씩 상승

※ 상기 시나리오를 참고하여 문제 1번부터 10번까지 답하시오. (질문하지 아니한 상황은 일반적인 것으로 판단하며 개별문제의 가정은 다른 문제와 관련 없음)

01 한상민 씨는 조기 퇴직 후 캠핑용품전문점 운영에 앞서 혹시 모를 조기사망 위험에 대비하고자 한다. 다음 추가 정보를 고려할 때 2025년 1월 초 한상민 씨가 일반사망 시 니즈분석방법에 따른 추가적인 생명보험 필요보장액은 얼마인가?

- 부인과 자녀의 필요자금(다음의 항목만 필요자금으로 고려함)
  - 2025년 1월 초 현재 아파트A 주택담보대출 잔액
  - 2025년 1월 초 현재 두 자녀의 대학 교육자금(일시금)
  - 막내 독립(하나은 나이 30세 시점) 전까지 가족양육비 : 배우자 박혜경이 계속 미용실을 운영하는 것을 가정하여 현재물가기준으로 연 25,000천 원이 필요하다고 가정함
- 준비자금(다음의 항목만 준비자금으로 반영함)
  - 한상민의 종신보험 사망보험금
  - 한상민 사망 시 국민연금 유족연금(막내 독립 전 까지 수령하는 금액만 고려) : 현재물가기준으로 연 5,000천 원이 지급됨(유족연금의 지급중지는 없다고 가정함)

※ 가족양육비는 매년 초 필요하고, 국민연금 유족연금은 매년 초 수령하며, 가족양육비와 국민연금 수령액은 매년 물가상승률만큼 증액됨
※ 국민연금 유족연금의 부양가족연금액은 고려하지 않음

① 124,813천 원   ② 214,065천 원   ③ 287,280천 원
④ 437,280천 원   ⑤ 593,761천 원

키워드 니즈분석방법에 의한 생명보험 필요보장액

정답 ③

해설
- 총필요자금 : ① + ② + ③ : 437,280천 원
  ① 주택담보대출 잔액 : 214,065천 원
     300,000[PV], 240[n], 5/12[i], PMT = 1,979.87
     2nd Amort P_1 = 1, P_2 = 96, BAL = 214,065천 원
  ② 자녀교육자금의 현재가치 : 99,438천 원
     - 첫째의 교육자금
       0CF_0, C_{01} = 10,000(4), (1.04/1.03 − 1)[i], NPV = 39,048천 원
     - 둘째의 교육자금
       사교육비 : 5,000CF_0, C_{01} = 5,000(2), 4[i], NPV = 14,430천 원
       대학교 교육비 : 0CF_0, C_{01} = 0(2), C_{02} = 12,000(4), (1.04/1.03 − 1)[i],
       NPV = 45,960천 원
  ③ 막내독립 전 생활비
     10,000(25,000 − 5,000)CF_0, C_{01} = 10,000(13), (1.04/1.02 − 1)[i],
     NPV = 123,777천 원
- 준비자금 : 150,000천 원
  종신보험의 주계약 사망보험금 100,000천 원 + 정기특약 50,000천 원
- 추가적인 생명보험 필요보장액 : 437,280천 원 − 150,000천 원 = 287,280천 원

02 김재무 CFP® 자격인증자는 한상민 씨와의 상담 과정에 대한 설명으로 적절하지 않은 것을 모두 고르시오. (조기퇴직하지 않고, 현재 직장에 재직하고 있다고 가정함)

> 가. 한상민씨는 2024년도 귀속소득에 대한 종합소득세 신고 시 종합소득공제 중 인적공제인 기본공제금액은 최대 6,000천 원까지 받을 수 있다.
> 나. 한상민씨가 추가적인 생명보험을 변액유니버설보험(보장형)으로 가입할 경우 해당 상품은 투자성과가 악화되더라도 최저사망보험금으로 보험가입금액으로 최저보증 받을 수 있다.
> 다. 한상민씨는 주택에 대한 종합부동산세는 없지만, 상가건물 B에 대한 종합부동산세를 납부하여야 한다.
> 라. 상가 B에 대한 임대사업자로 한상민씨와 박혜경씨 공동으로 할 경우 조세부담을 부당하게 경감할 의도가 있을 수 있으므로 유의하여야 한다.
> 마. 둘째 한나은의 고등학교 사교육비 지출에 대해서는 교육비세액공제와 신용카드 사용금액에 대한 소득공제 모두 받을 수 없다.

① 가, 나, 다, 라, 마 ② 나, 다, 라
③ 가, 다, 마 ④ 다, 마
⑤ 가, 다

키워드 종합사례
정답 ④
해설 다. 상가건물은 종합부동산세 과세대상이 아니다.
마. 취학 후 사교육비는 교육비세액공제 대상은 아니지만, 신용카드 사용금액에 대한 소득공제는 받을 수 있다.

[참고]
가. 배우자 박혜경씨는 사업소득금액이 2,000천 원이라 하더라도 종합소득금액은 최소한 기본공제를 제외하더라도 500천 원 이하이므로 한상민 씨의 기본공제대상자가 될 수 있다.

03 한상민 씨는 직접 운영 중이던 상가건물 B가 2025년 6월 1일 화재가 발생한 경우 지급받을 수 있는 보험금의 합계액으로 가장 적절한 것을 고르시오.

> - 화재발생 당시의 상가건물 보험가액 : 350,000천 원
> - 화재발생 당시의 재고자산 보험가액 : 100,000천 원
> - 건물에 대한 재산손해액 : 100,000천 원
> - 잔존물제거비용 : 20,000천 원
> - 재고자산 손해액 : 20,000천 원
> - 건물과 재고자산은 각각 구분하여 보험금액을 계산할 것

① 53,972천 원 ② 55,714천 원
③ 59,714천 원 ④ 60,714천 원
⑤ 63,972천 원

키워드 부보비율조건부 비례보상 / 비례보상
정답 ③
해설
- 건물 재산손해액의 보험금 : 100,000 × (200,000 / 350,000 × 80%) = 45,714천 원
- 잔존물 제거비용 보험금 : 10,000천 원
  - 20,000 × (200,000 / (350,000 × 80%)) = 14,258천 원
  - 한도 : 재산손해액의 10% = 10,000천 원
- 재고자산 손해보험금 : 20,000 × (20,000 / 100,000) = 4,000천 원
  - 재고자산은 공장물건과 동일하게 비례보상으로 보험금을 산정한다.
- 화재보험금 합계액 : 59,714천 원

04 한상민 씨는 상가 C를 추가로 매수하여 조기퇴직 후를 대비할 예정이다. 매입을 검토하고 있는 상가 C에 대한 정보가 다음과 같을 때, 상가 C의 직접환원법에 의한 투자가치(수익가치)로 가장 적절한 것은?

[상가C 관련 정보]
- 상가C에 대한 현재 정보
  한상민씨가 구입을 고려하고 있는 부동산의 현황은 다음과 같다.
  - 소 재 지 : 서울특별시 강남구 대치동 상가 C
  - 매 도 가 : 30억 원
  - 토지면적 : 180m^2
- 건물현황(단위 : 천 원)

층	임대면적(m^2)	보증금	m^2당 임대료(월세)
4	100	40,000	40
3	100	50,000	50
2	100	60,000	60
1	100	70,000	100
계	400		

  - 공실 및 대손 : 가능총소득(PGI)의 5%
  - 보증금은 변동없음
  - 보증금운용수익률 : 연평균 7%
  - 운영비용 : 유효총소득(EGI)의 20%
  - 인근지역 내 유사한 부동산의 종합환원율은 8%
- 대출관련 정보
  - 수익형 부동산의 대출시 금융권에서는 수익환원법에 의한 가격의 70%까지, DCR은 2.0 이상을 요구하고 있으며 억 원 단위로 대출한다. 상환조건은 5년 만기일시상환(IOL)방식으로 이자율은 연 8%이다.
  - 이 부동산은 매입할 경우, 매입가격의 1%는 수수료로 컨설팅사에 지급해야 한다.

① 228,000천 원
② 2,996,300천 원
③ 3,904,000천 원
④ 3,416,300천 원
⑤ 2,097,533천 원

키워드 직접환원법

정답 ②

해설 • 수익환원법에 의한 부동산의 가치 V = NOI/R

PGI	임대료 : (40 + 50 + 60 + 100) × 100 × 12월 = 300,000
	보증금 운용수익 : 220,000 × 0.07 = 15,400
− 공실 및 대손충당금	PGI의 5% : 15,770
= EGI	299,630
− OE	EGI의 20% : 59,926
− NOI	239,704

∴ 239,704/0.08 = 2,996,300천 원

05 김재무 CFP® 자격인증자는 한상민 씨가 상가C 매수 시 유의사항에 대하여 다음과 같이 설명하였다. 이 중 맞는 것을 모두 고르시오. (단, 각 답지는 각각 별개의 사례임)

> 가. 부동산의 현황표시와 권리사항이 등기사항전부증명서와 건축물대장이 서로 상이한 경우 권리사항은 등기사항전부증명서를, 부동산의 현황표시는 건축물대장을 우선시하여 판단한다.
> 나. 매매계약을 체결한 후 중도금을 지급하는 등의 계약 이행시 매매계약의 해제는 안 된다.
> 다. 매매계약을 한 경우 계약금은 민법상 다른 약정이 없다면 위약금의 성격을 가지며, 증약금의 성격은 갖지 않는다.
> 라. 상가C를 매수할 때 기존의 임차인이 임대인에게 임대차기간이 만료되기 6개월 전부터 1개월 전까지 사이에(단, 최초의 임대차기간을 포함한 전체 임대차기간이 10년을 초과하지 아니하는 경우) 계약갱신을 요구 시 정당한 사유 없이 거절하지 못하므로 상가C를 매수하여 직접 운영하고자 한다면 이 부분을 매매계약서에 명확하게 기재 하여야 한다.
> 마. 건축물대장을 통해 해당 상가건물의 구조와 구조변경 등의 내역을 확인할 수 있다.

① 가, 나, 라, 마   ② 나, 다, 라, 마
③ 가, 나, 마   ④ 다, 라, 마
⑤ 나, 라

키워드 매매계약 시 유의사항

정답 ①

해설 다. 계약금은 민법상 당사자 간 특별한 약정이 없으면 위약금의 성격을 갖는다. 또한 계약금은 증약금의 성격도 당연히 인정된다.

06 김재무 CFP® 자격인증자는 한상민 씨가 부친으로부터 상속받은 상가B를 임대(일반과세사업자)하면서 발생하는 부가가치세 및 소득세법상 사업소득에 대해 다음과 같이 설명하였다. 이 중 가장 적절한 것은? (단, 한상민 씨는 상속받은 시점부터 공실 없이 계속 임대 중이며 경비는 없는 것으로 가정한다. 또한 각 답지는 각각 별개의 상황임)

① 한상민의 부가가치세 과세표준은 임대료 수입뿐만 아니라 임대보증금에서 발생하는 간주임대료 및 공공요금 등을 초과하여 수령하는 공과금 등이 포함된다.
② 상가임대업에서 발생하는 연간 소득금액이 결손이 발생한 경우에 다른 종합소득금액과 통산하여 과세기간에 대한 종합소득세를 신고납부한다.
③ 한상민 씨는 개인사업자이므로 부가가치세 예정신고 의무가 없으며, 납부의무도 없다.
④ 한상민 씨가 기장의무를 모두 이행한 경우 부가가치세법상 간주임대료 계산과 소득세법상 간주임대료 계산 금액은 동일하다.
⑤ 상가B의 운영에 사용된 접대비(기업업무추진비)는 소득세법상 필요경비로 인정되지 않는다.

키워드 상가 관련 세금

정답 ①

해설 ② 소득세법상 간주임대료와 부가가치세법상 간주임대료 계산은 동일하지 않다.
③ 부동산임대업에서 발생한 결손금은 다른 소득금액과 통산되지 않고 이월처리 된다.
④ 개인사업자는 부가가치세법상 예정신고 의무는 없지만, 예정납부세액에 대한 고지를 하며, 이에 대한 예정납부세액을 납부해야 한다.
⑤ 접대비(업무추진비)는 소득세법상 사업소득금액 계산 시 필요경비로 한도 내에서 인정되며, 부가가치세법상으로는 매입세액공제 대상은 아니다.

07 한상민 씨는 개인사업으로 캠핑용품전문점을 운영하고 싶지만 사업실패로 인한 채무가 발생할 수 있는 점도 걱정된다. 평소 건강이 좋지 않은 한상민 씨는 사업이 실패하여 채무가 발생한 채로 사망하는 경우 상속채무를 남은 가족들이 승계 받을까 걱정이다. 민법상 한상민 씨의 상속재산에 대한 승인·포기·한정승인과 관련된 다음 설명 중 적절한 것으로만 모두 묶인 것은? (단, '가~라'는 각각 별개의 사례임)

> 가. 박혜경이 한정승인 또는 상속포기할 수 있는 고려기간은 상속개시일로부터 3개월이다.
> 나. 대법원 판례에 따르면 두 자녀인 한가은과 한나은이 상속을 포기한 경우 배우자인 박혜경씨는 손자녀 및 직계존속의 존재여부와 무관하게 단독으로 상속을 받게 된다.
> 다. 박혜경이 한정승인을 하려는 경우 상속재산의 목록을 첨부하여 가정법원에 한정승인의 신고를 하여야 한다.
> 라. 한상민씨의 사망보험금을 박혜경이 수령하였다면 이는 법정단순승인한 것으로 간주될 수 있다.
> 마. 한가은씨가 결혼하여 배우자 이혁씨와 손자 이승민이 있는 경우 한상민씨의 사망이 한가은씨의 살해로 사망했더라면 이혁씨와 손자 이승민은 대습상속을 받지 못한다.

① 가, 나, 다 ② 가, 다, 라
③ 나, 다, 마 ④ 나, 다
⑤ 다, 라

키워드 단순승인, 상속포기 및 한정승인

정답 ④

해설 가. 상속개시일로부터 → 상속개시가 있음을 안 날로부터
라. 사망보험금은 민법상 상속재산이 아닌 보험수익자의 고유재산이므로 사망보험금 수령은 상속재산의 처분에 해당하지 않는다.
마. 상속포기는 대습상속이 안되지만, 상속결격자에 해당하는 경우에 대습상속을 인정한다.

08 한상민 씨는 부친으로부터 상속받은 상가 B를 매도하고자 한다. 다음 추가 정보를 고려할 때 상가B 양도 시 양도소득세 계산에 대한 설명으로 가장 적절한 것은?

[상가B 양도 관련 추가 정보]

구분	내용
양도가액	350,000천 원
취득가액	?
기타필요경비	?

- 상가 B의 경우 장부 작성 시 건물분 감가상각액을 계상하지 않음

① 상속받은 재산의 양도시 세율적용의 보유기간은 상속개시일부터 계산한다.
② 상가B의 양도소득세 계산시 취득가액은 의제취득일(1985년 1월 1일) 이전 취득이므로 의제취득일 기준으로 환산취득가액으로 계산한다.
③ 기타필요경비는 실제 발생한 자본적지출 금액 및 양도관련 비용을 차감할 수 있다.
④ 상속받은 재산의 양도시 장기보유특별공제 적용시 보유기간은 피상속인이 취득한 날부터 계산한다.
⑤ 상가 B를 상속개시일부터 10년 이상 보유한 이후 양도할 경우에 장기보유특별공제는 양도차익에 80%까지 공제받을 수 있다.

키워드 양도소득세
정답 ②
해설 ①, ④ 부동산의 보유기간은 다음과 같이 기산일이 적용된다.

구분	상속재산의 경우	증여재산의 경우
세율 적용 시	피상속인이 취득한 날	증여받은 날
장기보유특별공제 적용 시	상속개시일	증여받은 날

③ 취득가액을 환산취득가액으로 계산할 경우 기타필요경비는 필요경비개산공제액으로 계산하여 차감한다.
⑤ 1세대 1주택 이외의 경우 장기보유특별공제는 15년까지 최대 30% 공제된다.

09 한상민 씨는 2025년 7월 회사에서 퇴직하고 1개월 준비기간을 걸쳐 8월에 캠핑용품전문점(개인 사업, 일반과세사업자)을 개업하였으나, 다음과 같은 원인으로 사망하였다. 다음 상속에 관한 설명으로 가장 적절하지 않은 것은?(각 지문은 별도로 가정함)

> 가. 한상민씨는 소매업을 영위하던 중 과로로 사망하였다.
> 나. 한상민씨의 상속인으로는 처인 박혜경, 장녀 한가은, 차녀 한나은씨가 있고, 한가은씨는 결혼하여 배우자 이혁씨와 자녀 이승민이 있다.
> 다. 피상속인 한상민씨에게는 사망 당시에 1,450,000천 원(부채를 제외한 금액) 상당의 재산이 있다.

① 한가은씨가 상속결격자라면 한가은의 배우자 이혁씨의 상속분은 약 248,571천 원이다.
② 한나은씨는 상속을 포기하였다면 상속권이 없다.
③ 사망보험금 150,000천 원은 배우자 박혜경씨의 고유재산이 될 수 있으나, 특별수익에 해당하므로 유류분 침해가 발생할 경우에는 일부를 반환해야 할 경우가 있다.
④ 임대상가건물 B의 시가가 없다면 상증세법상 평가금액은 기준시가 2.5억 원으로 평가한다.
⑤ 두 자녀인 한가은과 한나은이 모두 상속포기를 한 경우 배우자 박혜경씨는 단독상속을 받게 된다면, 상속공제 중 일괄공제는 선택할 수 없다.

키워드 상속분 계산
정답 ⑤
해설 ① 이혁씨의 대습상속분은 1,450,000 × 2/7 × 3/5 = 248,571천 원
② 상속을 포기하였기 때문에 상속권이 없다.
③ 사망보험금은 보험수익자의 고유재산이지만, 유류분을 침해한 경우 이를 반환해야 한다.
④ 기준시가 250,000천 원과 (보증금 + 월세×100) 중 큰 금액인 250,000천 원으로 평가한다.
⑤ 두 자녀가 상속포기를 한 경우라 하더라도 상속개시일에 상속인으로 배우자만 있는 단독상속이 아니므로 일괄공제는 적용받을 수 있다.

10 한상민 씨는 개인사업을 하던 중 사망하는 경우를 대비해 남은 가족들 간 상속재산으로 다툼이 없도록 상속관계를 미리 정해놓고 싶다. 이를 위해 유언으로 아파트 A는 박혜경 씨에게 주고 나머지 재산은 나머지 상속인들이 공평하게 나눠 가졌으면 한다. 민법상 한상민 씨의 상속재산분할과 관련된 다음 설명 중 적절한 것으로만 모두 묶인 것은?(단, '가~라'는 각각 별개의 사례임)

> 가. 박혜경은 아파트 A에 대한 유증을 포기하면, 아파트 A에 대하여 나머지 상속인인 한가은과 한고은이 각각 50%씩 상속받는다.
> 나. 박혜경씨와 한가은 및 한나은이 공동상속인이 되어 한상민씨의 유언에도 불구하고 공동상속인이 합의하에 만장일치로 협의 분할한 경우에는 협의된 대로 상속재산이 분할된다.
> 다. 한가은과 한나은 모두 미성년자이므로 특별대리인이 협의에 참여하여야 하며, 두 자녀를 공동으로 1인이 특별대리인으로 선임되는 것은 가능하다.
> 라. 상속재산분할협의로 한가은이 상가B의 소유권을 취득하고 임대보증금 1억 원에 대한 반환 채무를 갚기로 하였으며, 이에 대해 임차인의 승낙도 받았다. 임차인은 임대차 종료 시 금전채무는 분할대상 상속재산이 아닌 것을 알고 한가은 이외에 박혜경, 한나은을 상대로 임대보증금의 반환을 청구할 수 있다.
> 마. 공정증서에 의한 유언장과 자필서명에 의한 유언장이 동일한 사안에 대해 다른 내용으로 규정하고 있다면 공정증서에 의한 유언장을 우선시 한다.

① 가
② 나
③ 가, 다, 라
④ 가, 다, 라, 마
⑤ 나, 다, 라, 마

 상속재산 분할

 ②

해설 가. 유증을 포기한 경우 상속인들간의 분할대상이 되며, 이 경우 유증을 포기한 자도 공동상속인이라면 법정상속분에 해당하는 금액만큼 상속받을 수 있다.
다. 미성년자녀 각각에 대해 특별대리인이 선임되어야 한다.
라. 금전채무는 협의분할 대상이 아니지만, 상대방인 채권자의 승낙이 있는 경우에는 분할이 가능하다. 따라서 승낙이 된 이후에는 한가은 상대로 반환청구를 할 뿐이며, 그 이외에 박혜경, 한나은을 상대로 임대보증금 반환을 청구할 수 없다.
마. 유언장으로 인정되는 5가지 방식은 우선순위가 있는 것이 아니다. 상속개시일로부터 가장 최근의 유언장이 우선시되는 것이다.

CHAPTER 02 복합사례 II

사례형

김기수 송미화 씨 부부는 주거지 이동 등과 관련하여 고민이 있다. 재무설계 상담의 필요성을 인지하여 주변 지인을 통해 2025년 1월 초 김재무 CFP® 자격인증자를 만나게 되었다. 김기수 씨 부부는 재무설계 상담을 받아본 경험이 없으며, CFP® 자격인증자와의 상담을 통해 전반적인 재무설계가 필요함을 인식하게 되었다.

I. 고객정보(나이는 2025년 1월 초 만 나이임)
- 동거가족
  - 김기수(33세) : 대기업 대리, 근무연수 5년, 은퇴 희망연령 60세
  - 송미화(31세) : 부인, 외자계기업 과장, 근무연수 6년, 은퇴 희망연령 55세
  - 김세린(1세) : 딸
- 부모 및 형제자매
  (남편)김기수 : 2남 1녀 중 막내
  - 김창준(72세) : 부친, 공무원 은퇴 후 연금생활, 거주용 아파트만 보유
  - 박숙희(67세) : 모친, 전업주부
  (부인)송미화 : 2녀 중 차녀
  - 송장선(68세) : 장인, 임대소득 및 연금생활
  - 서인화(66세) : 장모, 전업주부
- 주거상황
  - 경기도 소재 아파트 A(김기수 명의)
  - 아파트 A는 2023년 6월 말 3억 원에 전세 입주, 전세자금담보대출 1억 원 받음
  - 전세자금담보대출 정보 : 변동금리 연 7%, 2024년도 상반기 이후 연 5% 적용 받음(원금 상환은 하지 않고 있으며, 매월 417천 원 정도 이자만 내고 있는 중임)
  - 김기수 씨 가정은 이전에 경기도 소재 오피스텔을 소유하여 거주하고 있다가 아이 출산을 대비하여 현재 아파트로 전세 이주하였음

II. 재무적(정량적) 정보
- 수입 내역
  - 김기수 : 연수입 60,000천 원, 실수령액 월 3,500천 원 연 1회 보너스(금액은 변동)
  - 송미화 : 연수입 75,000천 원, 실수령액 월 4,800천 원, 연 1회 보너스(금액은 변동)
  - 송미화 씨는 2024년 3월부터 육아휴직 중이며 2025년 3월부터 복직 예정(육아휴직 기간 동안 급여는 현재 월 750천 원)
- 지출 내역
  - 김기수 용돈 월 300천 원, 송미화 용돈 월 500천 원(송미화 용돈은 현재는 생활비에 포함되어 있으며, 복직 시 예상금액임)
  - 자녀양육비 월 1,500천 원(이 중 1,000천 원은 장모님이 방문하여 자녀 돌보시는 비용 명목으로 지급 중)
  - 기타생활비 월 2,000천 원
  - 종신보험 포함 보장성보험료 월 500천 원(이 중 450천 원은 김기수, 송미화 명의 보험으로 양가 부모님이 납입 중. 2023년 9월 송미화 씨가 태아보험 가입 후 보험료 50천 원을 납입 중)
- 자산 내역
  - 국내주식 투자액 20,000천 원 (김기수 명의, 5개 종목, 현재시점 종가합산 시 15,000천 원)
  - 김기수·송미화 급여통장에 평잔으로 각각 (−)5,000천 원, 15,000천 원
  - 자동차(부친 명의 차량 이용 중)
- 부채 내역
  급여통장을 마이너스통장으로 사용. 현재 잔액은 (−)5,000천 원, 대출금리 6%(1년 고정)
- 저축·투자 내역
  - 청약종합저축 매월 100천 원 (김기수 명의, 2020.6. 가입)
  - 청약종합저축 매월 100천 원 (송미화 명의, 2018.3. 가입)
  - 연금저축 매월 250천 원(김기수 명의, 2024.1. 가입, 연말정산 목적)
- 퇴직급여 내역
  부부 모두 입사 때부터 확정기여형 퇴직연금에 가입하고 있으며, 2024년 12월 31일 현재 적립금 평가액은 각각 18,000천 원, 32,000천 원

Ⅲ. 비재무적(정성적) 정보
- 위험수용성향은 김기수 씨는 중립형, 송미화 씨는 성장형임
- 돈 관리의 주체 없이 필요할 때마다 양쪽에서 번갈아 지출하고 있음

Ⅳ. 고객 재무목표
1. 부동산설계 관련
   김기수 씨 부부는 경기도 소재 B아파트로 이사하고 싶어 한다. 매매 또는 전세를 고려하고 있으며, 가능하면 매매를 하고 싶어 한다.
2. 재무관리 관련
   - 돈 관리의 주체 없이 그때 그때 필요한 지출을 하다 보니 현재 마이너스통장 잔액이 늘어나고 있어 부담스러워 한다. 이에 따라 현금흐름 관리에 대한 전문적인 조언을 구하고 있다. 김기수 씨는 가능하면 빨리 마이너스통장을 없애고 싶어 한다.
   - 송미화 씨의 복직으로 수입이 다시 늘어날 것으로 기대하며, 이번 기회에 현금흐름 관리를 통해 저축액을 늘리고 미래를 대비하고 싶어 한다.
   - 김기수 씨 부부는 이번 기회에 막연하게 대비해야 한다고 느끼고 있는 자녀 양육·교육자금에 대해 어떻게 준비해야 하는지 궁금해 하고 있다.
3. 위험관리(보험설계) 관련
   김기수 씨 부부의 양가 부모님은 이제껏 납입하고 있던 김기수·송미화를 피보험자로 하는 보험계약들을 김기수 씨 부부가 가져가기를 원하신다고 한다. 김기수 씨 부부는 딸인 김세린의 돌을 계기로 이번 기회에 필요한 사망보험금을 계산해 보고 이를 고려하여 보험을 정리하고자 한다. 개인실손의료보험은 김세린만 가지고 있고, 김기수 씨 부부는 회사단체실손을 가지고 있다.
4. 투자설계 관련
   김기수 씨가 투자하고 있는 주식은 재작년 주가가 고점일 때, 주변 지인의 조언을 받아 마이너스통장을 이용하여 KOSPI주식 투자를 하였으나 현재 손실을 보고 있다. 마이너스통장 금액은 꾸준히 상환해 왔으며, 현재 보유한 주식들의 투자가치에 대해 궁금해하고 있다. 또한 일부 종목들은 정리하여 재투자하기를 원하고 있다.

Ⅴ. 경제지표 가정
   물가상승률 연 4.0%, 세후투자수익률 연 5.0%, 임금인상률 연 3.0%

VI. 재무제표

- 재무상태표(2024년 12월 31일 현재)

(단위 : 천 원)

자산				부채 및 순자산			
	항목	금액	명의		항목	금액	명의
금융 자산	현금성자산			유동 부채	마이너스통장	5,000	김기수
	현금				신용대출		
	CMA			비유동 부채	전세담보대출	100,000	
	보통예금 등	15,000	송미화		임대보증금		
	저축성자산				총부채	105,000	
	정기적금						
	청약종합저축	5,500	김기수				
	청약종합저축	8,200	송미화				
	연금저축	3,000	김기수				
	투자자산						
	해외주식						
	국내주식	15,000	김기수				
	펀드, ETF 등						
	금융자산 총액	46,700					
부동산 자산	주거용 부동산						
	수익형 부동산						
	토지 등						
	부동산자산 총액						
사용 자산	거주 부동산						
	임차 보증금	300,000	김기수				
	자동차 등						
	사용자산 총액						
기타 자산	퇴직연금(DC)등	18,000	김기수				
	퇴직연금(DC)등	32,000	송미화				
	보험해약환급금	12,000	가족 합계				
	투자목적 미술품등						
	기타자산 총액	62,000					
총자산		408,700		순자산		303,700	

주) 연금저축은 기납입보험료로 표기하였음

• 월간 현금흐름표(2024년 12월)

(단위 : 천 원)

구분	항목	금액
Ⅰ. 수 입		4,250
Ⅱ. 변동지출	본인 용돈	(300)
	배우자 용돈	–
	부모님 용돈	–
	자녀(보육비, 사교육비 등)	(1,500)
	기타생활비(의식주, 공과금 등)	(2,000)
	변동지출 총액	(3,800)
Ⅲ. 고정지출	보장성보험료 등	(50)
	대출이자 등	(442)
	고정지출 총액	(492)
저축 여력 (Ⅰ – Ⅱ – Ⅲ)		(42)
Ⅳ. 저축·투자액	대출상환원금	–
	정기적금	–
	청약종합저축	(200)
	개인연금(연금저축)	(250)
	저축·투자액 총액	(450)
추가저축 여력(순현금흐름) (Ⅰ – Ⅱ – Ⅲ – Ⅳ)		(492)

주) 김기수 연소득 60,000천 원, 송미화 연소득 75,000천 원
주) 마이너스통장의 월 대출이자는 25천 원, 전세담보대출 월이자 417천 원

※ 상기 시나리오를 참고하여 문제 1번부터 10번까지 답하시오. (질문하지 아니한 상황은 일반적인 것으로 판단하며, 개별문제의 가정은 다른 문제와 관련 없음)

01 김기수 씨 가정의 현금흐름 관리에 대한 CFP® 자격인증자의 조언으로 바람직한 것의 개수로 맞는 것은?

> 가. 송미화의 보통예금통장 잔액 15,000천 원은 수입측면의 비상상황 관리에도 사용될 수 있으며, 이직, 출산 등의 상황에서 사용 가능하며, 고정지출로 사용이 안 되며, 변동지출로만 사용되어야 한다.
> 나. 부채를 보유하고 있으며, 이 경우 다른 투자대안과는 별도로 우선적으로 저축여력을 확보하여 부채상환을 우선 처리해야 한다.
> 다. 가계 순현금흐름이 (−)이므로 소비통제를 통한 저축 여력 확보를 할 필요가 있지만, 지나친 소비통제는 바람직하지 않으므로 본인의 변동지출을 가능하게 하고, 고정지출 등을 인지시켜 스스로 불필요한 지출을 줄일 수 있게 하여야 한다.
> 라. 가계 순현금흐름이 (−)이지만, 송미화 복직에 따른 예상 현금흐름표가 달라질 수 있으므로 예상되는 현금흐름표를 작성하여 미래의 가계 순현금흐름을 예측할 필요가 있다.
> 마. 김기수 가정이 보유하고 있는 금융상품들이 김기수 부부의 재무목표에 부합하는지 검토하여, 부합하지 않는 금융상품 등을 조정하여 저축 여력을 확보할 수 있도록 조언하였다.

① 1개
④ 2개
③ 3개
② 4개
⑤ 5개

키워드 가계 현금흐름 관리
정답 ③
해설 가. 비상예비자금으로 활용 가능한 보통예금은 변동지출과 고정지출을 감당함으로써 가계의 안전판 역할을 하게 된다.
나. 부채를 보유하고 있는 경우 다른 투자대안과 비교하여, 부채상환을 우선할지 여부를 결정하도록 해야 한다.

02 김기수 씨의 딸 김세린의 교육자금으로 19세에 4년제 대학의 지원을 염두에 두고 있다. 현재물가기준으로 대학교 교육비는 연간 10,000천 원이며, 자녀교육비 명목으로 현재 확보된 자산은 없다. 교육비상승률은 연 4.0%, 세후투자수익률은 연 5.0%로 가정하였을 때 올해 말 필요한 저축액은 얼마인가? (대학자금이 필요한 시기는 19세 초이고, 대학자금을 위한 저축은 올해 말부터 매년 3%씩 증액식 저축을 하고자 함)

① 약 1,667천 원
② 약 1,823천 원
③ 약 2,030천 원
④ 약 2,223천 원
⑤ 약 2,290천 원

키워드 교육자금 / 증액식 저축

정답 ⑤

해설
- 연간 대학교육비의 현재가치
  CF_0, C_{01} = 0(17), C_{02} = 10,000(4), (1.05/1.04 − 1)[i], NPV = 33,512천 원
- 매년 증액식 저축액
  33,512[PV], 18[n], (1.05/1.03)[i], PMT = 2,223.88천 원
- 올해 말 저축액
  2,223.88천 원 × 1.03 = 2,290.60천 원

03 김기수 씨 부부는 6개월 후 경기도 소재 B아파트로 이사하고 싶어 하며 최근 실거래가액은 8억 원이다. 주택구입자금으로 사용가능한 재원이 다음과 같을 때, 6개월 후 주택담보대출로 대출받아 B아파트를 구매할 때 조달해야 할 대출금액은 얼마인가? (단, 전세만기까지는 6개월 남아있음, 주택가격상승률은 연 2.0%, 세후 투자수익률은 연 5.0%)

[주택구입자금으로 사용가능한 재원]
• 현재 보유하고 있는 금융재산 모두
• 임차보증금 : 300,000천 원
단, 6개월 후 임차보증금 및 마이너스통장 등의 부채는 모두 상환하여야 함
※ 금융재산 이외의 자산은 활용하지 않음

① 300,000천 원
② 355,107천 원
③ 455,000천 원
④ 670,557천 원
⑤ 807,960천 원

키워드 주택구입자금 마련
정답 ②
해설
• 6개월 B아파트 가치 :
  800,000[PV], 0.5[n], 2[i], FV = 807,960천 원
• 6개월 후 준비자금
  금융재산 46,700[PV], 0.5[n], 5[i], FV = 47,853천 원
  임차보증금 : 300,000천 원
• 부족자금
  807,960천 원 − 47,853천 원 − 300,000천 원 − 부채(105,000천 원) = 355,107천 원

04 다음 중 CFP® 자격인증자가 김기수 씨 가정의 저축 여력 장단기 배분에 대해 설명에 대한 내용 중 투자자산 영역에 해당하는 것의 개수로 맞는 것은?

> 가. 투자기간이 통상 10년 이상에 해당하는 장기플랜으로 보험관리 및 은퇴 영역을 말한다.
> 나. 부모님이 관리하는 보험상품을 인계받는 것 또는 신규 보험상품 가입을 고려하는 영역이다.
> 다. 딸의 교육자금이나 결혼자금 준비과정인 저축액을 계산하고 저축을 하는 영역이다.
> 라. 보통예금 등을 활용한 비상예비자금을 준비하는 영역이다.
> 마. 보유한 상장주식의 포트폴리오를 다시 점검하고 투자포트폴리오를 선택하는 영역이다.
> 바. 보통예금의 운용을 MMF계좌로의 이전 및 CMA계좌로의 변경을 선택하는 영역이다.

① 1개
② 2개
③ 3개
④ 4개
⑤ 5개

키워드 저축 여력 장단기 배분

정답 ①

해설 가. 안정자산 영역이다.
나. 안정자산 영역이다.
다. 안정자산 영역이다.
라. 운용자산 영역이다.
마. 투자자산 영역이다.
바. 운용자산 영역이다.

05 김기수 씨는 오늘 자신이 사망할 경우 생명보험 필요보장액을 생애가치방법으로 계산해 보고 준비자금이 필요보장액을 초과할 경우 감액을 통해 보험을 정리하고자 한다. 가입되어 있는 생명보험 가입정보가 다음과 같은 경우 추가적인 생명보험 필요보장액으로 적절한 것은?

- 김기수 세후 연소득 : 40,000천 원
- 가족부양비 : 세후 연소득의 70%
- 예상정년 : 59세 말까지 근무 가능
- 부양비에 대한 할인율 : 연 4.0%
- 물가상승률, 임금상승률은 시나리오 참조
- 김기수 씨 명의인 청약종합저축, 국내주식은 유동자산으로 활용할 수 있음
- 현재 김기수 명의로 가입된 생명보험상품은 부모님이 관리하는 건강보험과 암보험 이외는 없는 상태임

※ 가족부양비는 매년 말 발생하는 것으로 가정함

① 241,945천 원　　② 367,228천 원
③ 441,945천 원　　④ 457,228천 원
⑤ 521,500천 원

 생애가치법

 ④

해설
- 가족부양비의 현재가치
  (40,000 × 70%)[PMT], (60 − 33)[n], 4[i], PV = 457,228천 원
- 유동자산으로 청약종합저축 5,500과 국내주식 15,000은 니즈분석법에서는 고려하지만, 생애가치법에서는 고려 대상이 아니다.
- 임금상승률 및 물가상승률 등을 적용한 k율의 적용은 생애가치법에서는 사용하지 않는다.

06 김기수 씨가 가입되어 있는 4세대 실손의료보험이 다음 정보와 같을 경우 CFP® 자격인증자인가 설명한 내용으로 가장 적절하지 않은 것은?(김기수 씨의 해당연도 보험사고 내역은 다음 자료 이외는 없음)

[실손의료보험 관련 정보]
- 2024년 1월 기본형에 특별약관이 포함된 단체실손의료 보험이 가입됨(보험기간 1년, 계약자는 김기수씨의 부모, 피보험자·수익자는 김기수 본인임)
- 김기수씨는 회사에서 보장하는 단체실손의료보험의 보장내역이 개인실손보험의 보장보다 작기 때문에 단체실손의료보험 중단 특약을 선택하여 개인실손보험의 적용만 받고 있음

[질병 통원(외래) 내역]

통원일	진단명	진료기관	급여진료비 본인부담	급여진료비 공단부담	비급여 진료비
2024년 3월 12일	위궤양	A 병원	40,000원	150,000원	115,000원
2024년 7월 24일	위염	B 상급종합병원	50,000원	200,000원	205,000원

* 비급여 진료비에는 3대 비급여 항목에 대한 치료비는 없고 증명서 발급비용이 5,000원씩 포함된 금액임

① 가입한 실손의료보험에서는 질병 및 상해 입원시 입원과 통원을 합산하여 급여진료비 연 50,000천 원, 비급여진료비 연 50,000천 원을 한도로 보장받는 상품이다.
② 가입한 실손의료보험의 재가입 주기는 5년이다.
③ 3월 12일 진료 의료비에 대한 보험금 청구 시 118천 원을 보험금으로 수령할 수 있다.
④ 7월 24일 진료 의료비에 대한 보험금 청구 시 170천 원을 보험금으로 수령할 수 있다.
⑤ 비급여(특약)의 보험료가 직전 1년간 지급보험금에 따라 5등급으로 구분하여 의료이용량에 따른 보험료 할인 및 할증을 받을 수 있으나, 김기수씨는 2단계(유지)단계에 해당한다.

키워드 실손의료보험
정답 ③
해설 3월 12일 진료비에 대한 보험금 : 107,000원
- 급여 : 40,000 − Max[40,000 × 20%, 1만 원] = 30,000원
- 비급여 : 110,000(증명서 발급비용은 제외) − Max[110,000 × 30%, 3만 원] = 77,000원

07 김기수 씨가 보유하고 있는 기업 A 주식의 정보가 다음과 같다면 A기업의 주식에 대한 다음 설명으로 가장 적절하지 않은 것은?

- 명목 무위험수익률 4%, 시장위험프리미엄 4%, 기업 A주식의 베타 1.5
- A 기업의 배당성향 : 40%
- 자기자본수익률 : 9.0%
- 올해 주당순이익 : 10,000원

*1년 후 추정 주당순이익을 계산하는 경우 적용하는 PER는 다음과 같다.
PER = 배당성향 / (요구수익률 − 성장률)

① 기업 A의 요구수익률은 10%이다.
② 기업 A의 성장률은 5.4%이다.
③ 1년 후 추정 주당순이익은 10,540원이다.
④ 정률성장배당할인 모형으로 계산한 기업 A주식의 적정 주가는 약 171,400원이다.
⑤ 1년 후 추정 주당순이익을 기초로 계산한 A기업의 적정 PER는 약 7.14(배)이다.

키워드 주식의 가치평가

정답 ④

해설
① 요구수익률 = $R_f + \beta[E(R_m) - R_f]$ = 4% + 1.5 × 4% = 10%
② 성장률(g) = 유보율 × 자기자본수익률(ROE) = 0.6 × 0.09 = 0.054(5.4%)
③ 1년 후 추정 주당순이익 = 10,000 × 1.054 = 10,540원
④ 적정주가 : 10,540 / (k − g) = 약 188,200원
⑤ PER = 40% / (k − g) = 약 7.14(배)

08 김재무 CFP® 자격인증자는 김기수 씨와 투자설계 상담 이후 개별 주식의 고유위험과 시장위험을 동시에 고려하는 종목투자보다는 충분한 분산투자를 통해서 시장위험에만 노출되는 연기금의 투자방식의 활용을 조언하기로 결정하였다. 이를 위해 다음의 4가지 펀드 중에 가장 우수한 펀드 두 개를 추천할 생각이다. 트레이너척도와 샤프척도를 이용하여 주식형 펀드를 평가할 때 가장 우수한 펀드끼리 연결된 것은? (단, 무위험 수익률은 5%로 한다)

주식형 펀드	평균수익률	주식형 펀드 표준편차	베타
A	8%	0.08	0.33
B	9%	0.16	0.37
C	10%	0.1	0.64
D	11%	0.11	0.66
E	12%	0.18	1.20

① A, B
② B, D
③ C, D
④ E, A
⑤ E, B

키워드 트레이너척도 / 샤프척도

정답 ②

해설

주식형 펀드	평균수익률	주식형 펀드 표준편차	베타	샤프척도	트레이너 척도
A	8%	0.08	0.33	0.375	0.0909
B	9%	0.16	0.37	0.25	0.1081
C	10%	0.1	0.64	0.5	0.0781
D	11%	0.11	0.66	0.5455	0.0909
E	12%	0.18	1.20	0.3889	0.0583

09 김기수 씨 부부는 경기도 소재 B 아파트 매입에 대한 매입자금 부담으로 보다 저렴하게 구매할 수 있는 방법으로 경매에 대해 알아보고 있다. 이에 대해 재무설계사의 설명으로 가장 적절하지 않은 것은?

① 경매를 통해 낙찰을 받기 위해서는 입찰금액의 10%에 해당하는 금액을 법원에 입찰보증금으로 납부하여야 한다.
② 경매로 인해 낙찰을 받게 되면 낙찰금액을 납부하여야 소유권이 이전되고, 그 이후에도 명도책임은 본인이 모두 부담해야 하는 점에 유의하여야 한다.
③ 만약 낙찰받은 경우라 하더라도 경매에 나온 아파트가 공동소유인 경우라면 다른 공유자가 우선매수신고를 한 경우에는 아파트를 경매로 취득하지 못할 수 있다.
④ 경매가 진행되면 해당 경매물건은 경매기입등기가 선행되므로 이를 등기사항전부증명서의 갑구를 통해 확인해 볼 수 있다.
⑤ 집행법원은 매각기일을 지정함과 동시에 직권으로 매각결정기일을 정하여 공고하며, 통상 매각기일 후 7일 이내에 매각결정기일이 지정된다.

키워드 부동산 경매
정답 ①
해설 ① 경매의 경우 입찰보증금은 최저매각가격의 10%이다. 공매의 경우 입찰가격의 10%와 다른 점에 유의하여야 한다.

10 CFP® 자격인증자가 김기수 씨 부부의 종합재무상담을 하는 과정에서 설명한 다음 내용 중 올바른 것을 모두 고르시오.

> 가. 맞벌이 부부의 사망위험은 치명적 위험에 해당하지만, 상해와 질병은 치명적 위험에 해당하지 않는다.
> 나. 전세자금담보대출에 대한 원리금 상환액에 대해서 일정 한도 내에서 소득공제가 가능하다.
> 다. 국내주식 투자액에서 손실이 발생한 상황이며, 국내주식 이외에도 해외주식에 대한 투자 및 채권에 대한 투자 등 분산투자를 통해 수익과 위험관리에 신경을 써야 한다.
> 라. 가입하고 있는 청약종합저축은 계속 유지하고 있을 필요가 있으며, 생애 최초로 아파트 분양을 받을 기회가 있을 때 활용할 수 있도록 준비하여야 한다.
> 마. 김기수 씨가 가입하고 있는 연금저축 매월 250천 원 중 매월 150천 원 한도로 연금계좌세액공제를 받을 수 있다.

① 가, 다
② 나, 다
③ 다, 라, 마
④ 나, 다, 라
⑤ 가, 다, 라

키워드 종합재무상담

정답 ④

해설 가. 상해와 질병도 사망과 더불어 치명적 위험을 초래할 수 있으므로 단순히 구분하면 안된다.
마. 연금계좌 세액공제로 연금저축에 대해서는 연간 600만 원 한도로 세액공제를 받을 수 있으므로 가입한 매월 250천 원(연 3,000천 원) 전액 세액공제를 받을 수 있다.

CHAPTER 03 복합사례 III

사례형

손민수 씨는 모친이 암으로 사망함에 따라 상속설계 방안 등과 관련하여 전문가와의 상담을 원하고 있다. 손민수씨는 2025년 1월 초 김재무 CFP® 자격인증자를 만나 재무상담을 진행하였다.

> I. 고객정보(나이는 2025년 1월 초 만 나이임)
> - 동거가족
>   - 손민수(50세) : 소매업 운영 및 상가임대업 운영, 은퇴 희망연령 80세
>   - 이미희(45세) : 부인, 중소기업 차장, 은퇴 희망연령 55세
>   - 손상민(18세) : 아들, 올해 고2
>   - 손서영(15세) : 딸, 올해 중3
> - 부모 및 형제자매
> (남편)손민수 : 3남 중 차남
>   - 손진석 : 부친, 2022년 1월 5일 사망, 사망 당시 나이 80세
>   - 박정윤(78세) : 모친, 암으로 병원에 입원해 있던 중 2025년 1월 1일 사망하였으며, 입원하기 전까지 아파트D에서 홀로 거주
>   - 손인수(54세) : 형, 배우자 이주영(50세), 자녀 손정은(19세)이 있으며, 가족 모두 손인수 소유 주택에 거주
>   - 손상수(49세) : 남동생, 배우자 이경숙(48세), 자녀 손한일(16세) 및 손수빈(15세)이 있으며, 가족 모두 손상수 소유의 주택에 거주
> (부인)이미희 : 3녀 중 막내
>   - 김연숙(75세) : 장모, 전업주부, 큰 딸과 동거(자녀 부양)
> - 주거상황
>   - 빌라A는 2017년 8월 초 구입하였으며, 구입 시 주택담보대출 2억 원을 받음
>   - 담보대출은 대출기간 15년, 매월 말 원리금균등분할상환 방식, 대출이율 고정금리 연 4.5% 월복리(2024년 12월 말까지 89회차 상환)

II. 재무적(정량적) 정보

- 수입 내역
  - 손민수 : 최근 경기침체의 여파로 소매업 월 평균 매출액 10,000천 원 정도이고, 매출액이 익률은 25%이다. 상가 임대수익으로 월 2,500천 원(관리비 포함)이 발생하고 있다.
  - 이미희 : 연수입 70,000천 원, 실수령액 월 4,500천 원, 연 1회 보너스(금액은 변동)
  - 이미희의 은퇴 희망연령은 55세이나, 중소기업 사정상 50세 정도에 은퇴를 예상하고 있다.
- 지출 내역
  - 손진석 용돈 월 1,500천 원, 이미희 용돈 월 800천 원, 김연숙(장모) 용돈 월 1,000천 원
  - 자녀 용돈 아들, 딸 합해서 월 500천 원(대학등록금은 6개월 마다 아들, 딸 합쳐서 8,000천 원 정도 발생)
  - 기타생활비 월 3,000천 원
  - 종신보험 포함 보장성보험료 월 600천 원
- 자산 내역
  - 부부의 부동산 관련 정보(2024년 12월 31일 현재)

(단위 : 천 원)

구분	취득일자	취득당시 취득원가	현재 적정시세	비고
빌라A	2017. 8.	650,000	850,000	• 소유자 : 손민수 • 손민수 세대가 거주
상가B	2016. 5.	400,000	600,000	• 소유자 : 손민수 • 손민수가 소매업 운영 중
상가C	2022. 1.	-	400,000	• 소유자 : 손민수 • 임대보증금 : 100,000 • 월임대료 : 2,500 • 부친으로부터 상속 받음 • 부친은 2016년 8월에 취득하였음

※ 상가C는 국세청장이 지정한 지역에 소재하는 상가로 임차인이 사업용으로 사용하고 있으며 임대계약은 2023년도 10월에 이루어져 2025년도 말까지 변동이 없음

- 금융재산 현황

구분	현재 금액	비고
주식	100,000천 원(현재 평가액)	• 5종목으로 분산되어 있으며 최초 투자금액은 120,000천 원
채권	300,000천 원(액면금액)	• 소득세 원천징수세율은 14%임 • 이표채 200,000천 원, 복리채 100,000천 원 투자
예금 I	200,000천 원(현재 금액)	• 소득세 원천징수세율은 14%임

- 주식, 채권, 예금I은 모두 손민수 씨 명의임
- 2024년도 말 이미희 씨 보통예금통장 금액은 45,000천 원
- 노란우산공제 250천 원(손민수 2024.1. 가입, 소득공제 목적)

- 부채 내역
  - 손민수 씨는 운전자금 통장으로 마이너스통장을 활용하고 있으며 현재 잔액은 (−)20,000천 원, 대출금리 연 7.0%(1년 고정)

- 퇴직급여 내역
  - 이미희 씨는 2014년부터 확정기여형 퇴직연금에 가입하고 있으며, 2024년 12월 31일 현재 적립금 평가액은 64,000천 원

Ⅲ. 비재무적(정성적) 정보
- 위험 수용성향은 손민수 씨는 위험선호형, 이미희 씨는 안정성장형임
- 기타생활비는 이미희 씨가, 그 외 지출은 손민수 씨가 담당하고 있음

Ⅳ. 고객 재무목표
1. 상속설계 관련
   - 손민수 씨의 모친은 사망 전 자녀들에게 사전증여를 실시했다. 손민수 씨는 사전증여가 상속설계에서 어떻게 절세효과가 있는지 궁금해하고 있으며, 또한 모친 사망에 따라 본인이 받을 수 있는 구체적 상속재산이 어느 정도 되는지에 대해서도 궁금해하고 있다.
   - 상속설계 관련 추가적인 정보는 다음과 같다.
   ① 손진석(부친) 사망 당시 상속재산 및 상속인 분배 현황(2022년 1월 5일 상속개시일 현재)

구분	상속세 및 증여세법상 상속재산 평가가액	비고
상가C	300,000천 원	*손민수가 상속받고 등기함
아파트D	500,000천 원	*박정윤(모친)이 상속받고 등기함
토지E	400,000천 원	*손인수(형)가 상속받고 등기함
주식F	200,000천 원	*손상수(동생)이 상속받고 등기함

② 박정윤(모친) 사망 당시 본인 명의의 재산 및 사전증여 현황(2025년 1월 1일 현재)
• 부동산 재산 현황

(단위 : 천 원)

구분	취득일자 (년.월)	취득당시 취득원가	현재 적정시세	비고
아파트D	2022.1.	–	600,000	• 소유자 : 박정윤 • 손진석으로부터 상속받음
상가G	2013.5.	250,000	300,000	• 소유자 : 박정윤 • 임대보증금 : 50,000 • 월임대료 : 1,500

※ 상가G는 국세청장이 지정한 지역에 소재하는 상가로 임차인이 사업용으로 사용하고 있으며 임대계약은 2023년도 1월에 이루어져 2025년도 말까지 변동이 없음

• 사전증여 현황

수증자	증여일	증여재산	상속세 및 증여세법상 증여일 현재 증여재산 평가가액
손상수(손민수의 동생)	2009.8.	현금	200,000천 원
손인수(손민수의 형)	2016.5.	현금	200,000천 원
손민수(본인)	2018.1.	현금	100,000천 원

2. 재무관리 관련
   • 손민수 씨는 개인사업자로서 80세까지 일하고 싶어 하나, 경기침체로 소매업 매출이 줄어들고 있는 것이 걱정이다. 소매업을 계속 영위할 수 있을지를 가늠하기 위해 경기회복시기를 궁금해하고 있다.
   • 손민수 씨는 재무목표 설정에 있어서 은퇴 후 생활비 기반으로 현재 상가C의 임대수익을 더 유지할지 아니면 향후 딸(손서영)에게 부담부증여를 할지에 대해 고민 중에 있다.
3. 투자설계 관련
   손민수 씨는 현재 보유하고 있는 금융자산(주식, 채권 등)의 적정성과 향후 운용방법 등을 궁금해하고 있다.
4. 부동산설계 관련
   손민수 씨는 새로운 상가를 매수하여 아들 결혼시점에 증여할 마음이 있어 상가의 현재 시장가치를 궁금해하고 있다.
5. 세금설계 관련
   • 손민수 씨는 손진석(부친) 씨로부터 상속받아 보유 중인 상가C를 딸에게 부담부증여하는 경우에 발생하는 관련 세금에 대해서 궁금해하고 있다.
   • 손민수 씨는 경기침체로 인해 현재 소매업 운영 중인 상가B를 제3자에게 양도하는 경우에 발생하는 관련 세금에 대해 궁금해하고 있다.

V. 재무제표

• 재무상태표(2024년 12월 31일 현재)

(단위 : 천 원)

자산				부채 및 순자산			
	항목	금액	명의		항목	금액	명의
금융 자산	현금성자산			유동 부채	마이너스통장	20,000	손민수
	현금				신용대출		
	CMA			비유동 부채	주택담보대출	117,774	손민수
	보통예금 등	45,000	이미희		임대보증금	100,000	손민수
	저축성자산			총부채		237,774	
	정기적금						
	노란우산공제	3,000	손민수				
	정기예금	200,000	손민수				
	연금저축						
	투자자산						
	국내채권	300,000	손민수				
	국내주식	100,000	손민수				
	펀드,ETF 등						
	금융자산 총액	648,000					
부동산 자산	주거용 부동산						
	수익형 부동산	1,000,000	손민수				
	토지 등						
	부동산자산 총액	1,000,000					
사용 자산	거주 부동산	850,000	손민수				
	임차 보증금						
	자동차 등						
	사용자산 총액						
기타 자산	퇴직연금(DC)등	64,000	이미희				
	퇴직연금(DC)등						
	보험해약환급금	15,000	가족 합계				
	투자목적 미술품등						
	기타자산 총액	79,000					
총자산		2,577,000		순자산		2,339,226	

주) 2025년 1월 시점에서 빌라A 주택담보대출 잔액은 117,774천 원

• 월간 현금흐름표(2024년 12월)

(단위 : 천 원)

구분	항목	금액
Ⅰ. 수 입		8,800
Ⅱ. 변동지출	본인 용돈	(1,500)
	배우자 용돈	(800)
	부모님 용돈	(1,000)
	자녀 용돈	(500)
	기타생활비(의식주, 공과금 등)	(3,000)
	변동지출 총액	(6,800)
Ⅲ. 고정지출	보장성보험료 등	(600)
	대출이자 등	(563)
	고정지출 총액	(1,163)
저축 여력 (Ⅰ − Ⅱ − Ⅲ)		837
Ⅳ. 저축·투자액	대출상환원금	(1,084)
	정기적금	−
	청약종합저축	−
	노란우산공제	(250)
	저축·투자액 총액	(1,334)
추가저축 여력(순현금흐름) (Ⅰ − Ⅱ − Ⅲ − Ⅳ)		(497)

주) 손민수 씨의 수입은 월 평균 매출액 10,000천 원에서 매출액 이익률 25% 반영한 월 2,500천 원과 상가 임대수익 월 2,500천 원을 합한 월 5,000천 원(세전, 연 소득 60,000천 원)에서 종합소득세율 반영 후 실수령액 4,300천 원을 가정함

주) 2025년 1월 시점에서 빌라A 주택담보대출 원리금상환액 1,530천 원 중 대출이자는 446천 원, 대출상환원금은 1,084천 원

주) 마이너스통장의 월 대출이자는 117천 원

※ 상기 시나리오를 참고하여 문제 1번부터 10번까지 답하시오. (질문하지 아니한 상황은 일반적인 것으로 판단하며, 개별문제의 가정은 다른 문제와 관련 없음)

01 손민수 씨는 최근 소매업의 매출이 감소함에 걱정이며, 우리나라 경제상황이 경기 수축기에 있다는 것을 뉴스 등 매스컴으로부터 접하고 있다. 이에 대해 경기 수축기에서 경기 확장기로 바뀌면서 나타나는 경제현상에 대한 조언을 구했다. 다음 중 경기 확장기에 나타나는 현상으로 맞는 것으로만 모두 묶인 것은?

> 가. 소비심리가 확대된다.
> 나. 재고가 증가하고 실업률이 상승한다.
> 다. 소비자물가지수가 하락한다.
> 라. 자동차 매매가 증가한다.
> 마. 담보대출이 감소한다.

① 가, 다, 라
③ 나, 다, 라
⑤ 가, 나, 다, 라
④ 다, 라, 마
② 가, 나, 다

키워드 경제환경
정답 ①
해설 나. 재고가 감소하고 실업률이 하락한다.
　　　마. 담보대출이 증가한다.

---

02 최근 정부의 부동산정책에 따라 기존 주택담보대출의 금리를 연 3.5% 월복리 원리금균등상환방식으로 조기상환수수료 등의 비용없이 대환대출(리파이낸싱)이 가능하게 되었다. 리파이낸싱의 상환기간은 기존대출의 잔여기간까지 적용될 때 매월 월리금상환액의 변화는 얼마인지 구하시오.

① 약 49천 원 감소
③ 약 69천 원 감소
⑤ 약 100천 원 감소
② 약 55천 원 감소
④ 약 89천 원 감소

키워드 리파이낸싱
정답 ②
해설
- 기존 조건의 매월 원리금상환액
  → 200,000[PV], 15 × 12[n], 4.5/12[i], PMT(E) = 1,530천 원
- 리파이낸싱 금액 : 89[n], FV = 117,774천 원
- 리파이낸싱을 통한 매월 원리금상환액
  → 251,147[PV], (15 × 12 − 89)[n], 3.5/12[i], PMT(E) = 1,475천 원
- 매월 월리금상환액의 변화 : 1,530 − 1,475 = 55천 원 감소

03 손민수 씨가 보유하고 있는 주식 중 ㈜삼돌이통신 보통주의 베타계수는 1.3이고 현재 무위험이자율 4%, 주식시장의 위험프리미엄은 5.5%이라고 한다. 2024년도 삼돌이통신의 1주당 순이익은 4,000원, 1주당 배당금 1,000원으로 결정되었다. 2024년도 자기자본 순이익률은 10%이고 현재의 배당성향을 계속 유지할 예정이다. 2025년 초에 삼돌이통신 보통주의 적정가치를 정률성장 배당할인모형으로 산출한 가격을 고르시오.

① 25,452원
② 26,452원
③ 27,452원
④ 28,452원
⑤ 29,452원

키워드 정률성장 배당할인모형

정답 ⑤

해설
- 요구수익률(k) = 4% + 1.3 × 5.5% = 11.15%
- 잠재성장률(g) = 내부유보율 × ROE = (1 − 배당성향) × ROE = (1 − 1,000/4,000) × 10% = 7.5%
- 적정가치 = {1,000 × (1 + 0.075)} / (0.1115 − 0.075) = 29,452원

04 현재 채권시장의 수익률곡선전략에 대한 김재무 CFP® 자격인증자는 손민수 씨의 보유채권에 대해 다음과 같이 조언하였다. 다음의 조언 중 적절하지 않은 것은?

① 향후 금리가 상승할 것으로 예상되면 포트폴리오 듀레이션을 축소하는 전략으로 이는 블릿전략이라 하며, 수익률곡선이 평행으로 이동하는 경우 원하는 목표를 달성할 수 있다.
② 듀레이션이 동일하더라도 수익률곡선이 우상향하고 향후 금리변동이 없다면 블릿전략이 바벨전략보다 높은 수익률을 달성할 수 있다.
③ 버터플라이전략은 중기채권 금리가 상승하고 단기채권과 장기채권 금리가 하락하는 방향으로 수익률곡선이 변동할 것으로 예상하는 경우 유효한 투자전략이 될 수 있다.
④ 롤링효과는 시장 전체의 금리수준이 일정하더라도 잔존기간이 짧아지면 수익률이 하락하여 채권가격이 상승하게 되는 현상을 의미한다.
⑤ 숄더효과는 채권시장의 비효율성 또는 이상현상을 포착하여 저평가된 종목은 매수하고 고평가된 종목은 매도하는 교체매매전략을 말한다.

키워드 채권투자전략

정답 ⑤

해설 ⑤ 상대매매전략은 채권시장의 비효율성 또는 이상현상을 포착하여 저평가된 종목은 매수하고 고평가된 종목은 매도하는 교체매매전략을 말한다.

[숄더효과]
수익률곡선타기전략을 수익률곡선의 기울기가 더 가파른 구간에서 실행할 경우 투자수익률이 더 높아질 수 있는데, 이를 숄더효과라고 한다. 일반적으로 수익률곡선 기울기가 잔존만기가 긴 구간보다 짧은 구간에서 가파른 경향이 있으며, 이 경우 롤링효과로 인한 이자수익은 만기가 짧은 구간에서 크다.

05 주식 포트폴리오 2억 원을 보유하고 있는 손민수 씨는 주가하락에 따른 위험을 회피하기 위해 선물거래를 통해 헤지하려고 한다. 이를 위해 주식포트폴리오와 시장수익률관계를 조사하였더니 주식포트폴리오 수익률의 표준편차는 1.4, 시장수익률의 표준편차는 1.0, 상관계수는 0.9로 나타났다. 현재 KOSPI200지수는 100이며, 선물거래승수는 250,000이다. 손민수 씨가 위험 헤지를 위해 필요한 매입 또는 매도할 선물계약수로 가장 적절한 것은?

① 8계약 매입 ② 8계약 매도 ③ 10계약 매입
④ 10계약 매도 ⑤ 12계약 매입

키워드 선물거래를 통한 헤지
정답 ④
해설
- 베타 = 1.4/1.0 × 0.9 = 1.26
- (주식포트폴리오 수익률의 표준편차 / 시장수익률표준편차 × 상관계수)
- 선물계약수 = (1.26 × 200,000천 원) / (100 × 250천 원) = 10.08
  선물 10계약 매도

06

손민수 씨는 딸(손서영)에게 2025년 11월 중 상가C를 부담부증여를 할지 말지 고민 중에 있다. 부담부증여를 한다고 가정 시 다음 정보를 고려할 때 소득세법상 양도소득금액으로 가장 적절한 것은?

[상가C 부담부증여와 관련된 정보]

구분		금액	비고
증여가액		400,000	시나리오상 현재 적정시세
채무액		100,000	상가C 임대보증금
취득가액	상속취득	300,000	상속 당시 상속재산 평가가액
	부친의 취득	100,000	부친은 2001년 1월 10일에 취득하였음
기타필요경비		10,000	

※ 상가C의 토지가액과 건물가액을 구분하지 않으며 복식부기장부 작성 시 건물분 감가상각액을 계상하지 않음

① 21,150천 원
② 22,500천 원
③ 23,100천 원
④ 23,650천 원
⑤ 24,000천 원

키워드 부담부증여
정답 ①
해설

	구분	금액
	양도가액	400,000 × (100,000/400,000)
(−)	취득가액	300,000 × (100,000/400,000)
(−)	기타필요경비	10,000 × (100,000/400,000)
=	양도차익	22,500천 원
(−)	장기보유특별공제	22,500 × 6% = 1,350천 원
=	양도소득금액	21,150천 원

07 손민수 씨는 현재 경기침체로 인해 상가 B의 소매업 매출의 감소 추세가 지속되고 있고 반등할 가능성이 어렵다고 판단하여 2025년 12월 중에 상가 B를 양도할 생각이다. 상가의 양도 과정에서 다음 정보를 고려할 때 소득세법상 양도소득 산출세액으로 가장 적절한 것은? (단, 2025년도 11월 중에 상가 C를 부담부증여 시 양도소득금액은 20,000천 원, 양도소득 산출세액은 1,365천 원으로 가정)

[상가B 양도와 관련된 정보]
- 상가 B의 예상 양도가액 : 600,000천 원
- 상가 B의 취득가액 : 400,000천 원
- 상가 B의 양도 시 기타필요경비 : 15,000천 원

※ 상가B의 토지가액과 건물가액을 구분하지 않으며 복식부기장부 작성 시 건물분 감가상각액을 계상하지 않음

① 43,076천 원　　② 43,906천 원
③ 44,441천 원　　④ 44,856천 원
⑤ 45,806천 원

 양도소득세 산출세액

 ⑤

구분		금액
	양도가액	600,000
(−)	취득가액	400,000
(−)	기타필요경비	15,000
=	양도차익	185,000
(−)	장기보유특별공제	185,000 × 18% = 33,300
=	양도소득금액	171,700천 원
(−)	양도소득기본공제	당해연도 이미 250만 원을 먼저 공제받았으므로 해당 건은 없음
=	양도소득과세표준	171,700천 원
	산출세액	171,700 × 38% − 19,440 = 45,806천 원

08 손민수 씨는 박정윤(모친) 사망 전 실시되었던 사전증여가 어떻게 상속세 절세효과에 도움이 되는지 궁금해하고 있다. 사전증여와 관련하여 상속세 및 증여세법상 CFP® 자격인증자가 안내한 다음 설명 중 가장 적절하지 않은 것은?

① 상속인에게는 10년, 비상속인에게는 5년 이내에 사전증여한 부분에 대해서는 상속재산에 가산되므로 상속세 절세효과가 없다.
② 사전증여재산으로 현금이 아닌 실물재산으로 사전증여할 경우 상속재산에 가산되더라도 그동안의 가치상승분이 상속세 계산 시 반영되지 않으므로 절세효과에 도움이 된다.
③ 사전증여재산이 많을수록 상속공제 한도가 작아질 수 있다는 점도 고려해야 한다.
④ 손상수(손민수의 동생)은 2008년 8월에 박정윤(모친)으로부터 현금 2억 원을 증여받았다. 이러한 사전증여 전략은 상속세 합산과세를 회피할 수 있어 상속세 절세에 도움이 되는 방법이라고 판단할 수 있다.
⑤ 2021년에 손진석(부친)이 사망하여 상속재산을 분할하는 경우 상속재산 중 아파트D를 박정윤(모친)이 상속으로 취득하지 않고 손민수의 형제들이 상속을 받았다면 상속세 절세에 도움이 될 수 있었을 것이다.

키워드 사전증여
정답 ①
해설 ① 사전증여하는 경우에는 사전증여시기, 수증자, 상속재산 및 상속공제 등 종합적으로 고려하여 유불리를 판단해야 하므로 항상 유리하거나, 절세효과가 없다고 단정지을 수 없다.

09 다음 정보를 고려할 때, 박정윤(모친) 씨 사망에 따른 민법상 손민수 씨의 구체적 상속분(박정윤 씨 사망 당시 남은 상속재산에서 받을 수 있는 상속분) 가액으로 타당한 것은? (단, 상가G의 임대보증금 등 상속채무는 없으며, 사망보험금은 특별수익으로 고려하지 아니한다고 가정함)

> - 박정윤은 사망 전 손인수에게 5억 원을 추가 증여함
> - 공동상속인들은 손민수의 기여분으로 400,000천 원을 인정하기로 합의함
> - 박정윤 상속 관련 재산의 상속개시시점 기준 민법상 평가가액은 다음과 같다고 가정함
>   - 부동산재산 : 시나리오상 '현재 적정시세'
>   - 금융재산 : 시나리오상 '현재 금액'
>   - 사전증여재산 : 시나리오상 '증여일 현재 증여재산 평가가액'

① 3억 원
② 3.5억 원
③ 5억 원
④ 5.5억 원
⑤ 7억 원

키워드 구체적 상속분

정답 ⑤

해설
- 상속재산 : 9억 원 + 특별수익(10억 원) − 기여분(4억 원) = 15억 원
- 각 상속인의 상속분 : 15억 원/3 = 각각 5억 원
- 특별수익과 기여분을 고려한 구체적 상속분
  - 손인수 : 5억 원 − 7억 원 = − 2억 원
  - 손민수 : 5억 원 − 1억 원 + 4억 원 = 8억 원
  - 손상수 : 5억 원 − 2억 원 = 3억 원
- (−)의 구체적 상속분은 부존재로 보므로 최인수를 제외한 나머지 두 형제만의 구체적 상속분을 다음과 같이 다시 계산함
  - 간주상속재산 : 9억 원 + 3억 원 − 4억 원 = 8억 원
  - 각 상속인의 상속분 : 8억 원/2 = 4억 원
  - 손민수씨의 구체적 상속분 : 4억 원 − 1억 원 + 4억 원 = 7억 원
  - 손상수씨의 구체적 상속분 : 4억 원 − 2억 원 = 2억 원

10 상속재산의 처리 방법과 신탁에 대한 설명으로 가장 적절하지 않은 것을 고르시오.

① 유언자는 유언으로 상속재산을 최대 5년까지 분할 할 수 없도록 지정할 수 있으며, 법에서 정한 분할금지 기간을 초과하여 설정한 것은 5년이 초과하는 기간을 유언으로 설정하더라도 5년이 지나면 공동상속인이 분할할 수 있다.

② 유언자가 직접 분할방법을 지정하는 것뿐만 아니라 특정인에게 분할방법을 위탁할 수도 있고, 유언집행자가 지정되지 않은 경우에는 상속인이 유언집행자가 된다.

③ 신탁재산을 관리하는 수탁자는 비영리(무보수)이면 신탁업법의 적용을 받지 않기 때문에 누구나 될 수 있고, 명시적인 유언 철회의 의사는 없었지만 이전의 유언에 저촉되는 새로운 유언을 하였다면 철회할 의사가 있었다고 간주한다.

④ 유언자가 유언을 철회하지 않는다는 계약을 체결하더라도 그 계약은 무효이고, 유언자가 고의로 유언증서를 파훼한 때에는 파훼한 부분에 관한 유언은 이를 철회한 것으로 본다.

⑤ 유언자는 언제든지 새로이 유언을 하거나 생전 행위로서 유언의 전부 또는 일부를 철회할 수 없고, 유언자가 고의로 유증의 목적물을 파훼한 때에는 파훼한 부분에 관한 유언은 이를 철회한 것으로 본다.

키워드 유언/신탁

정답 ⑤

해설 유언자는 언제든지 새로이 유언을 하거나 생전 행위로서 유언의 전부 또는 일부를 철회할 수 있으며, 유언자가 고의로 유증의 목적물을 파훼한 때에는 파훼한 부분에 관한 유언은 이를 철회한 것으로 본다.

CHAPTER 04 복합사례 Ⅳ

고진석 씨는 모친이 암으로 위독함에 따라 상속설계 방안 등과 관련하여 전문가와의 상담을 원하고 있다. 지인소개로 2025년 1월 초 김재무 CFP® 자격인증자를 만나서 상속설계 및 다른 재무목표에 대한 상담을 진행하였다.

Ⅰ. 고객정보(나이는 2025년 1월 초 만 나이임)
- 동거가족
  - 고진석(52세) : 소매업 운영 및 상가임대업 운영(개인사업자)
  - 박정아(48세) : 부인, 근로소득자, 연봉 30,000천 원, 은퇴 희망연령 55세
  - 고은지(19세) : 딸, 올해 대학교 1학년이 됨
  - 고민지(15세) : 딸, 올해 중학교 3학년이 됨
- 부모 및 형제자매
  - 고영국 : 부친, 2022년 1월 5일 사망, 사망 당시 나이 80세
  - 이종숙(78세) : 모친, 전업주부로 병원에 입원 중이며 입원하기 전까지 아파트D에서 홀로 거주
  - 고진수(54세) : 형, 이주희(50세)와 결혼하여 자녀 고영미(19세)가 있으며, 가족 모두 고진수 소유주택에 거주
  - 고진철(49세) : 남동생, 송수아(48세)와 결혼하여 자녀 고상일(16세), 고상빈(15세)이 있으며, 가족 모두 고진철 소유의 주택에 거주

Ⅱ. 고객 재무목표
1. 위험관리(보험설계) 관련
   - 고진석 씨는 자신이 사망할 경우 가족들이 현재 생활수준을 유지하기를 원하며, 질병 또는 재해가 발생할 경우 보장금액이 충분한지 궁금해 하고 있다.
   - 현재 상가에 보험가액보다 낮은 금액의 화재보험을 가입하고 있는데 사업장에 화재가 발생할 경우 어떻게 보상이 이루어지는지 알고 싶다.
2. 부동산설계 관련
   - 임대중인 상가의 임차인이 매출감소로 계약기간 종료 시 계약해지 의사를 알려왔고, 고진석 씨는 당분간은 새로운 임차인을 구하기도 어려워 임대보증금은 담보대출을 통해 반환할 계획이다.
   - 고진석 씨는 상가건물임대차보호법 및 계약 시 유의사항에 대해 자세히 설명 듣고 새로운 임차계약 체결 시 문제가 발생하지 않도록 하고 싶다.

3. 세금설계 관련
   - 고진석 씨는 세법상 성실신고확인대상 사업자에 해당하지 않으나, 상가에서 임대소득이 있는 상태에서 소매업에서 결손이 발생한 경우 임대소득을 어떻게 신고해야 하는 지에 대해 궁금해 하고 있다.
   - 고진석 씨의 종합소득세와 박정아 씨의 근로소득세에 대한 점검 및 추가적인 절세방안을 검토받고자 한다.
4. 상속설계 관련
   - 고진석 씨는 모친이 사망할 경우 상속세 규모와 가족 간에 상속재산분할과 관련하여 분쟁을 방지하기 위한 합리적인 대안은 어떤 것이 있는지 궁금하다.
   - 고진석 씨는 모친이 사망할 경우 상속재산을 어떻게 평가하는지에 대해 알고 싶다.

Ⅲ. 자산 세부내역(2024년 12월 31일 현재)
1. 금융자산

(단위 : 천 원)

구분	명의	가입일	만기일	투자원금	평가금액[주]	자금용도
CMA	박정아	2016.4.7.	–	30,000	30,200	–
정기예금	고진석	2023.3.5.	2026.3.5.	60,000	64,000	–
적립식 주식형펀드	박정아	2021.2.10.	–	100,000	120,000	자녀결혼
상장주식	고진석	2016.4.7.	–	120,000	200,000	자녀결혼

주) 즉시 인출 가능하며 인출관련 수수료 및 세금은 없음

2. 부동산자산

(단위 : 천 원)

구분	취득일자	취득당시 기준시가/취득원가	현재기준시가/적정시세	비고
다세대주택A	2015.8.	200,000/300,000	340,000/420,000	• 소유자 : 박정아 • 고진석 세대가 거주
상가B	2018.5.	250,000/400,000	400,000/600,000	• 소유자 : 고진석 • 고진석이 소매업 운영 중
상가C	2022.1.	200,000/–	300,000/500,000	• 소유자 : 고진석 • 고진석이 상가임대업 운영 중 • 임대보증금 : 100,000 • 월임대료 : 3,500 • 고영국(부친)로부터 상속받음

※ 기준시가의 의미는 다음과 같으며, 2025년 기준시가는 2024년도 말과 변동 없음

- 소득세법상 양도소득세 계산 시 적용되는 양도 및 취득당시 기준시가를 의미
- 상속세 및 증여세법상 보충적 평가방법 적용 시 다세대주택은 공동주택가격, 상가는 국세청장이 선정·고시한 개별 상업용 건물의 기준시가(부수토지 포함)를 의미
- 지방세법상 시가표준액 및 종합부동산세법상 공시가격을 의미

※ 상가C는 임차인이 사업용으로 사용하고 있으며 임대계약은 2023년도 5월부터 2년간 계약조건임

3. 보장성보험
   (1) 생명보험

구분	종신보험^{주1)}	실손의료보험^{주2)}	실손의료보험^{주2)}
보험계약자	고진석	고진석	박정아
피보험자	고진석	고진석	박정아
수익자	박정아	고진석	박정아
보험가입금액	100,000천 원	• 입원 : 하나의 질병당 50,000천 원 • 통원(외래) : 회(건)당 250천 원, 약제 50천 원	• 입원 : 하나의 질병당 50,000천 원 • 통원(외래) : 회(건)당 250천 원, 약제 50천 원
계약일	2012.5.	2020.7.	2020.7.
보험료 납입기간	20년납	1년 갱신형	1년 갱신형

주1) 고진석 사망 시 100,000천 원의 사망보험금이 지급되며, 60세 전에 사망하는 경우는 정기특약에서 50,000천 원의 사망보험금이 추가로 지급됨
주2) 3세대 실손의료보험 선택형(급여 90%, 비급여 80%) 가입됨

(2) 일반화재보험

계약자/피보험자	고진석
계약일~만기일	2024.5.15.~2025.5.15.
보험가입금액	• 화재손해(건물) : 180,000천 원 • 화재배상책임(폭발 포함) : 대인 1.5억 원, 대물 10억 원 • 시설소유자배상책임(화재, 폭발 제외, 자기부담금 10만 원) : 대인 1억 원, 대물 10억 원
보험료(연납)	190천 원

Ⅳ. 이종숙(모친) 씨 재산 및 사전증여 현황(2025년 1월 1일 현재)

1. 부동산자산

(단위 : 천 원)

구분	취득일자	취득당시 기준시가/취득원가	현재기준시가/적정시세	비고
아파트D	2022.1.	400,000 / -	450,000 /600,000	• 소유자 : 이종숙 • 고영국으로부터 상속받음
오피스텔G	2015.5.	100,000 /250,000	250,000 /300,000	• 소유자 : 이종숙 • 임대보증금 : 50,000 • 월임대료 : 1,500

※ 기준시가는 상속세 및 증여세법상 보충적 평가방법 적용 시 아파트는 공동주택가격, 오피스텔은 국세청장이 산정·고시한 오피스텔 건물의 기준시가(부수토지 포함)를 의미하며, 2025년 기준시가는 현재와 변동 없음

※ 오피스텔G는 국세청장이 산정·고시한 오피스텔로서 임차인이 사업용으로 사용하고 있으며 임대계약은 2024년도 10월에 이루어져 2025년도 말까지 변동이 없음

2. 금융자산

구분	현재금액	비고
집합투자증권H	300,000천 원 (현재 평가액)	• 소득세 원천징수세율은 14%임 • 국내 채권형펀드로 환매금지형 아님
예금I	200,000천 원 (현재 예금액)	• 소득세 원천징수세율은 14%임
종신보험J	300,000천 원 (사망보험금)	• 계약자 및 피보험자 : 이종숙 • 수익자 : 고진철 • 총 납입보험료 : 100,000천 원 - 총 납입보험료 중 50,000천 원은 이종숙이 납부하였고, 나머지 50,000천 원은 고진철이 납부함

3. 사전증여 현황

수증자	증여일	증여재산	상속세 및 증여세법상 증여일 현재 증여재산 평가가액
고진철 (고진석의 동생)	2009.8.	현금	200,000천 원
고진수 (고진석의 형)	2016.5.	현금	300,000천 원
고진석	2018.1.	현금	500,000천 원

Ⅴ. 고영국(부친) 씨의 사망 당시 상속재산 및 상속인 분배 현황

구분	상속세 및 증여세법상 상속재산 평가가액	비고
상가C	300,000천 원	고진석이 상속받고 등기함
아파트D	500,000천 원	이종숙(모친)이 상속받고 등기함
토지E	400,000천 원	고진수(형)가 상속받고 등기함
주식F	200,000천 원	고진철(동생)이 상속받음

Ⅵ. 경제지표 가정
- 세후투자수익률 : 연 4.0%
- 물가상승률 : 연 2.0%

Ⅶ. 부부의 국민연금 관련 정보(2024년 12월 31일 현재)
- 고진석 씨의 현재시점까지 국민연금 가입기간 : 20년
- 박정아 씨의 현재시점까지 국민연금 가입기간 : 15년

Ⅷ. 자녀교육 및 결혼 관련 정보
- 두 자녀 모두 19세에 대학교에 진학할 예정이며 현재물가기준으로 매년 10,000천 원이 필요하며 매년 물가상승률만큼 상승
- 고은지 결혼 관련 정보
  - 예상 결혼연령 : 고은지 나이 33세
  - 결혼비용 : 현재물가기준으로 150,000천 원 필요하며 매년 물가상승률만큼 상승
- 고민지 결혼 관련 정보
  - 예상 결혼연령 : 고민지 나이 33세
  - 결혼비용 : 현재물가기준으로 150,000천 원 필요하며 매년 물가상승률만큼 상승

※ 상기 시나리오를 참고하여 문제 1번부터 10번까지 답하시오. (질문하지 아니한 상황은 일반적인 것으로 판단하며, 개별문제의 가정은 다른 문제와 관련 없음)

01 고진석 씨 소유 상가B(일반물건)에서 화재가 발생하였다. 다음 정보를 고려할 때 일반화재보험 보통약관상 상가B 화재로 지급될 보험금으로 가장 적절한 것은?

- 보험가입 내용
  - 보험가액 : 300,000천 원
  - 보험가입금액 : 180,000천 원
- 화재로 인한 손해액 및 비용
  - 재산손해액 : 50,000천 원
  - 잔존물제거비용 : 7,000천 원
  - 손해방지비용 : 5,000천 원
  - 기타협력비용 : 2,000천 원
  - 배상책임액(대물) : 100,000천 원

※ 재고자산은 없다고 가정함

① 42,750천 원　　② 136,000천 원
③ 142,650천 원　　④ 146,750천 원
⑤ 148,250천 원

(키워드) 화재보험 보험금 계산
(정답) ⑤
(해설)
- 재산손해액 : 50,000 × (180,000/300,000 × 0.8) = 37,500천 원
- 잔존물제거비용 : 7,000 × (180,000/300,000 × 0.8) = 5,250천 원
  단, 재산손해액의 10%인 5,000천 원을 한도로 함
- 손해방지비용 : 5,000 × (180,000/300,000 × 0.8) = 3,750천 원
- 기타협력비용 : 전액 실손보상 = 2,000천 원
- 배상책임액(대물) = 100,000천 원

02 고진석 씨가 가입한 보험상품에 대한 상담 내역으로 가장 적절하지 않은 것은?

① 고진석 씨의 실손의료보험은 3세대 실손의료보험으로 주계약에서 급여와 비급여(3대비급여 제외) 구분 없이 입원 5,000만 원, 통원 회(건) 당 30만 원 보장을 받을 수 있다.
② 고진석 씨의 종신보험에서 현재 사망할 경우 일반사망보험금으로 100,000천 원이 지급된다.
③ 일반화재보험으로 가입한 보험상품은 보험기간이 5년인 보험으로 자동복원기능이 있다.
④ 딸 고민지(15세)를 피보험자로 하는 사망보험 가입 시 보험연령이 아닌 만 나이 기준으로 15세 이상이어야 가입이 가능하다.
⑤ 어머니의 종신보험의 사망보험금 중 어머니 본인 이외의 자가 납입한 보험료에 해당하는 보험금은 상속재산으로 보지 않는다.

키워드 보험컨설팅
정답 ②
해설 ② 고진석씨의 일반사망보험금은 정기특약까지 포함하여 150,000천 원이다.

03 고진석 씨는 본인의 조기사망위험에 대비하여 생명보험 가입을 검토하고 있다. 다음 정보를 고려할 때 고진석 씨가 오늘 사망한다고 가정할 경우 니즈분석 방법에 따른 추가적인 생명보험 필요보장액은 얼마인가?

> - 부인과 자녀의 필요자금(다음 항목만 필요자금으로 고려)
>   - 현재 고은지와 고민지의 결혼 필요자금(일시금)
>   - 막내 독립(고민지 결혼 시점) 전까지 가족양육비 : 현재물가기준으로 연 30,000천 원이 필요하다고 가정함
>   - 교육자금은 대학교 교육자금의 필요자금(일시금)
> - 준비자금(다음 항목만 준비자금으로 반영)
>   - 고진석의 종신보험 사망보험금
>   - 고진석 사망 시 국민연금 유족연금(막내 독립 전 까지 수령하는 금액만 고려) : 현재 물가기준으로 연 8,000천 원이 지급됨[유족연금의 지급중지는 없다고 가정함]
>   - 그 이외의 준비자금은 없다고 가정함
> - 세후투자수익률 및 물가상승률 : 시나리오 참고
>
> ※ 가족양육비는 매년 초 필요하고 국민연금 유족연금은 매년 초 수령하며, 가족양육비와 국민연금 수령액은 매년 물가상승률만큼 증액됨

① 약 308,901천 원   ② 약 334,356천 원
③ 약 384,901천 원   ④ 약 434,901천 원
⑤ 약 482,356천 원

키워드 니즈분석법
정답 ⑤
해설
- 총 필요자금 : 632,356천 원
  - 자녀 교육자금 및 결혼자금
    - 첫 째 : 10,000CF$_0$, C$_{01}$ = 10,000(3), C$_{02}$ = 0(8), C$_{03}$ = 150,000, (1.04/1.02 − 1)[i], NPV = 157,682천 원
    - 둘 째 : 0CF$_0$, C01 = 0(3), C$_{02}$ = 10,000(4). C$_{04}$ = 0(10), C$_{04}$ = 150,000, (1.04/1.02 − 1)[i], NPV = 141,710천 원
  - 가족양육비 : 22,000CF$_0$, C$_{01}$ = 22,000(18), (1.04/1.02 − 1)[i], NPV = 332,964천 원
- 준비자금 : 일반사망보험금 150,000천 원
- 추가적인 생명보험 필요보장액 : 632,356천 원 − 150,000천 원 = 약 482,356천 원

04 고진석 씨는 상가C를 담보로 대출을 받고자 한다. 다음 정보를 고려할 때 고진석 씨가 받을 수 있는 최대 대출가능금액은 얼마인가?

> [상가C 담보대출 관련 정보]
> - 은행은 LTV와 DCR 기준 중 낮게 산출된 금액에서 임대보증금을 차감한 금액으로 대출가능 금액을 결정하고자 함
>   - LTV : 현재 시세의 60%
>   - DCR : 1.5 이상
> - 이자율은 고정금리 연 4.0% 월복리, 대출기간 10년, 매월 말 원리금균등분할상환 방식
> - 상가C 관련 현황
>   - 연간 순영업소득(NOI) : '월임대료 × 12개월'로 산정함

① 약 167,000천 원 ② 약 189,000천 원
③ 약 230,000천 원 ④ 약 240,000천 원
⑤ 약 300,000천 원

키워드 담보대출 가능금액 산정
정답 ③
해설
- LTV기준 : 500,000천 원 × 60% = 300,000천 원
- DCR기준
  - 1.5 = NOI/DS → DS = NOI/1.5
  - 4,200/1.5 = 28,000
  - (매월 월리금균등상환액 28,000/12)[PMT], 4/12[i], 120[n], PV = 약 230,464천 원
- 대출가능금액 : LTV기준과 DCR기준 중 낮은 금액

05 고진석 씨는 상가임대업을 하고 있는 임대인으로서 임차인과 계약 시 주의할 사항으로 가장 적절한 것은?

① 고진석이 임대차 기간이 만료되기 6개월 전부터 2개월 전까지 임차인에게 갱신거절의 통지를 하지 아니한 경우에는 그 기간이 만료된 때에 전 임대차와 동일한 조건으로 다시 임대차한 것으로 본다.
② 현 임차인과의 임대차기간이 10년을 경과하지 않은 상태라면 고진석은 임대차기간이 만료되기 6개월 전부터 1개월 전까지 사이에 임차인이 계약갱신을 요구할 경우 정당한 사유 없이 거절하지 못한다.
③ 만약 법에서 정한 상가건물임대차보호법상 보호대상 보다 임대보증금액이 높은 임차인과 임대차한 경우라면, 고진석은 임차인이 주선한 신규 임차인이 되려는 자에게 권리금을 요구할 수 있다.
④ 임차인이 사업자등록과 점유(이전)를 한 경우에는 대항력이 생기며, 확정일자까지 확보한 경우라면 우선변제효력이 생기므로 임차인이 이사를 간 경우라도 우선변제의 효력이 계속 유지된다.
⑤ 임차인이 2기의 차임액에 해당하는 금액에 이르도록 차임을 연체한 사실이 있는 경우 고진석은 임차인의 계약갱신청구를 거절할 수 있다.

키워드 상가건물 임대차
정답 ②
해설 ① 6개월 전부터 2개월 전까지 → 6개월 전부터 1개월 전까지
③ 권리금보호규정은 높은 임대보증금액의 임차인에게도 적용된다.
④ 이사를 간 경우라면 점유의 효력이 상실되므로 우선변제효력이 사라진다.
⑤ 2기 → 3기

06 고진석 씨의 소매업은 장기간의 경기침체로 인해 매출감소로 이어졌고 결국 결손금이 발생하였다. 다음 정보를 고려할 때 2024년 귀속 종합소득세를 최대한 절세하고자 하는 경우 고진석 씨의 2024년 귀속 종합소득 산출세액을 계산하는 과정에서 가장 적절한 것은? (단, 고진석 씨는 항상 복식부기장부에 의해 소매업 및 상가C 임대사업 소득금액을 계산함)

[고진석의 2024년 귀속 종합소득세 관련 내역]
• 2024년 귀속 사업소득 관련 내역
  − 소매업 사업소득금액 : 결손금 10,000천 원
  − 상가C 임대 사업소득금액 : 35,000천 원(결손금 및 이월결손금 공제 전)
• 2024년 귀속 소매업 및 상가C 임대사업 이월결손금 내역
  − 소매업 이월결손금 : 6,000천 원(2023년 발생분)
  − 상가C 임대사업 이월결손금 : 5,000천 원(2021년 발생분)
• 이자소득 총수입금액 : 4,000천 원
• 배당소득 총수입금액 : 6,000천 원
• 고진석의 종합소득공제 : 4,500천 원
※ 상기 금융소득은 모두 조건부종합과세 대상이며, 소득세 원천징수세율은 14%임

① 소매업에서 발생한 결손금 10,000천 원은 상가C 임대 사업소득금액에서 차감할 수 있지만, 상가C 임대 사업소득에서의 이월결손금 처리를 먼저 선행한 후에 가능하다.
② 소매업에서 발생한 결손금은 당해연도에 모두 통산되지만, 이월결손금은 통산이 안되며, 다음연도로 이월된다.
③ 이자소득과 배당소득은 10,000천 원이므로 무조건종합과세 대상 금융소득이 없으면 분리과세로 과세가 종결된다.
④ 고진석씨의 종합소득공제 중 기본공제대상자로 본인과 두 자녀를 설정할 수 있으며, 두 자녀는 배우자의 기본공제대상자로 설정할 수 없다.
⑤ 결손금과 이월결손금에 대한 통산 및 공제는 사업소득자로서 기장의무를 이행한 경우뿐만 아니라 추계에 의한 사업소득금액 계산시에도 적용된다.

키워드 사업소득금액 및 종합소득세

정답 ③

해설 ① 부동산임대업은 결손금통산이 안되지만, 일반 사업소득은 다른 소득금액과 통산이 가능하다. 또한 해당 과세연도의 결손금통산이 먼저 이루어진 후에 이월결손금을 처리한다.
② 소매업의 이월결손금도 모두 당해연도 부동산임대 사업소득금액에서 통산처리된다.
④ 두 자녀 중 누구라도 고진석씨 부부 둘 중 누구에게나 기본공제대상자로 설정할 수 있다. 다만, 중복하여 설정하는 것은 불가능하다.
⑤ 결손금 및 이월결손금의 처리는 기장을 한 경우에만 적용되며, 추계에 의한 방식을 적용할 때에는 적용되지 않는다.

07 다음 박정아 씨의 2024년 귀속 의료비 지출 내역을 고려할 때 박정아 씨가 2024년 귀속 소득에 대한 연말정산 시 최대한 적용받을 수 있는 종합소득공제액과 세액공제액으로 가장 적절하지 않은 것은?

① 박정아씨는 두 자녀 모두를 기본공제대상자로 설정할 수 있으며, 이 경우 두 자녀를 위해 지출한 교육비에 대해서도 교육비세액공제를 받을 수 있다.
② 박정아씨가 납입한 국민연금보험료 등 공적보험료에 대해서 전액 소득공제를 받을 수 있다.
③ 시어머니에 해당하는 이종숙씨가 암 투병 중이므로 이종숙씨의 오피스텔G로부터의 소득금액과 무관하게 기본공제대상자로 설정할 수 있을 뿐만 아니라, 암환자로 병원 등 유관기관으로부터 증명이 되는 경우에는 인적공제 중 장애인공제를 추가로 200만 원 받을 수 있다.
④ 박정아씨는 종합소득금액이 3천만 원 이하이므로 부녀자공제 50천 원을 받을 수 있다.
⑤ 박정아씨가 납입하는 보장성보험료에 대해서는 보험료세액공제를 연간 100만 원 한도 내에서 12%까지 받을 수 있다.

키워드 근로소득자의 종합소득공제 및 세액공제

정답 ③

해설 ③ 기본공제대상자가 되기 위해서는 장애인인 경우에는 연령제한이 없으며, 직계존속인 경우 60세 이상이어야 하며, 소득금액이 100만 원 이하여야 한다. 그러나 모친인 이종숙씨의 임대소득금액이 100만 원을 초과하는 경우라면 기본공제대상자가 될 수 없다.

08

다음 정보를 고려할 때 이종숙(모친) 씨가 오늘 사망 시 상속세 산출세액으로 가장 적절한 것은?

(단위 : 천 원)

C구분	상속세 및 증여세법상 평가액	비고
아파트D	600,000	
오피스텔G	300,000	
집합투자증권H	300,000	
예금I	200,000	
종신보험	( )	시나리오 IV의 2. 금융자산 참고
고진철에게 사전증여한 재산	( )	시나리오 IV의 3. 사전증여현황 참고
고진수에게 사전증여한 재산	( )	
고진석에게 사전증여한 재산	( )	
상속세 과세가액	( )	장례비용과 신용대출 차감 전 금액

- 장례비용으로 17,000천 원이 사용되었으며, 이 중 증빙을 갖춘 비용은 3,000천 원이다.
- 금융기관 신용대출 300,000천 원이 있는 것으로 가정함
- 모친의 소득세법상 종합소득세 등은 없는 것으로 가정함
- 상속세 과세표준은 '상속세 과세가액 – 상속공제'로 산출하며 상속공제는 다음의 공제만 고려함
  - '기초공제+그 밖의 인적공제' 및 '일괄공제' 중 큰 금액
  - 금융재산 상속공제 : 금융재산 상속공제 적용대상 순금융재산가액은 300,000천 원이라고 가정함
- 상속공제 한도액은 1,290,000천 원이라고 가정함
- 상속세 과세표준 10억 원 초과 30억 원 이하 시 누진공제액 : 160,000천 원

① 246,200천 원
② 361,200천 원
③ 370,800천 원
④ 420,200천 원
⑤ 430,000천 원

키워드 상속세 계산

정답 ⑤

해설
- 장례비용 및 채무 등 공제 전 상속세 과세가액

구분	상속세 및 증여세법상 평가액	비고
아파트D	600,000	
오피스텔G	300,000	
집합투자증권H	300,000	
예금I	200,000	
종신보험	300,000 × 1/2 = 150,000	시나리오 IV의 2. 금융자산 참고
고진철에게 사전증여한 재산	(0)	시나리오 IV의 3. 사전증여현황 참고
고진수에게 사전증여한 재산	300,000	
고진석에게 사전증여한 재산	500,000	
상속세 과세가액	2,350,000	장례비용과 신용대출 차감 전 금액

- 상속세 산출세액
  - 장례비용 및 채무액 : 장례비용(5,000천 원) + 채무(300,000천 원) = 305,000천 원
  - 상속공제 : 일괄공제 500,000천 원 + 금융재산상속공제(350,000 × 20% = 70,000천 원)
  - 과세표준 : 2,350,000 − 305,000 − 570,000 = 1,475,000천 원
  - 산출세액 : 1,475,000 × 40% − 160,000 = 430,000천 원

09 고진석 씨는 이종숙(모친) 씨가 사망하는 경우 공동상속인 간 상속분쟁이 발생하는 것을 방지 하기 위하여 유언으로 상속관계를 미리 정하는 것이 유리하다고 생각하고 있다. 이에 따라 이종숙 씨의 유언을 미리 받아두고자 하는 경우 다음 설명 중 타당한 것을 모두 고르시오.(각 지문을 별개로 본다)

> 가. 유언장의 방식을 공정증서로 하는 경우에 공정증서 원본은 공증인이 보관하며, 공정증서의 경우 상속개시 후 검인절차를 받아야 한다.
> 나. 자필증서의 유언장에 전문 및 모든 내용이 자필로 작성한 후 인장을 생략한 경우라 하더라도 자필증서의 효력은 인정된다.
> 다. 유언장의 형식에 따라 증인이 참여하는 바 증인으로서 상속의 이익을 얻거나 배우자 등은 증인결격자에 해당한다.
> 라. 유언장의 내용이 법정상속보다 우선적용하지만, 유언장과는 별개로 공동상속인 전원의 합의로 상속재산을 분할하는 것은 무방하다.
> 마. 유언장의 내용으로서 사단법인의 설립을 정한 경우 유언의 내용으로서 법적 효력이 인정된다.

① 가, 다, 라, 마 ② 다, 라, 마
③ 나, 마 ④ 다, 라
⑤ 나, 다

키워드 유언상속

정답 ④

해설 가. 공정증서의 경우에는 추후 검인절차가 없다.
나. 자필증서에는 날인은 필수 요소이므로 날인이 생략된 경우라면 자필증서가 되지 못한다.
마. 유언의 내용으로 재단법인의 설립은 법적 효력이 인정되지만, 사단법인의 설립은 법적 유언 내용이 아니다.

10 이종숙(모친) 씨가 사망하는 경우 상속관계에 대한 설명으로 가장 적절하지 않은 것은?

① 금융재산으로 예금, 집합투자증권, 사망보험금에서 금융부채를 차감한 금액의 20%(2억 원 한도)로 금융재산상속공제를 받을 수 있다.
② 현재 주거하고 있는 아파트 D를 고진석 씨가 상속을 받는다면, 10년 이상 동거 요건을 충족할 경우 동거주택상속공제를 받을 수 있다.
③ 사전증여를 상속인 이외의 자에게 한 경우 상속개시 1년 이내의 사전증여분을 유류분계산 시 합산하는 것이 원칙이다.
④ 사망보험금 300,000천 원 중 50%에 해당하는 150,000천 원은 고진철의 고유재산으로 볼 수 있으며, 상속세 계산 시에도 상속재산에 포함하는 간주상속재산에 산입하지 않는다.
⑤ 오피스텔 G의 임대보증금 50,000천 원은 금융부채에 해당하지 않는다.

키워드 동거주택상속공제

정답 ②

해설 ② 피상속인(직계비속에 한함)이 1세대 1주택인 경우에만 적용되며, 계속하여 10년 이상 동거한 주택인 경우에 동거주택상속공제가 적용되므로 고진석 씨가 상속받는다고 해서 동거주택상공공제를 받을 수 있는 것은 아니다.

CHAPTER 05 복합사례 V

사례형

결혼 10년 차인 신동주 씨는 동생 사망에 따른 상속관계 등에 대해 전문가와의 상담을 원하고 있다. 신동주 씨 부부는 2025년 1월 초 김재무 CFP® 자격인증자를 만나 재무 상담을 진행하였다.

I. 고객정보(나이는 2025년 1월 초 만 나이임)
- 동거가족
  - 신동주(40세) : 대기업 기획부 과장, 근무연수 11년, 은퇴 희망연령 65세
  - 김수정(40세) : 부인, 중소기업 과장, 근무연수 14년, 은퇴 희망연령 65세
  - 신승철(8세) : 아들, 올해 초등학교 2학년이 됨
- 부모 및 형제자매
  (남편)신동주 : 2남 중 장남
  - 신동국(68세) : 부친, 개인사업 운영, 부동산 다수 보유
  - 박미숙(65세) : 모친, 전업주부
  - 신동민(37세) : 동생, 미혼이며, 2024년 12월 31일 자동차 사고로 사망함
    신동민 명의의 경기도 소재 아파트(시가 6억) 보유
  (부인)김수정 : 무남독녀
  - 김철진(70세) : 장인, 임대소득 및 연금생활
  - 송미선(65세) : 장모, 전업주부
- 주거상황
  - 경기도 소재 아파트A(신동주 부부 공동 명의)
  - 아파트A는 2021년 1월 초 8억 원에 취득, 구입 시 주택담보대출을 다음 조건으로 300,000천 원을 받음
  - 대출은 15년간 매월 말 원리금균등분할상환 방식, 대출이율 변동금리 연 2.5% 월복리, 2022년 하반기부터 대출이율 상승, 2024년도 상반기에 약간 하락

II. 재무적(정량적) 정보
- 수입 내역
  - 신동주 : 연수입 85,000천 원, 실 수령액 월 5,500천 원, 연 1회 보너스(금액은 변동)
  - 김수정 : 연수입 45,000천 원, 실 수령액 월 2,900천 원, 보너스 없음
- 지출 내역
  - 신동주 용돈 월 500천 원, 김수정 용돈 월 800천 원, 양가 부모님 1,000천 원, 사교육비 월 1,000천 원, 기타생활비 월 2,000천 원(이 중 1,000천 원은 장모님이 방문하여 자녀 돌보시는 비용조로 지급 중)
  - 종신보험 포함 보장성보험료 월 500천 원
  - 현재 매월 대출원리금 상환액으로 2,360천 원 정도 지출

- 자산 내역
  - 토지투자(김수정 명의, 충남 00군 임야, 공시지가 15,000천 원)
  - 국내주식 투자액 40,000천 원 (신동주 명의, 5개 종목, 현재시점 종가합산 시 30,000천 원)
  - 자동차(신동주 명의, 현재 자동차보험상 자차 평가금액 15,000천 원)
- 부채 내역
  - 급여통장을 마이너스 통장으로 사용. 현재 잔액은 (−)1,200만 원, 대출금리 연 6%(1년 고정)
- 저축·투자 내역
  - 청약종합저축 매월 100천 원(김수정 명의, 2017.6. 가입)
  - 정기적금 매월 500천 원(김수정 명의, 2024.10. 가입, 1년 만기), 가입목적 없이 시작
  - 연금저축 매월 250천 원(신동주 명의, 2019.1. 가입)
  - 연금저축 매월 250천 원(김수정 명의, 2019.1. 가입)
- 퇴직급여 내역
  - 부부 모두 입사 때부터 확정기여형 퇴직연금에 가입하고 있음
  - 2024년 12월 31일 현재 퇴직연금 적립금 평가액(신동주 : 57,300천 원, 김수정 : 37,500천 원)
- 국민연금 내역
  - 이들 부부 모두 65세부터 국민연금을 수령할 계획이며 예상되는 (월)연금액은 신동주 씨는 현재물가기준으로 950천 원, 김수정 씨는 750천 원임
- 신동주 보험가입현황

구분	종신보험주1)	암보험주2)	실손의료보험
보험계약자	김수정	신동주	신동주
피보험자	신동주	신동주	신동주
수익자	김수정	김수정	신동주
보험가입금액	100,000천 원	20,000천 원	50,000천 원
선택특약	50,000천 원 (재해사망특약, 80세 만기)	−	−
계약일	2019.1.	2019.1.	2021.6.
납입기간/보험기간	20년/종신	20년/90세	15년/15년(재가입)

주1) 종신보험은 사망 시 계약일부터 1년 경과 시부터 매년 보험가입금액의 5%를 체증한 금액이 추가로 지급되고, 보험가입금액의 200%가 최대한도임

주2) 암보험은 암진단 시(일반암 20,000천 원, 고액암 40,000천 원) 암진단자금을 지급하고, 특약을 통해 암을 직접적인 원인으로 사망 시 20,000천 원이 추가로 지급됨

Ⅲ. 비재무적(정성적) 정보
- 위험수용성향은 신동주, 김수정 모두 공격투자형임
- 돈 관리의 주체 없이 필요할 때마다 양쪽에서 번갈아 지출하고 있음

신동주 씨 부부는 재무상담 중에 상속 관련 사항 이외에도 전반적인 종합재무설계가 필요함을 느끼게 되었고, 재무이슈별로 관심사항과 니즈를 말하게 되었다.

Ⅳ. 고객 재무목표

1. 상속설계 관련

    신동주 씨와 부모님은 동생 신동민 명의 부동산을 아들 신승철 명의로 상속하기를 희망한다. 그것이 가능한지, 가능하다면 방법은 무엇인지 알고 싶어 한다.

2. 재무관리 관련
    - 신동주 씨 부부는 돈 관리의 주체 없이 각자의 수입으로 그때그때 필요한 지출을 하다 보니 마이너스통장 잔액이 늘어나고 있어 부담스러워 한다. 이에 따라 현금흐름 관리에 대한 전문적인 조언을 구하고 있다. 신동주 씨는 1년 이내 마이너스통장을 없애고 싶어 하며, 부채에 대한 부담으로 다른 금융상품을 정리해야 하는지 여부를 고민하고 있다.
    - 이번 기회에 막연하게 느끼고 있던 인생목표를 구체화해보고 필요한 것들이 무엇인지, 어떻게 대비해야 하는지 구체적으로 알고 싶어 한다.

3. 위험관리(보험설계) 관련
    - 신동주 씨는 동생의 갑작스런 사망으로 본인의 사망보험금에 대한 관심이 높아졌으며, 유사 시에 가족들이 보험금을 얼마나 받게 될지 궁금해 한다.
    - 현재 추가저축 여력이 (−)인 상황에서 추가적으로 보험을 가입하기를 희망하지는 않고 있다.

4. 투자설계 관련
    - 신동주 씨 부부는 부동산담보대출의 금리상승에 따른 부담을 느끼고 있다. 향후 금리가 다시 더 올라 부담이 가중되지는 않을지 걱정하고 있다.
    - 투자하고 있는 주식은 재작년 주가가 고점일 때, 주변 지인의 조언을 받아 KOSPI주식 투자를 하였으나 현재 손실을 보고 있어 관심을 두지 않고 있다. 신동주 씨는 최소한 원금을 회복할 때까지는 주식을 팔고 싶어 하지 않는다.

5. 은퇴설계 관련
    - 신동주 씨 부부는 모두 65세에 은퇴를 예상하면서 은퇴기간 동안 필요한 은퇴소득 규모가 어느 정도 되는지를 궁금해하고 있다. 동생의 부동산자산 상속으로 신승철의 독립자금을 마련해주고 싶은 이유도 그것 때문이다.
    - 두 부부의 은퇴기간은 모두 100세까지로 한다.
    - 신동주 씨 부부 모두 가입 이후 현재까지 퇴직연금 적립금의 연평균수익률이 1.8% 정도로 나타나 불만이 많은 상태이다. 이들 부부는 투자에 대한 자신감은 부족하지만 적립금을 적극적으로 운용하여 수익률을 높이고 싶어 한다.

Ⅴ. 경제지표 가정
- 물가상승률 : 연 3.0%,
- 세후투자수익률 : 은퇴 전 연 5.0%, 은퇴 후 연 4.0%
- 임금인상률 : 연 3.0%

• 재무상태표(2024년 12월 31일 현재) (단위 : 천 원)

자산					부채 및 순자산		
	항목		금액	명의	항목	금액	명의
금융 자산	현금성자산				유동 부채	마이너스통장	12,000	신동주
	현금					신용대출		
	CMA				비유동 부채	담보대출	239,489	신동주
	보통예금 등					임대보증금		
	저축성자산				총부채	251,489	
	정기적금	1,500	김수정				
	청약종합저축	9,100	김수정				
	정기예금						
	연금저축	18,000	신동주				
	연금저축	18,000	김수정				
	투자자산							
	해외주식						
	국내주식	30,000	신동주				
	펀드,ETF 등						
	금융자산 총액	76,600					
부동산 자산	주거용 부동산						
	수익형 부동산						
	토지 등	15,000	김수정				
	부동산자산 총액	15,000					
사용 자산	거주 부동산	750,000	공동				
	임차 보증금						
	자동차 등	15,000	신동주				
	사용자산 총액	765,000					
기타 자산	퇴직연금(DC)등	57,300	신동주				
	퇴직연금(DC)등	37,500	김수정				
	보험해약환급금	12,000	가족 합계				
	투자목적 미술품등						
	기타자산 총액	106,800					
총자산		963,400		순자산	711,911	

주) 연금저축은 기납입보험료로 표기하였음
주) 부부의 퇴직연금 적립금은 원리금보장상품(00은행 정기예금)으로 운용하고 있음
　　• 만기일 : 신동주 2025년 6월 30, 김수정 2026년 12월 31일
　　• 부부 모두 '만기자동재예치' 약정이 되어 있으나 현재 디폴트옵션은 지정하지 않은 상태임
주) 거주용 아파트의 최근 실거래가액 750,000천 원

- 월간 현금흐름표(2024년 12월)

(단위 : 천 원)

구분	항목	금액
Ⅰ. 수입		8,400
Ⅱ. 변동지출	본인 용돈	(500)
	배우자 용돈	(800)
	부모님 용돈	(1,000)
	자녀(보육비, 사교육비 등)	(1,000)
	기타생활비(의식주, 공과금 등)	(2,000)
	변동지출 총액	(5,300)
Ⅲ. 고정지출	보장성보험료 등	(500)
	대출이자 등	(1,060)
	고정지출 총액	(1,560)
저축 여력 (Ⅰ－Ⅱ－Ⅲ)		1,540
Ⅳ. 저축·투자액	대출상환원금	(1,360)
	정기적금	(500)
	청약종합저축	(100)
	개인연금(연금저축)	(500)
	저축·투자액 총액	(2,460)
추가저축 여력(순현금흐름) (Ⅰ－Ⅱ－Ⅲ－Ⅳ)		(920)

주) 신동주 연수입 85,000천 원, 김수정 연수입 45,000천 원
주) 2025년 1월 시점에서 주택담보대출의 원리금균등상환액 2,360천 원 중 대출이자는 1,000천 원, 대출상환원금은 1,360천 원
주) 마이너스통장의 월 대출이자는 60천 원

※ 상기 시나리오를 참고하여 문제 1번부터 10번까지 답하시오. (질문하지 아니한 상황은 일반적인 것으로 판단하며, 개별문제의 가정은 다른 문제와 관련 없음)

01 김재무 CFP® 자격인증자가 작성한 신동주 씨 부부의 종합적인 재무컨설팅 내용으로 가장 바람직하지 않은 것은?

① 신동주 씨 부부의 공동명의 아파트에 대한 재산세 부담은 단독명의로 할 경우보다 절세효과를 볼 수 있다.
② 자녀를 위해 지출되는 사교육비에 대해서는 교육비세액공제를 받을 수 없지만, 신용카드로 사용한 경우에는 신용카드사용금액에 대한 소득공제는 받을 수 있다.
③ 청약종합저축으로 가입한 계좌는 향후 아파트청약 계획이 없다면 계속 유지할 필요는 강제되지 않는다.
④ 정기적금은 가입목적이 없이 시작하였으나, 가계의 부채상환 등을 고려할 때 구체적인 목적이 없다면 부채상환으로 사용하는 것을 추천할 수 있다.
⑤ 맞벌이 부부 각자에 대한 사망보장 뿐만 아니라 질병 사망 등에 대한 보장부분을 점검할 필요가 있다.

키워드 종합재무설계
정답 ①
해설 ① 주택에 대한 재산세는 건물별로 부과되므로 부부 공동명의를 하더라도 절세할 수 없다.

02 김재무 CFP® 자격인증자가 작성한 신동주 씨 부부의 부채의 적정성 평가를 위한 분석내용 중 가장 적절한 것은?

구분	소비성부채비율	주거관련부채상환비율	총부채상환비율
①	12.62%	21.78%	26.5%
②	9.34%	19.77%	26.5%
③	12.62%	21.78%	31.57%
④	9.34%	19.77%	31.57%
⑤	12.62%	19.77%	26.5%

키워드 부채의 적정성 평가

정답 ③

해설

	평가지표	재무비율	가이드라인
현금흐름	소비성부채비율	소비성부채상환/월 순수입	20% 이내
	주거관련부채비율	주거관련부채상환/월 총수입	28% 이내
	총부채상환비율	총부채상환액/월 총수입액	36% 이내
재무상태	주거관련부채부담율	주거관련부채/총자산	30% 이내
	총부채부담율	총부채/총자산	40% 이내

- 소비성부채비율
  : [마이너스통장 + 마이너스통장 이자(6%)]/12 ÷ 8,400
  = (12,000 + 12,000 × 6%)/8,400 = 약 12.62%
- 주거관련부채상환비율
  : [주거관련 원리금상환액/총수입액(부부의 세전 연봉 ÷ 12)]
  = (2,360 ÷ 130,000/12) = 약 21.78%
- 총부채상환비율
  : 소비자부채 월 상환액 + 주거관련부채 월상환액/총수입액
  = [(12,000 + 12,000 × 6%) + 2,360] ÷ 130,000/12 = 31.57%

03 다음의 보기 중 김재무 CFP® 자격인증자가 설명하는 위험관리의 내용이 아닌 것은?

① 현재 신동주씨가 사망할 경우 지급받게 될 일반사망보험금은 100,000천 원이다.
② 신동주씨의 암보험에서 지급받게 되는 암진단보험금으로 고액암은 40,000천 원이며, 고액암의 종류에 대한 점검을 보험가입증서 및 약관을 통해 확인할 필요가 있다.
③ 신동주씨가 가입한 실손의료보험은 3세대 실손의료보험에 해당한다.
④ 암보험에서는 일반사망 시에 보험금이 지급되지 않는다.
⑤ 신동주씨가 가입한 상품이 생명보험상품만 있다면, 추가적으로 화재보험 및 배상책임보험 등 치명적 위험을 관리할 수 있는 안정자산 운용에 대한 제안이 필요하다.

키워드 위험관리와 보험설계
정답 ①
해설 ① 종신보험의 경우 계약일부터 6년이 경과한 시점이므로 1년마다 5%씩 체증(총 200% 상한)의 추가적인 보험금액이 지급되므로 현재 사망할 경우 일반사망보험금은 130,000천 원이다.

04 다음 정보를 고려할 때 가해차량이 가입된 자동차보험 약관상 지급될 수 있는 신동민(동생)씨의 사망보험금으로 가장 적절한 것은? (단, 보험금은 사고일로부터 7일 이내에 지급한다고 가정함)

- 사망자 : 신동민(1988년 12월 20일)
- 사망일 : 2024년 12월 31일
- 과실관계 : 사고 후 신동민 씨 과실비율은 30%로 판명됨
- 신동민 씨의 월평균 현실소득액 : 5,000천 원, 직업 정년은 65세임
- 취업가능월수에 대한 호프만계수(347개월 : 214.35, 348개월 : 214.76)

※ 상대방 가해 승용차는 개인용자동차보험의 모든 담보에 가입되어 있음

① 약 1,345,500천 원 ② 약 1,406,500천 원 ③ 약 1,446,500천 원
④ 약 1,559,500천 원 ⑤ 약 1,562,500천 원

키워드 자동차보험의 사망보험금
정답 ④
해설
- 정년까지 취업가능월수 : 347개월(2052.12.20.(정년) − 2023.12.31.(사고일))
- 사망보험금 : (장례비 + 위자료 + 상실수익액) × (1 − 과실비율)
  = [5,000 + 80,000 + 5,000 × 2/3 × 214.35] × 70% = 약 1,559,500천 원

05 김재무 CFP® 자격인증자는 신동주 씨에게 변액유니버설 종신보험을 제안하고자 한다. 다음 중 변액유니버설 종신보험에 대한 제안내용으로 가장 적절하지 않은 것은?

① 해약환급금이 위험보험료 및 사업비를 충당할 수 있을 정도로 충분히 있을 경우 보험료 납입을 중단할 수 있다.
② 보장 니즈의 변경에 따라 사망보험금액을 변경할 수 있다.
③ 자산운용은 특별계정(펀드)에서 운용되며 일반 종신보험과 마찬가지로 사업비가 차감되며, 추가적으로 특별계정 운용보수 등의 수수료가 발생한다.
④ 계약을 중도에 해지할 경우 계약자가 수령할 해약환급금이 본인이 납입한 보험료보다 적을 수 있다.
⑤ 투자실적에 따라 사망보험금이 변동하는데, 투자 상황이 악화되었을 시점에 사망하게 되면 사망보험금이 보험가입금액보다 적을 수 있다.

키워드 변액유니버설보험
정답 ⑤
해설 ⑤ 변액유니버설 종신보험의 사망보험금에 대해서 기본보험금인 보험가입금액으로 최저보증하고 있으므로 투자상황이 악화되더라도 보험가입금액 이하로 감소하지는 않는다.

06 신동주 씨 부부는 부부은퇴기간을 35년 정도로 예상하고 있다. 이와 관련하여 현재시점 기준으로 은퇴일시금을 다음의 정보를 토대로 구하면 얼마인가?

- 은퇴시기는 시나리오를 참조할 것
- 두 부부의 국민연금을 고려하여 산출할 것
- 은퇴시 필요한 은퇴생활비로 은퇴기간 중 평균적으로 현재 부부의 용돈과 기타생활비의 70% 수준을 희망한다.
- 은퇴시점에 해외여행 등을 고려하여 은퇴시점부터 2년간의 은퇴생활비는 평균적인 은퇴생활비에 30%를 더한 금액으로 한다.

① 168,544천 원
② 184,557천 원
③ 199,055천 원
④ 222,666천 원
⑤ 246,055천 원

키워드 은퇴일시금
정답 ②
해설
- 은퇴일시금의 계산
  - 은퇴까지의 남은 기간 25년
  - 은퇴기간 35년
  - 은퇴희망소득(연) : 평균적인 은퇴생활비의 70% = (부부용돈 + 기타생활) × 12 × 70%
    = 3,300 × 12 × 0.7 = 27,720천 원
  - 은퇴희망소득(연) : 은퇴기간 초기 2년 : 27,720천 원 × 130% = 36,036천 원
  - 국민연금액(연) : 20,400천 원
- 은퇴일시금
  $0CF_0$, $C_{01} = 0(24)$, $C_{02} = (36,036 - 20,400)(2)$, $C_{03} = (27,720 - 20,400)(33)$, $(1.04/1.03 - 1)[i]$, $NPV = 184,557$천 원

---

07 김재무 CFP® 자격인증자가 신동주 씨 부부에게 퇴직연금 적립금 운용에 대한 설명으로 가장 적절하지 않은 것은?

① 디폴트옵션을 선택하지 않은 상태이므로 퇴직연금 적립금의 수익률이 저조할 수 있다.
② 현재 수익률이 저조하므로 현재의 원리금보장성품을 해지하거나 다른 펀드 등으로의 전환으로 포트폴리오 구성을 변경하는 것이 바람직하다.
③ 연령별 포트폴리오의 구성이 변경되는 TDF펀드로의 변경도 고려해 볼 수 있다.
④ 신동주 씨의 위험성형을 고려할 경우 TDF의 투자목표시점을 은퇴시기보다 단축된 시기를 선택하는 것이 유리하다.
⑤ 적격TDF인 경우 은퇴자산 100%까지 모두 운용이 가능하다.

키워드 TDF
정답 ④
해설 ④ 공격적 투자성향은 연장된 시기를 투자목표시점으로 선택하고, 보수적 투자성향의 가입자라면 은퇴시기보다 단축된 시기를 투자목표시점으로 선택한다.

08 현재 신동주 씨가 보유하고 있는 A, B, C, D, E 주식의 조건이 다음과 같을 때, 김재무 CFP® 자격인증자가 설명한 투자판단에 대한 설명으로 가장 적절한 것은?

주식 종목	평가금액	비중	기대수익률	변동성 (표준편차)	시장과 상관계수	베타
A종목	5,000,000	16.67%	7.50%	12.45%	( )	1.62
B종목	8,000,000	26.67%	8.60%	( )	1.78	2.29
C종목	5,000,000	16.67%	5.78%	14.66%	1.89	2.65
D종목	7,000,000	23.33%	6.55%	12.78%	1.54	1.88
E종목	5,000,000	16.67%	7.88%	15.46%	1.65	( )
합계	30,000,000					

* 시장변동성 : 10.45%, 무위험수익률 : 3.50%

① 현재 보유 주식 포트폴리오의 기대수익률은 7.65%이다.
② B종목의 변동성은 12.45%이다.
③ A종목과 시장과 상관계수는 1.36이다.
④ E종목의 베타는 2.00이다.
⑤ 패시브 운용전략을 취하고자 할 때 C종목의 투자비중을 줄여야 한다.

키워드 위험조정 성과평가방법
정답 ③
해설 ① 현재 포트폴리오의 기대수익률은 가중평균수익률로 7.35%이다.
②, ③, ④ [베타 = (해당 종목의 표준편차 / 시장변동성) × 상관계수]로 계산한다.
  • B종목의 변동성(표준편차) : 13.45%
  • A종목과 시장과 상관계수 : 1.36
  • E종목의 베타 : 2.44
⑤ C종목이 시장과 상관관계가 가장 높은 종목이므로 인덱스전략인 패시브전략을 운용할 때 가장 적합한 종목에 해당한다.

09 김재무 CFP® 자격인증자는 자료수집 단계에서 신동주 씨의 상속설계 관련 니즈를 발견하고 이를 고객과 공유하였다. 자격인증자가 설명한 상속설계에 대한 다음 사항 중 적절한 것을 모두 고르시오.

> 가. 상속포기를 한 경우라고 하더라도 사망보험금 등 보험금의 수익자라면 보험금 수령에는 아무 문제가 없다.
> 나. 상속재산분할 협의는 법정단순승인 사유에 해당한다. 따라서 상속재산분할 협의 후에는 상속포기를 할 수 없다.
> 다. 상속포기는 일부의 상속재산에 대해서도 가능하다.
> 라. 상속포기는 상속개시일이 있음을 안 날로부터 3개월 이내에 할 수 있다.
> 마. 상속포기를 한 경우 포기한 자의 배우자와 직계비속은 상속포기자의 상속분은 대습상속한다.

① 가, 나, 다, 라, 마 ② 나, 다, 라, 마
③ 나, 다, 라 ④ 가, 나, 라
⑤ 나, 마

키워드 상속포기 등의 효력
정답 ④
해설 다. 상속포기는 전체를 대상으로 하는 것이며, 일분의 재산에 대해서 상속포기는 인정되지 않는다.
마. 상속포기는 대습상속의 요건이 아니다.

10 김재무 CFP® 자격인증자가 신동주 씨 부부의 종합재무상담을 하는 과정에서 설명한 다음 내용 중 바람직한 것의 개수는?

> 가. 대출원금의 상환은 순자산의 증가를 가져오는 저축의 효과가 있기 때문에 저축·투자액으로 분류해서 현금흐름표를 작성한다.
> 나. 현재 주식투자의 목적성을 명확히 하여야 하며, 마이너스 통장에 대한 부채관리도 고려해야 한다.
> 다. 동생의 사망으로 경기도 소재 아파트(6억 원)을 신동주씨가 상속받아 아들의 독립자금으로 활용하는 방법으로 현재 해당 아파트의 처분과 임대하는 방식을 고려해 볼 수 있으며, 유리한 방법을 선택하는 것을 권유한다.
> 라. 2022년도 높은 금리에서 2024년 상반기 금리가 하락하였는데 이는 주택시장에 대한 주택수요 감소 및 주택공급 등의 심리적 요인이 반영되었다고도 볼 수 있다.
> 마. 부부가 운용하는 퇴직연금 적립금의 연간 운용수익률을 임금상승률보다 높게 설정하는 것이 확정급여형 퇴직연금을 선택할 때보다 유리하다고 할 수 있다.

① 1개　　② 2개
③ 3개　　④ 4개
⑤ 5개

키워드 종합 재무상담
정답 ⑤
해설 모두 맞는 설명이다.

CHAPTER 06 복합사례 VI

사례형

박수복 씨는 갑작스런 자녀 박미영의 교통사고로 본인과 가족에 대한 장기 재무계획에 대한 고민이 많아졌다. 이에 2025년 1월 초 김재무 CFP® 자격인증자를 만나 재무상담을 진행하였다.

I. 고객정보(나이는 2025년 1월 초 만 나이임)
- 동거가족
  - 박수복(56세) : 제조업체 운영(친구 이정수와 동업)
  - 김현숙(53세) : 부인, 상가B 임대업 운영(개인사업자)
  - 박정남(30세) : 아들, 중소기업 대리(근속기간 4년), 배우자 최정연과 함께 빌라C에서 거주
  - 박미영(28세) : 딸, 중소기업 대리(근속기간 4년), 미혼으로 부모와 함께 거주, 2024년 12월 중 교통사고를 당하여 장애인으로 판정되었음

II. 고객 재무목표
1. 위험관리(보험설계) 관련
    - 박수복 씨는 딸이 장애인이 됨에 따라 자신이 사망할 경우 딸에게 더 많은 상속재산을 남겨주길 원하며, 종신보험과 정기보험을 비교해서 자신에게 유리한 보험상품을 가입하고 싶다.
    - 박수복 씨는 딸 박미영의 후유장해 시 보험금 산정기준에 대한 정보와 더 많은 보상금을 받을 수 있는 방법은 없는지 궁금해하고 있다.
2. 투자설계 관련
    - 박수복 씨는 딸 박미영이 지급받게 될 후유장해보험금에 대해 투자포트폴리오를 어떻게 구성하는 것이 적절한지에 대한 대안을 요청하고 있다.
    - 박수복 씨는 현재 시장상황을 고려하였을 때 딸 박미영이 지급받게 될 후유장해보험금에 대한 투자포트폴리오가 높은 변동에 노출될 것을 우려하고 있다. 이를 헤지하기 위해서 파생상품을 활용하는 방안에 대해 궁금해하고 있다.
3. 부동산설계 관련
    - 박수복 씨는 본인 명의로 상가를 추가적으로 매수할 계획을 가지고 있으며, 경매물건 또는 매매물건에 대해 투자분석을 통해 진행하고자 한다.
    - 박수복 씨는 다양한 투자기법에 따라 분석 후 더 유리한 상가를 매수하고자 한다.

4. 세금설계 관련
   - 박수복 씨는 제조업체 사업장을 공동사업장으로 운영하면서 발생하는 세금신고 방법과 성실신고확인제도에 대하여 궁금해하고 있다.
   - 딸 박미영에게 김현숙 씨 명의 상가에 대해 부담부증여를 계획하고 있다. 이 경우 부담하게 될 양도소득세와 증여세에 대해 궁금하며, 임대보증금을 부담부증여 하게 될 경우 세법적으로 문제가 될 것은 없는지 검토를 받고자 한다.
5. 상속설계 관련
   박수복 씨는 장애인이 된 딸 박미영을 위해 부부가 사망하더라도 생활자금에 지장을 받지 않고 생활할 수 있도록 하고 싶다. 또한 유언대용신탁과 후견제도에 대해 알아보고 있는데 어떤 장단점이 있는지 궁금하다.

Ⅲ. 박수복 씨 부부의 부동산자산 현황(2024년 12월 31일 현재)

(단위 : 천 원)

구분	취득일자	취득당시 기준시가/취득원가	현재기준시가/적정시세	비고
아파트A	2016.5.	400,000 /600,000	670,000 /1,000,000	• 박수복, 김현숙 각각 50%의 지분으로 공동소유 • 박수복, 김현숙, 박미영 거주 중
상가B	2014.8.	200,000 /300,000	450,000 /600,000	• 소유자 : 김현숙 • 김현숙은 상가B를 매매로 취득하고 등기함 • 임대보증금 : 200,000 • 월 임대료 : 1,500

※ 기준시가의 의미는 다음과 같으며, 2025년 기준시가는 상기 자료와 같이 변동 없음
- 소득세법상 양도소득세 계산 시 적용되는 양도 및 취득 당시 기준시가를 의미
- 지방세법상 시가표준액 및 종합부동산세법상 공시가격을 의미

※ 상가B는 국세청장이 산정·고시한 상업용 건물로 임차인이 상업용으로 사용하고 있으며 임대계약은 2024년 8월에 이루어져 2025년도 말까지 변동 없음

Ⅳ. 박수복 씨의 개인사업 관련 현황(2024년 12월 31일 현재)
- 개인사업자로 부가가치세법상 일반과세자이며 성실신고확인대상 사업자에 해당함
- 이정수 씨는 경영에 참여하지 않고 출자만 한 공동사업자(출자공동사업자)가 아니며, 세법상 특수관계인이 아님
- 공동사업에 대한 손익분배비율(손익분배비율은 변동 없음)
  - 박수복 : 60%
  - 이정수 : 40%
- 박수복 씨와 이정수 씨는 복식부기장부에 의해 공동사업에 대한 사업소득을 계산함

Ⅴ. 박수복 씨 부부의 사전증여 내역
- 박수복 씨의 사전증여 현황

수증자	증여일	증여재산	상속세 및 증여세법상 증여일 현재 증여재산 평가가액
박미영(딸)	2014.5.	현금	100,000천 원

- 김현숙 씨의 사전증여 현황

수증자	증여일	증여재산	상속세 및 증여세법상 증여일 현재 증여재산 평가가액
박미영(딸)	2015.7.	예금	100,000천 원
박정남(아들)	2020.11.	연립주택C	400,000천 원

Ⅵ. 박수복 씨가 매수를 고려하고 있는 상가 관련 정보
- 상가D 관련 정보(경매 물건)
  - 경매 방식 : 기일입찰
  - 상가D 감정가 및 최저매각가격 : 감정평가가격 900,000천 원, 최저매각가격 900,000천 원
  - 상가D 등기 현황

일자	권리종류	권리자	권리금액
2013.4.	소유권 이전(매매)	김대진	
2015.4.	근저당권	XX은행	300,000천 원
2022.5.	전세권	이은선	300,000천 원
2024.8.	가압류	정인철	200,000천 원
2024.12.	전세권(2022.5)에 의한 경매기입등기		

※ 상가D 관련 임차인 및 임대보증금 등은 없으며, 아직 경매가 실시되지 않았음

- 상가E 관련 정보(매매 물건)
  - 현재 시세 : 1,200,000천 원(토지가액 : 800,000천 원, 건물가액 : 400,000천 원)
  - 임대보증금 및 월 임대료 : 200,000천 원, 월 6,000천 원
  - 대출금 : 400,000천 원(남은 대출기간 10년, 매년 말 이자만 지급하다 만기에 대출금을 상환하는 만기일시상환 방식, 대출이율 고정금리 연 5.0%)
  - 상가 매수 시 대출금 승계 조건

※ 상기 금액은 부가가치세가 포함되지 않은 금액이며, 부가가치세는 고려하지 않음

※ 상기 시나리오를 참고하여 문제 1번부터 10번까지 답하시오. (질문하지 아니한 상황은 일반적인 것으로 판단하며, 개별문제의 가정은 다른 문제와 관련 없음)

01 다음과 같은 사고발생으로 가해차량이 가입된 자동차보험에서 지급되는 보험금에 대한 설명이 적절하지 않은 것은?

- 박미영은 자가용으로 퇴근하던 중 과속하던 차량에 치여 교통사고 발생
- 사고일 : 2024년 12월 31일
- 박미영의 생년월일 : 1986년 8월 13일
- 박미영의 월평균현실소득액은 3,500천 원, 직업정년은 65세로 가정함
- 박미영의 사고당시 차량가액 : 30,000천 원(출고일 2024년 3월 5일)
※ 상대방 가해 승용차는 개인용자동차보험의 모든 담보에 가입되어 있음

① 박미영의 취업가능월수는 499개월이며, 상실수익액 계산 시 호프만계수를 적용하여 상실수익액을 계산한다.
② 박미영씨의 자동차 사고보험금 계산 시 장례비는 지급되지 않으며, 상실수익액 계산 시 본인의 생활비에 해당하는 월수입액의 1/3 상당액은 공제하지 않고 계산한다.
③ 차량 출고 후 1년 이내의 신차에 해당하는 차량에 대한 손해액에 더하여 차량가액 하락에 대한 손해액으로 차량수리비용의 20%를 더하여 지급한다.(다만 차량가액의 10%를 초과하는 손해인 경우에 적용함)
④ 노동능력상실률이 100%에 해당하는 가정간호비 지급대상인 경우라면 위자료 계산 시 8,000만 원을 기준으로 노동능력상실률에 85%에 해당하는 금액을 위자료로 계산한다.
⑤ 노동능력상실률이 50% 이상인 경우라 하더라도 가정간호비 지급대상이 아니라면, 위자료는 4,500만 원을 기준으로 노동능력상실률에 85%에 해당하는 금액을 위자료로 계산한다.

키워드 자동차 사고보험금(후유장해)
정답 ③
해설 ③ 차량가액 하락 손해는 차량수리비용이 차량가액의 20%를 초과하는 경우에 적용된다.

02 박수복 씨는 장애인이 된 딸을 위해 더 많은 상속재산을 남겨주기 위해 자신이 사망할 경우 사망보험금이 지급되는 보험에 가입하고자 한다. 다음 정보를 고려할 때 가입하고자 하는 보험 상품 분석에 대한 설명이 적절하지 않은 것은?

> - 일반사망보험금 100,000천 원을 보장받기 위한 유니버설 종신보험(20년납)(1종 표준형)에 가입할 경우 연간 보험료는 4,400천 원이며, 20년 경과시점의 해약환급금은 40,300천 원으로 예상
> - 일반사망보험금 100,000천 원을 보장받기 위한 유니버설 종신보험(20년납)(2종 50% 저해지환급형)에 가입할 경우 연간 보험료는 2,900천 원이며, 보험료 납입기간 전에 해지시 1종 표준형의 해약환급금의 50%를 지급하지만, 납입기간 20년 경과시점 이후부터는 1종 표준형과 동일한 해약환급금이 지급된다.
> - 일반사망보험금 100,000천 원을 보장받기 위한 정기보험(20년 납입, 80세 만기)에 가입할 경우 연간 보험료는 1,835천 원이며 20년 경과시점 만기환급금은 15,260천 원으로 예상
> - 보험료와 저축은 기말에 동일한 금액으로 하며 세후투자수익률은 연 3.0%

① 유니버설 종신보험(2종, 50% 저해지환급형)으로 가입할 경우 1종 표준형보다 저렴한 보험료로 보장은 동일하게 유지할 수 있는 장점이 있다.
② 정기보험이 종신보험 대비 보험료가 저렴하다는 장점이 있지만, 만기환급금이 적고 만기 이후에 사망 시 사망보험금이 없다는 단점이 있다.
③ 20년 뒤 종신보험과 정기보험을 동시에 해지한다고 가정할 경우 일반종신보험(2종 저해지환급형)을 선택하는 것이 보험료 차이에 대한 저축액을 고려할 경우 가장 유리한 선택이다.
④ 종신보험뿐만 아니라 정기보험의 경우에도 보험관계비용으로 7년간 공제하므로 가입초기에 해지하는 경우에는 해약환급금이 적거나 없을 수도 있다.
⑤ 박수복씨가 보험료 납입기간 이전에 사망하는 경우에는 정기보험이 종신보험보다 유리할 수 있지만, 납입기간 이후에 사망할 경우까지 고려한다면 종신보험을 선택할 수도 있다.

키워드 보험상품의 선택

정답 ③

해설
- 해약환급금의 차이 : 40,300천 원 − 15,260천 원 = 25,040천 원
- 해약환급금의 연간 보험료 환산 차이 : 25,040[FV], 20[n], 3[i], PMT = 931.88천 원
- 보험료 차이(1종) : 4,400 − 1,835 = 2,575천 원
- 보험료 차이(2종) : 2,900 − 1,835 = 1,065천 원
- 의사결정 : 일반종신보험 1종과 2종 어느 보험이라 하더라도 환급금 차이와 보험료 차이를 고려할 때 20년에 해지한다는 조건인 경우라면 정기보험이 유리한 선택이 된다.

03 박수복 씨는 경매물건인 상가D 또는 매매물건인 상가E 중 하나를 취득하고자 한다. 상가D의 분석(시나리오 참고)에 대한 적절한 설명으로만 모두 묶인 것은?

> 가. 박수복이 경매로 상가D 취득 시 근저당권(권리자 XX은행)은 말소된다.
> 나. 박수복이 입찰에 참여할 경우 입찰보증금은 법원이 공고한 입찰가격의 10%이어야 한다.
> 다. 상가D 경매는 기일입찰 방식이기 때문에, 박수복이 경매에 참여하려는 경우 매각기일에 출석해서 입찰표와 매수신청보증을 제출해야 한다.
> 라. 정인철(가압류권자)은 상가D 경매 시 배당 요구를 하지 않아도 당연히 배당에 참가할 수 있는 채권자이다.
> 마. 만약 우선변제권을 가진 채권자가 있다면 이는 배당을 요구하지 않아도 당연히 배당에 참가할 수 있다.

① 가, 마 ② 가, 다
③ 다, 라, 마 ④ 가, 나, 다
⑤ 가, 다, 라

키워드 경매

정답 ⑤

해설 나. 보증금은 최저매각가격의 10%이다.
마. 우선변제권을 가진 임차인은 배당요구를 해야만 배당을 받을 수 있다.

04 박수복 씨는 매매물건인 상가 E에 투자할지 고민 중이다. 다음 정보를 고려할 때 상가 E 투자분석에 대한 설명 중 적절하지 않은 것은?

- 박수복은 2025년 1월 초에 상가 E를 매수 후 10년간 보유했다가 10년차 말 매각할 예정임
- 상가 E 투자 시 현금흐름 관련 정보

구분	상가 E
기간 초 투자액 (대출 및 임대보증금 등을 고려한 금액임)	600,000천 원
매년의 소득수익(NOI) (매년 말 정액으로 발생)	52,000천 원
10년차 말 상가 매각 시 자본수익 (대출 및 임대보증금 등을 고려한 금액임)	900,000천 원

- 박수복의 요구수익률 : 8.0%

① 상가 E의 자기자본가치는 765,798천 원이다.
② 상가 E의 NPV는 165,798천 원이다.
③ 상가 E의 내부수익률은 10.57%이다.
④ 상가 E의 수익성지수는 1.25이다.
⑤ 상가 E에 투자하는 것이 유리하다.

(키워드) 부동산 투자의사결정

(정답) ③

(해설)
- 자기자본가치 : 0[CF$_0$], 52,000[CF$_1$](9), 952,000[CF$_2$], 8[i], NPV = 765,798천 원
- 순현재가치 : −600,000[CF$_0$], 52,000[CF$_1$](9), 952,000[CF$_2$], 8[i],
  NPV = 165,798천 원
- 내부수익률 : −600,000[CF$_0$], 52,000[CF$_1$](9), 952,000[CF$_2$], IRR = 11.57%
- 수익성지수 : 752,378/600,000 = 1.25
  - 현금유입의 현가 : 50,000[PMT], 900,000[FV], 10[n] 8[i], PV = 752,378
  - 현금유출의 현가 : 600,000

05 박수복 씨는 A, B, C, D의 주식을 활용한 포트폴리오를 구성할 것을 검토하고 있다. 투자안 1, 2, 3의 선택기준으로 향후 주식시장이 변동성이 심할 경우 선택 우선순위를 바르게 나열한 것은?

보유주식	기대수익률	베타계수(β)*	투자안		
			1	2	3
A	8%	1.5	20%	10%	10%
B	11%	0.8	10%	10%	50%
C	7%	−0.8	30%	10%	30%
D	5%	2.0	40%	70%	10%
합계			100%	100%	100%

* 베타계수는 시장수익률과 해당 주식과의 민감도를 의미함

① 투자안 1 > 투자안 2 > 투자안 3
② 투자안 1 > 투자안 3 > 투자안 2
③ 투자안 2 > 투자안 1 > 투자안 3
④ 투자안 2 > 투자안 3 > 투자안 1
⑤ 투자안 3 > 투자안 1 > 투자안 2

키워드 베타계수

정답 ⑤

해설 베타계수가 낮을수록 위험관리에 유리하다.
- 투자안 1의 베타 : 1.5 × 0.2 + 0.8 × 0.1 + (−0.8 × 0.3) + 2.0 × 0.4) = 0.94
- 투자안 2의 베타 : 1.5 × 0.2 + 0.8 × 0.1 + (−0.8 × 0.3) + 2.0 × 0.4) = 1.55
- 투자안 3의 베타 : 1.5 × 0.2 + 0.8 × 0.1 + (−0.8 × 0.3) + 2.0 × 0.4) = 0.51

06 박수복 씨는 딸 박미영의 후유장해보험금을 활용한 포트폴리오를 시장위험에서 헤지하기 위해서 파생상품의 활용을 검토하고 있다. 이에 대한 설명 중 옳은 것으로만 묶은 것은?

> 가. 투자하는 금액에 대한 가격하락 위험을 대비하기 위하여 선물매수 전략을 사용할 수 있다.
> 나. 주가하락 시 콜옵션 매수, 풋옵션 매도를 통해서 헤지가 가능하다.
> 다. 콜옵션의 경우 행사가격이 낮을수록 옵션프리미엄이 높아서 헤지에 따른 비용이 증가할 수 있다.
> 라. 지수선물에 대한 헤지보다는 개별 종목에 대한 헤지전략이 효과가 더 뛰어나다고 볼 수 있다.
> 마. 옵션투자전략 시 매도포지션은 증거금 예치 의무가 없다.

① 가, 라
② 가, 나, 마
③ 나, 라, 마
④ 가, 나
⑤ 다, 라

키워드 파생상품 투자전략
정답 ⑤
해설 가. 주가하락 대비를 위해서는 선물매도 전략을 사용한다.
나. 주가하락 시에는 콜옵션 매도나, 풋옵션 매수 포지션을 사용한다.
마. 옵션 매도포지션은 증거금을 예치해야만 한다.

07 박수복 씨는 현재 친구 이정수 씨와 동업으로 제조업체를 운영하고 있다. 공동사업장 운영과 관련한 다음 자료를 토대로 박수복씨의 2024년도 귀속 사업소득금액은 얼마인가?

[공동사업(제조업체)의 공동사업소득금액 현황(2024년 기준)]
- 매출액과 매출원가
  - 매출액 : 800,000천 원
  - 매출원가 : 400,000천 원
- 기타 사업관련 비용항목
  - 공동사업자 각자의 인건비 : 박수복 30,000천 원, 이정수 25,000천 원
  - 사업용 고정자산 감가상각 : 15,000천 원(세법상 감가상각비 한도초과액 5,000천 원 포함)
  - 종업원 인건비 : 100,000천 원
  - 사무실 임차료 : 52,000천 원
  - 기타 사업 관련 경비 : 40,000천 원(박수복 씨의 가사관련경비 20,000천 원이 포함되어 있으며, 나머지는 모두 사업 관련 경비임)
  - 벌금 : 5,000천 원

① 174,400천 원 ② 198,000천 원
③ 218,000천 원 ④ 274,400천 원
⑤ 374,400천 원

키워드 공동사업 / 사업소득금액

정답 ①

해설
- 공동사업의 사업소득금액 : 800,000 − 400,000 − (10,000 + 100,000 + 52,000 + 20,000)
  = 218,000천 원
  * 개인사업자 본인의 인건비는 필요경비로 인정되지 않는다.
  * 감가상각 한도초과액, 가사관련경비, 벌금은 필요경비로 인정되지 않는다.
- 박수복 사업소득금액 : 218,000천 원 × 60% = 174,400천 원

08 김현숙 씨는 딸(박미영)에게 2025년 10월 중 상가 B의 시가가 급격히 상승할 것으로 전망되어 미리 이를 부담부증여 하고자 한다. 다음 정보를 고려할 때 상속세 및 증여세법상 증여세 산출세액으로 가장 적절한 것은?

[상가B 부담부증여와 관련된 정보]

구분	금액	비고
증여가액	600,000천 원	상속세 및 증여세법상 시가
채무액	상가C 임대보증금 200,000천 원	세법상 채무액 인수 인정
실지취득가액	300,000천 원	
기타필요경비	12,000천 원	

※ 상가B의 토지가액과 건물가액을 구분하지 않는다고 가정함
※ 당해 과세기간부터 소급하여 직계존속으로부터 시나리오 상 사전증여재산 이외에는 없음

① 64,380천 원 ② 80,000천 원
③ 88,000천 원 ④ 90,000천 원
⑤ 98,000천 원

키워드 증여세 산출세액 / 부담부 증여

정답 ②

해설

	구분	금액
	증여재산가액	600,000 − 200,000 = 400,000천 원
(+)	사전증여재산	100,000천 원
=	증여세 과세가액	500,000천 원
(−)	증여재산공제	50,000천 원
=	과세표준	500,000 − 50,000 = 450,000천 원
(×)	산출세액	450,000 × 20% − 10,000 = 80,000천 원

09 박수복 씨는 본인의 사망 이후에도 장애인이 된 딸이 생활에 불편함이 없이 생활할 수 있는 방법으로 유언대용신탁과 후견제도에 대해 궁금해하고 있다. 이에 대한 김재무 CFP® 자격인증자의 설명 중 적절한 것은?

① 딸이 정신적 장애로 인하여 제한적인 사무를 처리할 능력이 없는 경우 성년후견인을 지정할 수 있다.
② 딸 박미영에 대한 후견인의 지정은 법원의 결정으로만 가능하며, 유언으로는 후견인 지정이 불가능하다.
③ 유언장을 대신한 유언대용신탁은 활용할 수 없다.
④ 유언장은 철회제도가 인정되지 않는다.
⑤ 신탁을 통한 상속설계 시 유의할 점은 신탁관계는 단독행위이므로 위탁자 사망으로 신탁의 설정 여부를 확인하기 어렵다는 점이다.

키워드 신탁과 후견인 제도
정답 ②
해설 ① 정신적 제약으로 사무를 처리할 능력이 지속적으로 결여된 경우에 법원이 성년후견인을 지정할 수 있다.
③ 유언대용신탁을 활용할 수 있다.
④ 유언은 철회가 가능하지만, 신탁은 철회가 불가능하다.
⑤ 유언대용신탁은 단독행위가 아니므로 신탁의 존재가 명확하다.

10 김재무 CFP® 자격인증자가 박수복 씨의 종합재무상담을 하는 과정에서 설명한 다음 내용 중 옳지 않은 것을 모두 고르시오.

> 가. 박수복이 장애인 딸을 위해 유언대용신탁을 통하여 부동산을 신탁할 경우 신탁부동산에 대해 박수복이 임대차 및 유지관리 행위를 할 수 있다.
> 나. 보장성보험에 가입하는 경우에는 상품별 보험가격지수를 확인하여 다른 보험회사의 동종 보험과의 보험료 수준을 비교해 볼 수 있다고 안내하였다.
> 다. 딸이 교통사고로 장애판정을 받은 경우 딸을 피보험자 또는 수익자로 하는 보장성 보험과 저축성 보험 모두 장애인전용보험 전환을 신청할 수 있다.
> 라. 박수복이 종합소득세가 과다할 것을 우려하여 동업자인 이정수씨와 공모하여 배우자도 박수복씨를 대신하여 배우자를 공동사업자로 명의변경한 경우 부당행위계산부인에 적용될 수 있다.
> 마. 장애인은 보험금 수취인으로 하는 보험에서 연간 5,000만 원까지의 보험금에 대해서는 증여세가 비과세된다.

① 가, 나, 다
② 가, 나, 마
③ 나, 라, 마
④ 다, 마
⑤ 다, 라

키워드 종합재무상담

정답 ④

해설 다. 장애인전용보험 전환특약은 보장성보험의 주계약과 특약이며, 저축성보험은 전환되지 않는다.
마. 연간 4,000만 원까지 증여세가 비과세된다.

www.epasskorea.com

CFP PART 03

CERTIFIED FINANCIAL PLANNER

종합사례

CHAPTER 01 종합사례 I
CHAPTER 02 종합사례 II

CHAPTER 01 종합사례 I

결혼 3년차인 이현민 씨는 부동산 투자 여부와 관련하여 고민이 있다. 인터넷을 통하여 재무설계상담의 존재를 인식하게 되었으며 주변지인을 통해 2025년 1월 초 김재무 CFP® 자격인증자를 만나게 되었다. 이현민 씨 부부는 이 전에 재무설계 상담을 받아본 적이 없으며, 자격인증자와의 상담을 통해 전반적인 종합재무설계가 필요함을 인식하게 되었다.

Ⅰ. 고객정보(나이는 2025년 1월 초 만 나이임)
- 동거가족
  - 이현민(35세) : 국내 제조업체 대리, 근무연수 5년, 은퇴 희망연령 60세
  - 강미정(35세) : 국내 ABC은행 과장, 근무연수 8년, 은퇴 희망연령 55세
  - 강미정 씨는 현재 임신 8개월째 임(2024년 2월 예정)
- 부모 및 형제자매
  이현민 : 2녀 1남 중 막내
  - 이철환(70세) : 부친, 공무원연금으로 생활, 서울 아파트(시가 15억) 거주, 시골주택(공시가격 62,100천 원) 보유
    강미정 : 2녀 중 차녀
  - 강상수(65세) : 장인, 임대소득 및 연금생활
  - 박혜숙(65세) : 장모, 전업주부
- 주거상황
  - 경기도 소재 25평 아파트(강미정 명의)
  - 아파트는 2022년 9월 1일 6.1억 원에 구입(현재 실거래가액 525,000천 원, 구입 시 주택담보대출 380,000천 원 받음)
  - 담보대출 대출기간은 총 40년이며, 1년 거치 후 39년간 매월 말 원리금균등분할상환, 대출이율은 고정금리 연 3.0% 월복리(거치기간 종료 후 2024년 12월 말 현재 16회차 상환)

Ⅱ. 재무적(정량적) 정보
- 수입 내역
  - 이현민 : 2024년 연수입 66,000천 원, 실수령액 월 4,400천 원, 연 3회 보너스(금액은 변동)

- 강미정 : 2024년 연수입 64,000천 원, 실수령액 월 4,300천 원, 연 1회 보너스(금액은 변동)
- 강미정 씨는 외부 강사 부업으로 하고 있으며, 이로 인해 2024년도 약 5,000천 원(필요경비 3,000천 원)의 부수입이 발생하였으나 향후에는 수입이 줄어들 것으로 전망
- 지출 내역
  - 이현민 용돈 월 400천 원, 강미정 용돈 월 400천 원
  - 기타생활비 월 2,500천 원
  - 실손보험 포함 보장성보험료 월 250천 원
- 자산 내역
  - 정기예금 125,000천 원(이현민 명의, 2024.2. 가입, 1년 만기)
  - 국내주식 투자액 50,000천 원(이현민 명의, 5개 종목, 현재시점 종가합산 시 45,000천 원)
  - 이현민·강미정 씨 급여통장에 평잔으로 각각 11,000천 원, 16,000천 원
  - 자동차(이현민 명의 2022년 구입. 현재 자동차보험상 자차 평가액 20,000천 원)
- 부채 내역
  - 담보대출 잔액( ) 천 원
  - 강미정 씨 회사대출로 30,000천 원의 신용대출 사용 중(무이자)
- 저축·투자 내역
  - 청약종합저축 매월 100천 원(이현민 명의, 2020. 6. 가입)
  - 청약종합저축 매월 100천 원(강미정 명의, 2018. 3. 가입)
  - 연금저축펀드 매월 250천 원(이현민 명의, 2023. 7. 가입, 연말정산 목적, 가입 후 수시로 추가납입하였으며 현재 평가액은 35,000천 원)
  - 정기적금 매월 300천 원(이현민 명의, 2024. 5. 가입, 1년 만기, 현재잔액 2,400천 원)
- 퇴직급여 내역
  - 부부 모두 입사 때부터 확정기여형 퇴직연금에 가입하고 있으며, 2024년 12월 31일 현재 적립금 평가액은 이현민 씨 18,500천 원, 강미정 씨 28,800천 원

III. 비재무적(정성적) 정보
- 위험수용성향은 이현민, 강미정 씨 모두 성장형
- 돈 관리의 주체 없이 필요할 때마다 양쪽에서 번갈아 지출
- 부동산투자 및 부채관리를 목적으로 아직까지 혼인신고를 하지 않고 있음

IV. 고객 재무목표
1. 부동산 설계 관련
   - 강미정 씨는 직장 근처이고 인프라가 더 좋은 경기도 소재 B아파트로의 이전에 관심이 있다.
   - 향후 주택구입을 위한 저축을 고려하고 있다.
   - 투자하고자 하는 경기도 소재 B아파트의 가격이 10억 원 정도여서 부담을 느끼고 있다.

2. 재무관리 관련
   - 혼인신고 전이라 부동산 관련 대출상환은 강미정 씨가, 부동산 관련 저축·투자는 이현민 씨가 담당하고 있다. 이에 따라 현금흐름 관리에 대한 전문적인 조언을 구하고 있다.
   - 이현민 씨는 부동산 시장의 전망이 어둡다고 판단하고 있으며, 현재 보유하고 있는 부채비중이 높은 것을 부담스러워하고 있다.
3. 위험관리(보험설계) 관련
   - 이현민 : 2013.9. 실손의료보험 가입(월 32,000원) 2022.8. 종합건강보험 가입(월 13만 원). 이현민 씨는 모친이 암으로 사망함에 따라 본인의 암보험 가입을 고려하고 있다. 이현민 씨가 가입한 보험의 해약환급금은 1,000천 원이다.
   이현민 씨의 현재 가입한 모든 보험의 계약자적립액 합계액은 2,100천 원이다.
   - 강미정 : 2004.8. 건강보험 가입(납입완료), 2012.11. 실손의료보험 가입(월 40,000원) 강미정 씨는 부모님이 가입하신 건강보험을 본인이 유지하다가 납입을 완료하였다. 강미정 씨가 가입한 보험의 해약환급금은 1,200천 원이다.
   - 이현민 씨 부부는 2025년에 출산계획을 가지고 있어, 현재 보험료 수준이 적절한지 궁금해하고 있다.
   - 이현민 씨 부부는 근무하는 회사의 단체실손보험에 가입되어 있다. 2024년도부터 단체실손보험 중지제도가 도입되어 개인실손보험을 유지해야 하는지 궁금해하고 있다.
4. 투자설계 관련
   이현민 씨는 재작년 주가가 고점일 때 주변 지인의 조언을 받아 KOSPI주식 투자를 하였으나 현재 손실을 보고 있다. 현재 보유한 주식들의 투자가치에 대해 궁금해하고 있고 일부 종목들은 정리하여 부동산 투자를 원하고 있다.
5. 은퇴설계 관련
   - 이현민 씨 부부의 경우 은퇴 이후의 삶에 대해 구체적으로 생각해 본 적이 없다. 국민연금, 퇴직연금 외에 현재 연말정산 목적으로 보유하고 있는 연금저축펀드가 은퇴 이후에 도움이 될 것이라고 막연하게 생각하고 있다. 하지만 또 한편으로는 부동산 투자 시에 연금저축펀드를 정리하여 보태고자 하는 마음도 있다.
   - 은퇴 이후에 받을 수 있는 국민연금과 퇴직연금의 월 예상 수령액 등을 궁금해하고 있다.
6. 세금설계 관련
   - 이현민 씨는 연금저축펀드를 통해 연말정산에 도움이 되기를 희망하고 있다. 실제로 연금저축펀드의 추가납입을 통해 얻을 수 있는 세액공제 효과를 궁금해하고 있다.
   - 강미정 씨는 프리랜서 사업소득(강사료)에 따른 종합소득세 신고 등을 궁금해하고 있다.
   - 이현민 씨 부친이 소유한 서울시의 아파트와 시골주택에 대한 세금문제 및 유언에 대한 내용을 궁금해하고 있다.

V. 경제지표 가정
   물가상승률 연 4.0%, 세후투자수익률 연 5.0%, 임금인상률 연 3.0%

VI. 재무제표

• 재무상태표(2024년 12월 31일 현재)

(단위 : 천 원)

자산				부채 및 순자산			
	항목	금액	명의		항목	금액	명의
금융 자산	현금성자산			유동 부채	마이너스통장		
	현금/보통예금	11,000	이현민		신용대출	30,000	강미정
	현금/보통예금	16,000	강미정	비유동 부채	주택담보대출	(373,000)	강미정
	저축성자산				임대보증금		
	정기적금	2,400	이현민		총부채	(403,000)	
	정기예금	125,000	이현민				
	청약종합저축	5,500	이현민				
	청약종합저축	8,200	강미정				
	연금저축펀드	35,000	이현민				
	투자자산						
	해외주식						
	국내주식	45,000	이현민				
	펀드, ETF 등						
	금융자산 총액	248,100					
부동산 자산	주거용 부동산	62,100	이현민				
	수익형 부동산						
	토지 등						
	부동산자산 총액	62,100					
사용 자산	거주 부동산	525,000	강미정				
	임차 보증금						
	자동차 등	20,000					
	사용자산 총액	525,000					
기타 자산	퇴직연금(DC)등	18,500	이현민				
	퇴직연금(DC)등	28,800	강미정				
	보험해약환급금	1,000	이현민				
		1,200	강미정				
	투자목적 미술품 등						
	기타자산 총액	56,300					
총자산		904,700		순자산		(501,700)	

• 월간 현금흐름표(2024년 12월)

(단위 : 천 원)

구분	항목	금액
Ⅰ. 수입		8,700
Ⅱ. 변동지출	본인 용돈	(400)
	배우자 용돈	(400)
	부모님 용돈	–
	자녀(사교육비 등)	–
	기타생활비(의식주, 공과금)	(2,500)
	변동지출 총액	3,300
Ⅲ. 고정지출	보장성보험료 등	(250)
	대출이자 등	
	고정지출 총액	
저축 여력 (Ⅰ – Ⅱ – Ⅲ)		4,216
Ⅳ. 저축·투자액	대출상환원금	(445)
	정기적금	(300)
	청약종합저축	(200)
	연금저축펀드	(250)
	저축·투자액 총액	1,195
추가저축 여력(순현금흐름) (Ⅰ – Ⅱ – Ⅲ – Ⅳ)		3,021

※ 상기 시나리오를 참고하여 문제 1번부터 20번까지 답하시오. (질문하지 아니한 상황은 일반적인 것으로 판단하며, 개별문제의 가정은 다른 문제와 관련 없음)

01 상기의 내용을 이현민 씨 가정의 재무제표상 대출잔액과 순자산으로 가장 옳은 것은?

	주택담보대출 잔액	순자산
①	약 365,000천 원	약 539,700천 원
②	약 365,000천 원	약 501,700천 원
③	약 373,000천 원	약 539,700천 원
④	약 373,000천 원	약 501,700천 원
⑤	약 373,000천 원	약 541,700천 원

키워드 재무제표 작성

정답 ④

해설
- 주택담보대출 잔액
  380,000[PV], 39 × 12[n], 3/12[i], PMT = 1,378
  → 16[n], FV = 373,014.74천 원
- 순자산
  904,700 − (30,000 + 373,014.74) = 약 501,700천 원

02 김재무 CFP® 자격인증자가 작성한 재무제표의 분석내용 중 주거관련부채상환비율과 총부채부담율을 계산하고 적정성 여부를 판단하시오.

	주거관련부채상환비율	적정성 여부	총부채부담율	적정성 여부
①	12.73%	부적정	44.54%	부적정
②	12.73%	적정	44.54%	부적정
③	12.73%	적정	39.78%	적정
④	16.43%	적정	39.78%	적정
⑤	16.43%	부적정	39.78%	부적정

키워드 재무제표 분석

정답 ①

해설
- 주거관련부채상환비율 : 주거관련부채상환액/월총수입
  → 1,380천 원/(130,000천 원/12) = 12.73%(적정)
  → 주거관련부채상환비율의 가이드라인 28%
- 총부채부담율 : 총부채/총자산
  → 403,000천 원/904,700천 원 = 44.54%(부적정)
  → 총부채부담율의 가이드라인 40%

03 재무설계 프로세스 3단계에서 김재무 CFP® 자격인증자는 이현민 씨의 부동산 투자플랜을 분석·평가하였다. 시나리오의 재무제표 내용을 바탕으로 다음의 가정을 할 경우 이현민 씨가 지금부터 추가로 저축해야 할 매월 말 저축액은?

- 이현민은 현재 8억 원인 경기도 소재 B아파트를 8년 후에 구매하려고 한다.
- 해당 B아파트 전세의 최근 실거래가액은 3.5억 원이다.
- 현재 가용할 수 있는 금융자산은 2.5억 원으로 가정한다.
- 시골주택은 활용하지 않는 것으로 가정한다.
- 주택가격상승률은 연 2.0%, 물가상승률은 연 3.0%, 세후투자수익률은 연 3.0%
- 담보대출 가능액은 주택구입자금의 50%라고 가정한다.
- 저축은 매월 말, 8년간 한다고 가정한다.

① 약 1,370천 원   ② 약 2,600천 원
③ 약 2,870천 원   ④ 약 3,500천 원
⑤ 약 4,540천 원

키워드 목적자금 분석
정답 ③
해설
- 8년 후 부동산 가격
  → 800,000 × 1.02^8 = 937,327.50천 원
- 기존재원의 8년 후 가치
  → 250,000 × 1.04^8 = 316,692.52천 원
- 8년 후 주택구입 부족자금(대출 고려)
  → (937,327.50천 원 − 316,692.52천 원) × 50% = 310,317.49천 원
- 추가저축액 계산
  → 310,317.49[FV], 8 × 12[n], 0.247[i], PMT = 2,868천 원
  (−100[PV], 103[FV], 12[n], I = 0.247)

04 다음의 보기 중 김재무 CFP® 자격인증자가 제안할 만한 부채관리 전략(재무전략)이 아닌 것은?

① 주택담보대출 원리금상환액은 고정지출로 인식시켜 그 외 투자를 증가시킬 방법을 모색한다.
② 고객이 막연하게 유지하고 있는 금융상품 중 (특히 투자자산에 해당하는 항목 중에) 고객의 재무목표에 부합하지 않은 금융상품을 정리하여 부동산담보대출 조기상환을 제안한다.
③ 가계비상예비자금은 부채상환보다 선행하여 결정해야 한다.
④ 이현민 부부가 자산증가 및 부채상환 등을 모두 완료하기 전에 혼인신고를 먼저 하는 것을 권한다.
⑤ 생활비의 조정을 너무 보수적으로 추정할 경우 실현가능성이 낮을 수 있으므로 신중을 기해야 한다.

키워드 부채관리 전략

정답 ①

해설 ① 대출원금 상환액은 저축과 투자계정으로 보며, 이는 순자산 증가에 도움이 된다. 이에 반해 대출상환의 이자는 고정지출로 처리한다.

05 다음의 보기 중 김재무 CFP® 자격인증자가 제안할 만한 재무관리 설계안이 아닌 것을 모두 고르시오.

> 가. 고객의 재무목표가 현실적이지 않을 경우 자격인증자의 생각대로 조정하는 것이 아니라 고객이 선택한 재무목표에 대해서 고객과 논의하여 조정하도록 한다.
> 나. 혼인신고를 선행하고 배우자 간 수입·지출의 현금흐름을 통합하여 관리할 것을 고려하도록 자문한다.
> 다. 보험과 연금자산은 안정자산으로 구분할 수 있으며, 이는 미래의 불확실성을 헤지하는 중요한 수단이다.
> 라. 고객이 부채를 보유하고 있는 상황이므로 반드시 투자보다는 부채상환을 우선해야 한다고 권고한다.
> 마. 안정자산의 유지와 집중적인 대출조기상환을 위해 가계비상예비자금의 필요성과 확보를 강조한다.
> 바. 분양시장에 참여할 의사는 없고 청약당첨 가능성도 낮으나 만일을 대비하여 청약종합저축을 현재와 동일한 금액으로 불입해 갈 것을 권고한다.

① 가
② 다
③ 라, 바
④ 나, 마
⑤ 가, 다, 바

키워드 재무관리

정답 ③

해설 라. 투자와 부채상환을 비교하여 우선순위를 결정해야 한다.
바. 현금흐름 관리를 파악하는 등을 고려할 때 청약종합저축을 계속 유지하는 것은 재무목표에 부합하지 않는다.

06 이현민 씨 부부가 가입한 보험상품에 대한 분석내용과 조기사망에 따른 재무상태 검토결과가 가장 적절한 것은?

> - 이현민 부부의 연간 가계지출은 고정지출과 변동지출 및 이현민 본인의 지출비용의 합으로 계산하되, 이현민 본인의 지출비용은 월 1,000천 원임
> - 총부채는 주택담보대출 및 신용대출 잔액으로 가정함
> - 이현민 사망에 따른 국민연금의 유족연금은 반영하지 않음
> - 금융자산은 별도 투자목적이 없는 것으로 가정함
> - 이현민이 가입한 종합건강보험에서는 질병사망 시 10,000천 원의 사망보험금이 지급됨

① 이현민 부부가 가입한 실손의료보험의 갱신주기는 1년이며, 재가입주기는 5년이다.
② 이현민 씨의 조기사망에 대비하여 변액유니버설 종신보험에 가입한다면 납입한 보험료 전액이 특별계정에서 운용된다.
③ 이현민씨 본인의 암보험을 가입한다면 해당 암보험에서는 암사망보험금은 주계약에서 보장하지 않는다.
④ 이현민 씨의 회사에 가입된 단체실손보험의 보장내역이 개인실손보험보다 부족한 경우 단체실손보험 중지특약을 활용할 수 있다.
⑤ 강미정 씨의 보험가입 내역 중 사망보험이 없다면 태아보험뿐만 아니라 사망보험에 가입하는 것을 권할 수 있다.

키워드 보장분석
정답 ③
해설 ③ 암보험은 제3보험에 해당하는 질병보험으로 주계약에서는 질병사망을 보장하지 않는다. 질병사망에 해당하는 암사망은 특약으로 가입할 수 있다.
① 이현민 부부의 실손보험은 2012년에 가입된 보험으로 2세대 보험이므로 갱신은 3년 주기이며, 재가입은 없는 상품이다. 다만 2세대 중 2013년 4월 이후 가입분부터는 1년갱신, 15년 재가입주기가 적용된다.
② 변액유니버설 종신보험의 납입보험료 중 사업비 및 위험보험료 등을 공제한 후 특별계정에 투입되어 운용된다.

07 이현민 씨가 현재 사망할 경우 다음 자료를 근거로 추가적으로 가입해야 할 생명보험 필요보장금액으로 가장 적절한 것은?

> - 이현민 부부의 연간 가계지출은 고정지출과 변동지출 및 이현민 본인의 지출비용의 합으로 계산하되, 이현민 본인의 지출비용은 월 1,000천 원임
> - 총부채는 주택담보대출 및 신용대출 잔액으로 가정함
> - 이현민 씨의 사망에 따른 국민연금의 유족연금은 반영하지 않음
> - 금융자산, 사망보험금(계약자적립액), 퇴직연금의 계약자적립금을 준비자산으로 본다.
> - 이현민이 가입한 종합건강보험에서는 사망보장이 없으며, 이현민 씨가 사망한 경우에는 사망당시 계약자적립액을 지급하고 계약은 소멸한다.
> - 물가상승률 등 제반 경제적 가정을 고려하지 않는다.(화폐의 시간가치를 고려하지 말 것)

① 268,700천 원 ② 343,340천 원
③ 412,040천 원 ④ 533,330천 원
⑤ 612,040천 원

키워드 추가적으로 필요한 생명보험 필요보장금액
정답 ②
해설
- 생명보험 필요보장금액 : (대출잔액 + 5년간 가계지출비용)
  : 403,000 + 5년간 지출비용(209,040) = 612,040천 원
   → 5년간 지출비용 : (3,300 + 1,184 - 1,000) × 12 × 5년 = 209,040천 원
- 준비자산 : 금융자산, 사망보험금(계약자적립액), 퇴직연금의 계약자적립금
  : 248,100 + 2,100 + 18,500 = 268,700천 원
- 추가적으로 필요한 생명보험 필요보장금액
  : 612,040천 원 - 268,700천 원 = 343,340천 원

08 이현민 씨가 현재 보유하고 있는 주식의 정보가 다음과 같다면 주식 평가에 대한 해석으로 가장 적절하지 않은 것은?

(단위 : 원)

구분	A종목	B종목	C종목	D종목	E종목
현재가	10,000	10,000	30,000	15,000	25,000
EPS	1,200	1,200	5,000	2,000	6,000
산업평균 PER	9	6	7	8	5
시장 PER	9				

① 모든 종목은 시장의 평균적인 주식가격 대비 저평가되어 있다.
② 모든 종목은 해당 종목이 속한 산업의 평균적인 주식가격 대비 저평가되어 있다.
③ 종목 A종목의 PER는 8.33으로 해당 종목에 투자한다면 배당률이 12%라고 볼 수 있다.
④ 종목 C의 산업평균 PER를 기준으로 예상되는 주가는 35,000원이다.
⑤ 시장 PER를 기준으로 주가를 예상할 경우 현재 실제 주가와 차이가 가장 큰 종목은 D종목이다.

키워드 투자상품의 적정성 평가
정답 ⑤
해설 〈시장PER 기준 주가〉 : 시장PER × EPS

구분	A종목	B종목	C종목	D종목	E종목
현재 주가	10,000	10,000	30,000	15,000	25,000
시장PER기준 주가	10,800	10,800	45,000	18,000	54,000
차이	800	800	15,000	3,000	29,000

09 이현민 씨는 현재 보유하고 있는 주식을 베타계수를 기준으로 2개의 그룹으로 구분하고, 각 그룹별로 1개씩의 종목을 처분하고자 한다. 샤프척도기준과 트레이너척도기준을 적용하여 처분할 주식을 선택하시오.(문제 8번과는 별개임)

구분	평가금액	베타계수^{주)}	샤프척도	트레이너척도
종목A	9,000,000	0.73	0.45	1.60
종목B	9,000,000	1.15	0.50	1.10
종목C	9,000,000	0.83	0.59	1.30
종목D	9,000,000	0.75	0.70	1.50
종목E	9,000,000	1.14	1.00	1.70
합계	45,000,000			

주) 베타계수, 상관계수는 시장지수(KOSPI200지수) 기준으로 계산

	샤프척도기준	트레이너척도기준
①	A, C	A, B
②	A, B	B, C
③	C, D	A, C
④	C, E	C, D
⑤	B, D	B, D

키워드 투자상품 분석

정답 ②

해설
- 베타계수 기준으로 상품 분류 ([그룹1] A, C, D / [그룹2] B, E)
  : 1보다 작은 그룹과 큰 그룹으로 구분함
- 처분할 주식의 선택

	샤프척도기준	트레이너척도기준
그룹1	A	C
그룹2	B	B

10 이현민 씨는 연금저축펀드 및 주식투자의 일부를 채권에 투자하는 것을 검토 중에 있다. 다음의 자료에서 제시된 연복리채인 국민주택채권 1종을 2025년 8월 1일에 매입하여 투자할 경우 관행적 복할인 방식으로 계산한 채권 매매단가(세전)로 적절한 것을 고르시오.

- 발행일 : 2024년 1월 31일
- 유통수익률 : 3.83%
- 만기일 : 2029년 1월 31일
- 표면금리 : 3%

① 10,161원
② 10,000원
③ 10,383원
④ 10,451원
⑤ 11,592원

키워드 채권가격의 계산

정답 ①

해설
- 2029.001.31 채권의 가치 10,000[PV], 5[n], 3[i], FV = 11,592.74
- 2025.08.01의 채권 매매단가
  (*2024.08.01 ~ 2029.01.31까지의 기간 = 1,279일)
  11,592[FV], 3.83[i], (1,279/365)[n], PV = 10,161.58

11 강미정 씨와 이현민 씨가 관심을 갖고 있는 경기도의 B아파트는 현재 10억 원 정도인데, 향후 8년 후에 취득하고자 준비 중일 경우 위험요인으로 가장 적절하지 않은 것은?

① 향후 대출금리가 하락하며, LTV 등 비율이 상승하면 아파트 구입에 유리하게 작용한다.
② 해당 아파트에 대한 수요가 증가하면 아파트 구입에 유리하게 작용한다.
③ 해당 아파트가 소재한 인근 지역에 정부주도 공공주택의 공급정책이 나오면 아파트 구입에 유리하게 작용한다.
④ 경기도 B아파트 소재 지역 주변으로 교통 및 사회인프라가 형성되는 등 지역경제의 중심으로 도약한다면 아파트 구입에 불리하게 작용된다.
⑤ 구입하고자 하는 평형의 아파트에 선호도가 증가하여 수요가 상승한다면 구입에 불리하게 작용한다.

키워드 아파트 가격의 형성요인
정답 ②
해설 ② 아파트에 대한 수요가 증가하면 아파트 가격은 상승하게 된다. 따라서 해당 아파트 구입에서는 불리하게 작용할 것이다.

12 향후 아파트 구입을 대신할 임대용 빌라에 대한 것도 함께 검토 중이었다. 다음 자료를 통한 임대용 빌라의 수익가격은 얼마로 예상되는가?(직접환원법에 의해 계산할 것)

> - 서울시 구로동 소재 낡은 다가구주택을 구입하여 임대용 빌라를 건축하려고 한다. 낡은 다가구주택을 철거하고 새 빌라를 건립하는 데 드는 제반 비용은(다가구주택 취득가격은 제외) 철거비용 75,000천 원, 철거 후 폐자재 수익 20,000천 원의 발생이 예상되고, 빌라의 건축비용은 200,000천 원의 비용이 소요될 것으로 예상된다.
> - 금융기관에서 2억 원을 10년 동안 연 7%의 이자만 내다가 만기에 원금을 일시에 상환하는 조건으로 대출을 받으려 한다.
> - 임대용 빌라에는 총 10세대가 들어서며 임대료는 각 세대당 월 600천 원씩 받을 수 있다. 각 세대당 보증금은 20,000천 원이며, 간접투자상품에 6%의 수익률로 투자된다.
> - 예상 공실률은 가능총소득의 5%이며 화재보험료 등 영업경비는 유효총소득의 10%이다.
> - 현재 임대용 빌라에 대한 전형적인 종합환원이율은 10%, 이현민씨는 투자자본에 대하여 최소한 20% 이상의 수익을 기대하고 있다.

① 615,600천 원 ② 718,200천 원
③ 738,000천 원 ④ 756,000천 원
⑤ 798,000천 원

키워드 직접환원법

정답 ②

해설
- 부동산의 수익가치 = NOI/R = 71,820 / 0.1 = 718,200천
  → NOI = (10 × 600 × 12 + 10 × 20,000 × 0.06) × (1 − 0.05) × (1 − 0.1)
       = 71,820천 원

13 강미정 씨 명의의 경기도 소재 25평 아파트를 매도하고자 할 때 주의해야 할 사항으로 적절하지 않은 것은?

① 매수자와 매매계약서를 작성할 때 계약금의 지급이 없어도 매매계약은 유효하게 성립될 수 있지만 가능한 계약금을 받는 계약서를 작성한다.
② 매수자가 법인이라면 법인이 매수하는 것인지 법인의 대표자가 매수하는 것인지 명확하게 해둔다.
③ 매매가 성립되면 강미정은 경기도 소재 25평 아파트를 매수자에게 이전해야 할 의무가 발생한다.
④ 매매계약서를 작성하자마자 아파트 가격 상승 분위기가 되어 계약을 즉시 해제하고 싶다면 매수인으로부터 받은 계약금만 돌려주면 쉽게 해제할 수 있다.
⑤ 강미정이 직장일로 바빠서 남편 이현민에게 대신 매매계약을 맡긴 경우 대리권을 주지 않았다면 무권대리가 되어 원칙적으로 무효가 된다.

키워드 매매계약
정답 ④
해설 매도인이 매매계약을 해제하는 경우에는 계약금의 배액을 돌려주고 해제할 수 있다.

14 [문제 12~13번]에서 이현민씨의 자신의 요구수익률을 충족시키는 범위 내에서 낡은 다가구주택 매입에 지불할 수 있는 최대 매입가격으로 적절한 것을 고르시오.

① 258,000천 원
② 313,000천 원
③ 343,500천 원
④ 375,000천 원
⑤ 400,000천 원

키워드 최대 매입가격
정답 ③
해설 • 최대 매입가격 : 343,500천 원
→ (X + 75,000 − 20,000 + 200,000) × 1.2 = 718,200천 원
∴ X = 343,500천 원

※ CFP® 자격인증자는 이들 부부가 60세부터 은퇴생활을 시작하기로 하고 은퇴기간 중 (월)은퇴소득 목표를 현재물가기준으로 5,500천 원으로 합의하고 은퇴설계를 진행하고 있다. 은퇴설계를 위한 물가상승률은 부부의 동의를 얻어 장기물가상승률인 연 2%를 적용하기로 하였다. 이와 관련하여 다음의 추가적인 은퇴설계 정보를 참고하여 [문제 15~16번]의 질문에 답하시오.

- 은퇴기간

구분	현 직장 퇴직희망연령	은퇴기간	
		은퇴시기	은퇴기간
이현민	60세	60세	25년
강미정	55세	55세	35년

- 국민연금 관련 정보

(단위 : 천 원)

구분	예상 총가입기간	연금수급 개시연령	2025년 1월 소득액	65세 (월)연금액주1)	
				현재의 A값, B값 기준주2)	장래의 A값, B값 기준주3)
이현민	360개월	65세	5,500	1,284	4,317
강미정	336개월	65세	5,333	1,223	4,237

주1) 이현민 60세, 강미정 55세까지 가입하고, 65세에 도달하여 첫해 수급하는 (월)연금액임
- 가입기간에 출산크레딧 및 군복무크레딧은 반영하지 않음
- 연금수급 직전 3년간 가입자 전체의 평균소득월액의 평균액(A값)
  - 2023년 적용 A값 : 2,861,091원, 2053년 적용 A값 : 10,656,661원
- 부부의 가입기간 중 기준소득월액을 연금수급 전년도 현재가치로 재평가한 평균소득월액(B값)
  - 이현민 : 17,596,566원, 강미정 : 18,587,950원
  주2) 가입자 전체 소득상승률 및 부부 각각의 소득상승률 연 0%, 소비자물가상승률 연 2.0%를 적용
  주3) 가입자 전체 소득상승률 연 4.4%, 부부 모두 소득상승률 연 3.0%, 소비자물가상승률 연 2.0%를 적용

- 퇴직연금 관련 정보

(단위 : 천 원)

구분	퇴직연금 가입시기	사용자부담금	2025.1월 퇴직연금 평가액	운용방법
이현민	2019.12.	25,186	18,500	성장형MP
강미정	2016.12.	37,432	28,800	성장형MP

* 이들 부부가 선택한 성장형 모델포트폴리오(MP)의 기대수익률은 5.0%임
* 예상 퇴직시점에서 퇴직소득세 실효세율은 이현민은 퇴직소득의 5.66%, 강미정은 2.38%임
* 은퇴기간 중 연간 목표은퇴소득은 월 목표은퇴소득을 12개월로 곱한 금액이 매년 초에 필요한 것으로 가정함

- 은퇴기간 중 은퇴자산에 대한 세후투자수익률 : 연 4.0%

15 이현민 씨 부부가 가입하고 있는 국민연금에 대해 전체 가입자의 평균기준소득월액(A값) 상승률은 연 4.4%, 이현민 씨의 평균기준소득월액(B값) 상승률은 연 3.0%로 상승하는 것으로 가정할 경우 이현민과 강미정의 매월 연금액 합계의 현재물가기준의 예상금액과 희망소득과의 차이금액으로 가장 적절한 것은?

① 노령연금의 합계 2,622천 원, 희망소득과의 차이 2,878천 원 부족
② 노령연금의 합계 3,600천 원, 희망소득과의 차이 1,900천 원 부족
③ 노령연금의 합계 4,802천 원, 희망소득과의 차이 698천 원 부족
④ 노령연금의 합계 5,500천 원, 희망소득과의 차이 없음
⑤ 노령연금의 합계 6,718천 원, 희망소득과의 차이 218천 원 여유

키워드 연금수급개시 시기에 따른 국민연금 예상금액

정답 ①

해설
- 이현민의 노령연금의 현재가치
  → 4,317[FV], 30[n], 2[i], PV = 2,383천 원
- 강미정의 노령연금의 현재가치
  → 4,237[FV], 30[n], 2[i], PV = 2,339천 원
- 희망소득과의 차이 : 5,500천 원 − (2,383천 원 + 2,339천 원) = 2,878천 원 부족

16 이현민 씨 부부는 60세부터 국민연금의 조기노령연금을 수령할 계획이다. 이와 관련하여 이들 부부의 은퇴생활비 충당 방안에 대한 김재무 CFP® 자격인증자의 제안내용으로 적절하지 않은 것은?

① 조기노령연금은 연금수급개시연령 기준 5년 이내의 기간부터 수급할 수 있으며, 1개월 당 0.5%씩을 감액하여 지급하지만, 5년 이후부터는 감액없이 정상적인 노령연금액을 수급받을 수 있다.
② 강미정의 경우 60세부터 사망할 때까지 수령하는 조기노령연금액을 은퇴시점에서 일시금으로 평가하면 65세부터 수령하는 노령연금액을 은퇴시점에서 일시금으로 평가한 금액보다 많다.
③ 이현민 부부가 60세부터 조기노령연금을 수령하는 경우 이들 부부가 은퇴기간 중 필요한 총은퇴일시금은 현재물가기준으로 864,037천 원이다.
④ 이현민 부부가 60세부터 조기노령연금을 수령하는 경우 이들 부부가 60세부터 퇴직연금을 수령하더라도 총은퇴일시금을 충족할 수 없기 때문에 추가적인 은퇴자산을 확보하여야 한다.
⑤ 이현민의 경우 65세부터 사망할 때까지 수령하는 노령연금액을 은퇴시점에서 일시금으로 평가하면 60세부터 수령하는 조기노령연금액을 은퇴시점에서 일시금으로 평가한 금액보다 적다.

키워드 조기노령연금

정답 ①

해설 ① 조기노령연금은 감액된 연금액으로 종신 동안 수령하는 것이며, 실제 연금개시연령에 도달하였다고 하여 다시 복구되는 것은 아니다.

17 이현민 씨는 가입한 연금저축펀드를 통해 연말정산 시 절세를 하는 데 도움이 되기를 희망하고 있다. 연말정산과 관련하여 소득세법상 자격인증자인 김재무 CFP®가 안내한 다음 설명 중 적절한 것을 모두 고르시오.

> 가. 연금저축펀드 납입금액 전액에 대해 연금계좌 세액공제를 받을 수 있으며, 공제율은 12%이다.
> 나. 연금저축펀드를 연금저축보험으로 금융기관 이전이 가능하며, 보험으로 이전할 경우 매월 계속보험료를 지속적으로 납입하여야 하며, 미납시 납입최고를 받을 수 있다.
> 다. 강미정 씨도 연금저축계좌를 고려할 수 있으나, 개인형퇴직연금으로 연간 900만원까지 납입을 한다면 납입액 전액을 세액공제 받을 수 있다.
> 라. 이현민씨의 연금저축펀드 이외에 확정기여형퇴직연금에 매월 650천 원을 납입한다면 이 또한 전액에 대해 연금계좌세액공제 받을 수 있다.
> 마. 연금저축펀드의 운용과정에서 발생하는 수익은 배당소득에 해당되며 14%로 원천징수된다.

① 가, 나, 다, 라, 마
② 가, 나, 다, 라
③ 나, 다, 마
④ 다, 라
⑤ 다, 마

키워드 연금계좌

정답 ②

해설 마. 연금계좌에서 운용되는 수익에 대해서는 운용단계에서는 과세하지 아니하며, 이후 연금지급 시 연금소득세로 과세한다.

18 다음 정보를 고려할 때 소득세법상 2024년 귀속분 강미정 씨의 종합소득세 신고 및 납부와 관련된 설명 중 가장 적절하지 않은 것은?(지방소득세는 고려하지 않음)

> [2024년 예정 귀속 강미정 소득 및 소득공제 내역]
> - 근로소득금액 : 42,000천 원
> - 강사료 사업수입금액 : 7,000천 원
> - 종합소득공제 : 5,000천 원
> - 이외의 소득은 없음

① 강사료 수입에 대한 필요경비로 법정 60%까지 인정받을 수 있다.
② 강미정씨의 기타소득금액은 2,800천 원이며, 이는 분리과세로 과세를 종결하는 것이 종합과세로 과세하는 것보다 세부담면에서 유리하다.
③ 강미정씨의 종합소득세 한계세율은 15%이다.
④ 종합소득공제 중 인적공제 중 강미정씨는 부녀자공제를 적용받지 못한다.
⑤ 강사료 수입에 대해 연말정산시 반영하였다면 종합소득 확정신고납부를 하지 않아도 된다.

키워드 종합소득세 신고 납부

정답 ②

해설 ② 기타소득으로 강사료에 대한 기타소득금액 2,800천 원은 3,000천 원 이하이므로 분리과세를 선택할 수 있다. 분리과세될 경우 원천징수세율은 20%이지만, 종합과세될 경우의 한계세율은 15%이므로 종합과세하는 것이 세부담면에서 유리하다고 할 수 있다.

19 이현민 씨의 부친이 서울시에 소재한 아파트와 더불어 시골주택을 모두 보유하고 있을 경우 부동산과 관련된 세금문제에 대한 설명으로 가장 적절하지 않은 것은?

① 만약 시골주택이 세법상 요건을 충족하는 경우에 시골주택으로 이사를 하는 과정에서 서울 소재 아파트를 양도할 경우 1세대 1주택으로 보아 양도소득세를 과세한다.
② 소유하고 있는 서울 아파트를 15억 원에 양도한 경우이며, 보유기간이 10년 이상, 거주기간이 10년 이상이라면 장기보유특별공제는 양도가액 12억 원을 초과하는 부분에 해당하는 양도차익의 80%까지 받을 수 있다.
③ 서울 아파트의 취득시기가 1975년이라면 의제취득일로 1985년 1월 1일로 보아 취득가액을 환산한 금액을 적용하여 양도차익을 계산한다.
④ 만약 시골주택이 농어촌주택 중 영농 또는 영어의 목적으로 취득한 귀농주택에 해당된다면 그 귀농주택을 취득한 날로부터 3년 이내에 서울 아파트를 양도하는 경우 1세대 1주택으로 보아 양도소득세를 계산할 수 있다.
⑤ 만약 서울시에 소유한 주택을 임대할 경우 기준시가 12억 원을 초과하는 주택이라면 임대료에 대해서 소득세가 부과될 수 있다.

키워드 부동산관련 세금
정답 ④
해설 ④ 3년 → 5년

20 이현민 씨의 부친은 보유하고 있는 재산 등에 대해 유언을 통해 재산을 상속하고자 한다. 다음 중 CFP® 자격인증자의 유언에 대한 조언으로 가장 적절하지 않은 것은?

① 피상속인의 법적 효력이 있는 단독 행위이고, 피상속인의 사망과 동시에 법적 효력이 발생한다.
② 유언의 방식, 유언의 내용에 대해서는 자유롭게 정할 수 있으며, 유언으로 후견인을 지정하는 것은 미성년자에게 친권을 행사는 부모가 하는 것이다.
③ 유증은 유언자의 의사표시만으로 증여의 효력이 발생하는 단독행위이므로 유증을 받을 자의 승낙까지 필요한 것은 아니다.
④ 유언의 방식에 흠결이 있더라도 사인증여의 요건을 갖추고 있으면 사인증여로서의 효력을 인정하며, 부담부증여 부담의 내용이 유증 목적물의 가액을 넘지 않도록 주의를 하여야 한다.
⑤ 재산을 유증 받는 대신 부담을 지는 조건하에 이루어지는 유증을 부담부유증이라 하고, 부담부유증을 이행하지 않을 경우 상당기간을 정하여 이행을 최고하고 그 기간 내에 이행하지 않을 경우 가정법원에 유언의 취소를 청구할 수 있다.

키워드 유언
정답 ②
해설 ② 유언의 방식, 유언의 내용에 대한 법적 제한이 많고, 유언으로 후견인을 지정하는 것은 미성년자에게 친권을 행사는 부모가 하는 것이다.

CHAPTER 02 종합사례 II

김정훈, 박정순 부부는 2025년 1월 초 CFP® 자격인증자인 김재무씨를 찾아와 상담을 하면서 다음과 같은 재무목표 달성을 위한 재무설계를 의뢰하였다. 아래 주어진 신상 정보, 재무 정보, 보험 정보, 투자 정보, 은퇴 정보 등과 각 문제의 지문을 참고로 하여 문제에 답하시오.

I. 고객정보(나이는 2025년 1월 초 만 나이임)
- 가족상황
  - 김상진 : 부친(78세), 장애인
  - 최서희 : 모친(75세), 동일주택에 거주
  - 김연숙 : 장녀(46세), 출가하여 생활하고 있음
  - 김정훈 : 장남(43세), 독립하여 생활하고 있음, 며느리 박정순(40세), 손자 김시은(12세), 김지은(10세)
  - 김상훈 : 차남(18세), 김상진씨와 함께 생활, 고등학생
  - 상기 가족은 모두 거주자임

[김정훈 가족사항]
- 김정훈 : 남편(43세), 영진물산(부장)에서 15년째 근무, 2024년 연봉 85,000천 원(연봉에 퇴직금이 포함되어 있으며, 별도의 퇴직연금이 없음)
- 박정순 : 부인(40세), 외국금융기관(과장)에서 15년째 근무, 2024년 연봉 45,000천 원, 2024년 12월 말 확정기여형 퇴직연금 적립금 평가액 50,000천 원
- 김시은 : 딸(12세)
- 김지은 : 딸(10세), 장애인
- 건강 상황 : 가족 모두 건강하며, 특별한 질병이나 병력이 없어 보험가입에 어려움이 없음
- 주거 상황 : 풍납동 소재 110m² 아파트에 거주(남편 명의)하고 있으며, 2021년 1월 5일 이 아파트 구입시 S은행에서 20년 만기 연 6% 월복리의 매월 말 원리금균등분할상환 조건으로 100,000천 원 대출받았으며, 2024년 12월 말 현재 48회차 상환하였음.

II. 고객 재무목표
- 유동성과 부채의 관리
- 자녀 대학교육자금과 결혼자금 설계
- 김정훈씨의 조기 사망과 기타 위험관리
- 김정훈, 박정순 부부의 은퇴설계
- 대학교육자금, 결혼자금, 은퇴자금 등 세부 재무목표를 달성하기 위한 투자 설계

III. 재무정보(2025년 1월 1일 현재)
(1) 위험보유성향 : 중립형

(단위 : 천 원)

구분	가입일	만기일	가입금액	평가금액	자금목적	명의
MMF	'21. 1. 15	-	-	15,500	-	김정훈
정기예금	'22. 12. 1	'27. 11. 30		30,000	교육자금	김정훈
적립식 채권형 신탁	'16. 5. 1		19,200[1]	20,765	교육자금	김정훈
장기증권 저축	'16. 11. 1		45,000	50,000	은퇴자금	김정훈

1) 매월 600천 원 납입, 32회차 납입

① 2024년 12월 31일 현재 김상진씨 재산현황
- 차명예금(차남 김상훈 명의로 되어 있음)
  정기예금 원금 : 2,000,000천 원, 이자율 연 2%(세전), 원천징수세율 15.4%(지방소득세 포함)
- 비상장주식 50,000주 : 과점주주에 해당함
- 부동산(향후 변동이 없다고 가정함)

(단위 : 천 원)

부동산	현재 예상시세	현재 기준시가	비고
아파트A (김상진씨 거주)	1,500,000	900,000	132m²
임대상가 건물A	800,000	500,000	임대보증금 200,000
임대상가 건물B	1,800,000	1,000,000	• 임대보증금 : 200,000 • 월세수입 : 10,000 • 은행대출금 : 300,000
나지(잡종지)	800,000	500,000	

② 보험료 납입상황 : 김상진씨는 자신의 보험금 500,000천 원에 해당하는 생명보험에 가입하여 보험료납부를 완료했음

• 생명보험 및 연금보험

보험형태	종신보험	종신보험	연금보험저축[1]
계약자 및 피보험자	김정훈	박정순	김정훈
수익자	법정상속인	법정상속인	김정훈
보험가입금액	100,000천 원	100,000천 원	적립형
계약일	2013. 12. 1	2013. 12. 1	2015. 12. 15
만기일	—	—	—
월납보험료	125천 원	65천 원	200천 원
해지환급금	5,102천 원	20년납 무배당	2,513천 원
기타	20년간 무배당	10,180천 원	20년납 63세

1) 제1보험기간 (연금개시 전) 중 사망시 해약환급금과 10,000천 원을 사망보험금으로 지급

• 주택화재보험

계약자 및 피보험자	김정훈
계약일	2024. 12. 1
만기일	2025. 12. 1
보험가입금액	건물 : 50,000천 원, 가재도구 : 0원
연간보험료	50천 원
비고	관리비에 포함되어 납입

• 자동차 보험

용도	자가용(개인용)
계약일	2024. 10. 1
만기일	2025. 10. 1
보험가입금액	• 대인 Ⅰ : 자배법 시행령에서 정한 금액 • 대인 Ⅱ : 무한 • 대물 : 1사고 당 500,000천 원 • 자기신체사고 : 1사고당 15,000천 원 • 무보험자동차 : 피보험자 1인당 200,000천 원 • 자기차량손해 : 손해액의 20%(최저 20만 원, 최고 50만 원) • 특약 : 가족운전자한정운전 특약, 운전자 연령 만 26세 이상 한정운전 특약
보험료	연 550천 원

IV. 은퇴정보 및 기타정보

- 은퇴 이후 필요한 은퇴수입 : 매년 70,000천 원(현재물가기준)
- 주거 부동산(아파트)은 매년 물가상승률만큼 상승예상
- 은퇴 시 답답한 도시생활보다 공주 부근의 전원주택을 매입하여 전원에서 노후 생활을 보내 길 바람.
- 은퇴시점에서 현 주거 아파트는 시세로 매각(매각 부대비용은 3%)
- 현 주거 아파트를 매각한 자금의 50%는 전원주택 구입에 충당하고 나머지 50%는 은퇴 자금으로 사용할 예정임.
- 은퇴예비자금 : 은퇴시점에서 200,000천 원(현재물가기준)을 은퇴 예비자금으로 보유하기를 희망함. 이 은퇴 예비자금은 김정훈, 박정순 부부가 예상한 은퇴기간 25년을 초과하여 생존하는 경우 사용할 예정이며, 사용 후 잔여액은 자녀에게 상속함.
- 은퇴생활자금은 매년 물가상승률만큼 상승하며, 모든 비용은 기시에 소요되는 것으로 함.
- 주택모기지 잔액은 은퇴 전에 모두 갚는 것으로 가정하고, 은퇴 소득 계산 시 사용하지 않음.
- 두 자녀 모두 16, 19세 초에 고등학교, 4년제 대학에 입학하는 것으로 예상.
- 두 자녀 모두 27세 초에 결혼하는 것으로 예상.
- 부분의 은퇴시기는 김정훈 씨 나이 기준으로 63세 초부터 88세 될 때까지 25년간으로 예상.
- 국민연금 노령연금은 김정훈 씨 63세 초, 박정순 씨 64세 초부터 수령할 예정이며, 수령금액은 현재물가기준으로 각각 연간 11,000천 원임.
- 김정훈, 박정순 씨는 향후 5년간 직장이동 계획이 없으며, 연봉은 매년 초 물가상승률 + 1%P 정도 상승하고 연간 변동이 없으며, 2025년 1월 1일 현재 연봉은 임금상승률을 반영한 금액임.

V. 재무제표

• 재무상태표(2025년 1월 1일 현재)

(단위 : 천 원)

자산				부채 및 순자산			
	항목	금액	명의		항목	금액	명의
금융 자산	현금성자산			유동 부채	신용카드	1,450	김정훈
	현금				신용대출		
	보통예금[1]	3,600	김정훈	비유동 부채	주택담보대출	( )	김정훈
	MMF[2]	15,500	김정훈		임대보증금		
	저축성자산				총부채		
	정기예금	30,000	김정훈				
	투자자산						
	적립식채권형신탁	20,765	김정훈				
	장기증권저축[3]	50,000	김정훈				
	금전신탁[4]	30,500	김정훈				
	상장주식						
	금융자산 총액	150,365					
부동산 자산	임대용 부동산						
	부동산자산 총액						
사용 자산	거주 부동산	480,000	김정훈				
	기타 가재	40,000	김정훈				
	자동차 등	10,000	김정훈				
	사용자산 총액	530,000					
기타 자산	퇴직연금(퇴직금)	( )					
	보험해지환급금	17,795					
	투자목적 미술품 등						
	기타자산 총액	( )					
총자산		( )		순자산		( )	

1) 결제용 계좌
2) 2021년 초부터 수시로 저축
3) 주식형 수익증권을 통한 간접투자형
4) 원금보전형 금탁신탁

VI. 경제지표 가정

• 세후투자수익률 : 연 5%
• 물가상승률 : 연 3%
• 교육비상승률 : 연 6%
• 임금상승률 : 연 4%

※ 상기 시나리오를 참고하여 문제 1번부터 20번까지 답하시오. (질문하지 아니한 상황은 일반적인 것으로 판단하며, 개별문제의 가정은 다른 문제와 관련 없음)

01 다음 중 CFP® 자격인증자가 김정훈 씨 가족의 세금 등에 대하여 설명한 내용 중 가장 적절하게 설명한 내용으로만 모두 고르시오.

> 가. 김정훈씨는 근로소득자이므로 보험료소득공제, 주택저당대출 이자상환액에 대한 소득공제 및 신용카드소득공제를 받을 수 있으며, 근로소득자 이외의 자는 소득공제를 받지 못합니다.
> 나. 김정훈씨의 기본공제대상자로 딸 김지은을 설정하였을 경우 딸 김지은에 대한 교육비세액공제는 부인인 박정순씨가 종합소득세 납부시 공제받을 수 있다.
> 다. 차명예금에 대한 이자소득세는 차남 김상훈에게 부과되었으나, 실질적으로 해당 예금을 관리하고 입출금을 김상진씨가 하는 경우라면 김상진씨의 소득으로 보아 이자소득세를 다시 정산하여야 한다.
> 라. 김상진씨가 사망하여 주택을 상속하는 경우 김상훈(차남)이 상속받게 되고, 동거주택상속공제 요건을 충족했다면 최대 10억 원까지 상속공제를 받을 수 있다.
> 마. 연금계좌세액공제는 공제금액이 소득의 크기에 따라 절세액이 누진적으로 감소하기 때문에 고소득자일수록 소득공제보다 세액공자가 절세효과가 더 크다.

① 나, 라, 마 ② 가, 다, 라
③ 나, 다, 라 ④ 라, 마
⑤ 가, 다

 키워드 소득공제와 세액공제
정답 ⑤
해설 나. 어느 한 명의 기본공제대상자로 설정되면 다른 자의 소득공제 및 세액공제 대상자로 설정할 수 없다.
라. 동거주택상속공제는 최대 6억 원까지 가능하다.
마. 소득공제가 세액공제보다 고소득자일수록 유리하다.

02 다음 중 CFP® 자격인증자가 김상진 고객에게 세금 등에 대한 설명한 내용 중 가장 바르지 못한 것은?

① 과점주주에 대하여는 제2차 납세의무는 국세에 대해서는 모든 법인을 대상으로 하지만, 주식의 취득세 납세의무는 비상장법인의 과점주주를 대상으로 한다.
② 김상진씨 보유 임대상가건물에 대한 임대보증금은 간주임대료 부과대상이며, 임대상가 건물에서 당해연도 결손이 발생한 경우라면 다른 소득금액과 통산되지 않는다.
③ 법인 설립 시부터 과점주주였으며, 보유한 과점주주가 계속하여 동 주식비율을 유지한다면, 비록 법인이 취득세 과세대상 자산을 취득한다고 하더라도 과점주주가 취득세를 납부할 의무는 없다.
④ 비상장법인이 그 법인에게 부과되거나 그 법인이 납부할 국세 또는 지방세 등을 납부하지 못한 경우에는 그 국세 등 납부의무 성립일 현재 법인을 실질적으로 지배하는 과점주주가 그 부족액에 대하여 전부를 제2차 납세의무를 지게 된다.
⑤ 김상진씨가 보유중인 상가건물 A(시가 8억 원)을 장남 김정훈에게 4억 원에 양도할 경우 김상진씨의 양도소득세 계산시 양도가액은 8억 원으로 본다.

 키워드 과점주주
 정답 ④
해설 ④ 과점주주의 제2차 납세의무는 법인이 납부하지 않은 부족액에 대해 지분비율을 곱한 금액을 납세하는 것이다.

[참고]
⑤ 사가와 양도가액의 차이가 시가의 5% 또는 3억 원 이상의 차이로 양도하였으므로 부당행위계산부인 규정에 따라 시가(8억 원)를 양도가액으로 본다.

03 다음의 2024년도 귀속 소득에 대해 추가 자료를 기준으로 김상진씨의 2025년 5월에 확정신고하여야 할 종합소득세 산출세액을 고르시오.

> • 정기예금이자 : 세전 40,000천 원
>   - 차명예금으로 실질 소유자는 김상진씨의 소득에 해당함
> • 국내 비상장 중소기업으로부터의 현금배당 : 10,000천 원
> • 부동산임대(A, B 합산) 사업소득금액 : 50,000천 원
> • 종합소득공제 : 본인, 배우자, 차남의 인적공제만 적용함

① 10,400천 원 ② 12,145천 원 ③ 15,120천 원
④ 14,464천 원 ⑤ 23,520천 원

키워드 금융소득 종합과세
정답 ④
해설
- 금융소득금액 : 50,000 + 1,100(귀속법인세) = 51,100천 원
- 종합소득공제 : 기본공제 4,500(3명), 추가공제 4,000(장애인, 고령자2명) = 8,500천 원
- 금융소득 종합과세 산출세액 Max (종합과세방식, 분리과세방식) : 14,464천 원
  - 종합과세방식 = (20,000천 원 × 0.14) + (31,100천 원 + 50,000천 원 − 8,500천 원)
      × 기본세율 = 2,800 + (72,600 × 24% − 5,760) = 14,464천 원
  - 분리과세방식 = (50,000천 원 × 0.14) + (50,000천 원 − 8,500천 원) × 기본세율
      = 7,000 +(41,500 × 15% − 1,260) = 11,965천 원

04 김정훈, 박정순 부부가 이용하고 있는 주택모기지는 대출기간이 20년으로 매년 상환이자 중 10,000천 원 한도 내에서 소득공제 혜택을 받을 수 있다고 할 경우 시나리오상의 정보에 따라 정상적으로 원리금을 상환해 나갈 경우 연말정산 대상이 되는 2024년도 귀속 소득공제 대상이 되는 주택모기지 상환이자(2024. 1 ~ 2024. 12월분)로 적절한 것을 고르시오.

① 5,375천 원 ② 5,402천 원 ③ 5,831천 원
④ 5,861천 원 ⑤ 5,927천 원

키워드 주택모기지 상환액의 계산
정답 ②
해설 100,000[PV], 20 × 12[n], 6/12[i], PMT(E) = 716.43
⟨2nd AMORT⟩ : P1 = 37, P2 = 48
→ BAL = 88,296 : 48회차 상환 후 모기지 잔액
→ PRN = −31,948 : 2024년간 상환한 원금
→ INT = −5,402 : 2024년간 상환한 이자

05 김상진씨는 차남인 김상훈 명의로 되어 있는 정기예금을 장애인인 본인과 손녀인 김지은을 수익자로 하는 수익자연속신탁을 고려하고 있다. 다음 가정을 추가로 하여 상담한 내용으로 적절하지 않은 것을 고르시오.(개별 지문의 가정은 별개임)

> - 신탁원본 : 정기예금 중에서 5억 원을 가입함
> - 계약자 : 김상진
> - 수익자 : 김지은
> - 신탁의 세후투자수익률 : 연 5%
> - 신탁의 세후수익은 기시에 지급 받고 매년 초에 정액으로 영구히 받을 수 있도록 신탁의 일정금액은 유지할 것
> - 3년 전 김상진씨로부터 현금 3억 원을 사전증여받은 김지은은 본인의 명의로 자익신탁에 가입하였다.(상증법상 증여세 비과세 요건 충족)

① 가입하고자 하는 신탁의 조건에 따를 경우 매년 초에 지급받는 세후 수익은 23,809.5천 원이다.
② 김상진씨가 계약한 신탁은 타익신탁에 해당되며 타익신탁의 경우에도 자익신탁과는 별도로 신탁원본 5억 원까지 증여세가 비과세된다.
③ 장애인을 수익자로 지정하는 신탁으로서 증여세를 비과세 받기 위한 요건으로 자본시장법상 신탁업자에게 신탁을 하여야 한다.
④ 증여세 비과세를 적용받기 위해서는 신탁의 이익 전부를 장애인이 수령하여야 한다.
⑤ 김지은씨가 신탁의 수익자로 될 경우 증여세가 비과세되기 위한 요건으로 해당 신탁계약이 김지은씨가 사망할 때까지 갱신이 가능하여야 한다.

키워드 신탁계약
정답 ②
해설 ② 자익신탁과 타익신탁을 합하여 5억 원 한도로 비과세된다.
　　　[참고]
　　　① (500,000 − A) × 5% = A에서 A는 23,809.5천 원

06 김상진씨의 최근 임대상가 건물 B를 현재 예상 시세로 매도할 것인지, 3년 동안 보유한 후에 매도할 것인지 고려하는 것에 대한 다음의 정보를 바탕으로 현시점에서 매도시 세후자기자본가치로 가장 적절한 것은? (장부가액 계산시 토지가격은 비교방식, 건물가격은 원가방식으로 계산할 것)

- 구입대상 상가건물 투자안
  - 현재 예상 매도가격 : 1,800,000천 원, 예상 매도비용 : 예상매도가격의 7%
  - 3년 전 신축 상가매입가격 : 1,000,000천 원(토지가격 포함)
  - 3년 후 매도가격 : 2,000,000천 원, 예상 매도비용 : 예상매도가격의 5%
  - 양도소득세율 : 매도가격에서 장부가격을 차감한 금액의 20%
  - 소득세율 : 20%로 가정
  - 월세수입 : 다음 해부터 10%씩 증가할 것으로 예상
  - 임대보증금 운용이익 : 없음
  - 대손 및 공실은 없으며, 운영경비는 유효총수익의 10%를 가정함
  - 건물의 재생산원가 : 600,000천 원, 총 내용연수 : 20년(정액법)
  - 토지의 거래사례비교법에 의한 평가금액 : 400,000천 원
  - 대출조건 : 대출기간 15년 대출이율 6%, 보유기간 동안 이자만 지불하다 매도 시에 대출금을 전액 상환
- 세후 요구수익률 : 10%

① 약 950,000천 원   ② 약 1,021,000천 원
③ 약 1,321,000천 원   ④ 약 1,430,000천 원
⑤ 약 1,500,000천 원

키워드 자기자본가치의 계산

정답 ②

해설 • $-1,021,300[CF_0]$, $78,000[CF_1]$, $86,640[CF_2]$, $(94,144 + 1,184,000)[CF_3]$, $10[i]$,
NPV = 81,501
NPV > 0 이므로 3년 보유 후 매도
① 임대상가 B, 현재 매도 시 부동산의 투자가치

매도가액	1,800,000
(−)매도비용	126,000(1,800,000 × 0.07)
(=)순매도가액	1,674,000
(−)미상환대출자금	300,000
(−)보증금	200,000
(=)세전현금흐름	1,174,000
(−)양도세	152,800
(=)세후현금흐름	1,021,300

[양도세 계산]

순양도가액	1,674,000
(-)장부가액	910,000[600,000(건물가치)] × 17/20(3년분 감가상각) + 400,000(토지가치)]
(=)양도차익	764,000
(*20%)양도세	152,800

② 3년 보유 후 매도 시(3년 보유의 경우)

구분	1년 말	2년 말	3년 말
가능총소득(PGI)	120,000(10,000×12)	132,000(×1.1)	145,200(×1.1)
(-)공실 및 대손	0	0	0
(=)EGI	120,000	132,000	145,200
(-)OE	12,000	13,200	14,520
(=)NOI	108,000	118,800	130,680
(-)D/S	18,000 (300,000×6%)	18,000 (300,000×6%)	18,000 (300,000×6%)
(=)BTCF	90,000	100,800	112,680
(-)TAX(임대소득세)	12,000	14,160	16,536
(=)ATCF	78,000	86,640	94,144

[TAX(임대소득세)]

구분	1년 말	2년 말	3년 말
NOI	108,000	118,800	130,680
(-)감가상각액	30,000	30,000	30,000
(-)이자지급액	18,000	18,000	18,000
(=)과세표준	60,000	70,800	82,680
(+20%)세율	12,000	14,160	16,536

③ 임대상가 B, 3년 후 매도 시 부동산의 투자가치

매도가액	2,000,000
(-)매도비용	100,000(2,000,000×0.05)
(=)순매도가액	1,900,000
(-)미상환대출자금	300,000
(-)보증금	200,000
(=)세전현금흐름	1,400,000
(-)양도세	216,000
(=)세후현금흐름	1,184,000

[양도세 계산]

순양도가액	1,900,000
(-)장부가액	820,000[600,000(건물가치)] × 14/20(6년분 감가상각) + 400,000(토지가치)]
(=)양도차익	1,080,000
(*20%)양도세	216,000

07 [문제 6을 토대로] 김상진씨의 최근 임대상가 건물 B를 매도할 것인지, 3년 동안 보유한 후에 매도할 것인지 고려하는 것에 대한 정보를 바탕으로 임대상가 건물 B에 대해 매도와 보유를 고려한 영업활동을 통한 현금흐름과 자본이득에 대한 현금흐름을 세후가치로 구한 자기자본의 순현재가치를 근거로 합리적인 의사결정으로 적절한 것은?

① NPV는 약 98,060천 원으므로 3년간 보유 후 매도한다.
② NPV는 약 95,060천 원이므로 3년간 보유 후 매도한다.
③ NPV는 약 81,500천 원으므로 3년간 보유 후 매도한다.
④ 요구수익률이 12.9% 이하면 계속 운영하는 것이 타당하다.
⑤ 요구수익률이 11.9% 이하면 계속 운영하는 것이 타당하다.

키워드 매도/보유 의사결정

정답 ③

해설
- [NPV]
  − 1,021,300[CF$_0$], 78,000[CF$_1$], 86,640[CF$_2$], (94,144 + 1,184,000)[CF$_3$], 10[i],
  NPV = 81,501
  NPV > 0이므로 3년 보유 후 매도
- [IRR]
  1,021,300[CF$_0$], 78,000[CF$_1$], 86,640[CF$_2$], (96,144 + 1,184,000), IRR = 13.1%
  요구수익율이 10% < 기대수익률 13.1%이므로 계속 운영

08 김재무 CFP® 자격인증자의 김정훈씨 부부의 은퇴설계에 대한 설명으로 가장 적절하지 않은 것은? (각 지문별 가정은 별개로 함)

① 박정순씨가 20년 후 은퇴할 경우 은퇴시점 퇴직금을 법에서 정한 금액으로 일시금으로 수령할 경우 세전 퇴직금은 약 276,524천 원으로 예상된다.
② 보유중인 아파트를 처분한 금액으로만 은퇴생활을 할 경우 현재물가기준의 은퇴생활수준은 매년 11,617천 원이다.
③ 은퇴시점의 은퇴예비자금으로는 361,222천 원이 준비되어야 한다.
④ 은퇴생활을 국민연금으로만 할 경우 현재물가기준의 은퇴생활수준은 22,000천 원 보다 다소 적을 것이다.
⑤ 주택 모기지 상환액은 모기지 상환이 끝난 이후에도 계속해서 매월 말 세후투자수익률로 같은 금액을 투자할 경우 은퇴시점의 평가금액은 37,718천 원이다.

키워드 은퇴자금 마련
정답 ⑤
해설
① 45,000/12[PV], 19[n], 4[i], FV = 7,901천 원(×35년) = 276,524천 원
② 480,000[PV], 20[n], 3[i], FV = 866,933천 원(×97%×50%) = 420,462천 원
→ 420,462[PV], 25[n], (1.05/1.03 − 1)×100[i], PMT(B) = 20,982천 원
→ 20,982[FV], 20[n], 3[i], PV = 11,617천 원
③ 200,000[PV], 20[n], 3[i], FV = 361,222천 원
④ 김정훈씨 부부의 은퇴시기와 국민연금수령시기가 일치하지 않으므로 현재물가기준의 은퇴생활수준은 22,000천 원 보다 다소 적을 것이다.
⑤ 100,000[PV], 240[n], 6/12[i], PMT(E) = 714.43
→ 714.43[PMT](E), 36[n], 0.4074[i], FV = 27,718천 원
(*이율변환 : −100[PV], 12[n], 105[FV], i = 0.4074)

09 주식 포트폴리오 3억 원을 보유하고 있는 김정훈씨는 주가하락에 따른 위험을 회피하기 위해 선물거래를 통해 헤지하려고 한다. 이를 위해 주식포트폴리오와 시장수익률관계를 조사하였더니 주식포트폴리오 수익률의 표준편차는 1.5, 시장수익률의 표준편차는 1.0, 상관계수는 0.8로 나타났다. 현재 KOSPI200지수는 100이며, 선물 거래승수는 250천 원이다. 김정훈씨가 위험 헤지를 위해 필요한 매입 또는 매도할 선물계약수로 가장 적절한 것은?

① 14계약 매입
② 14계약 매도
③ 16계약 매입
④ 16계약 매도
⑤ 18계약 매입

> **키워드** 선물을 이용한 헤지거래
> **정답** ②
> **해설**
> - 베타 = 1.5/1.0 × 0.8 = 1.2
> - 선물계약수 = (1.2 × 300,000천 원)/(100 × 250천 원) = 14.4
> ∴ 선물 14계약 매도

10 다음 중 김재무 CFP® 자격인증자가 김정훈 고객(43세)에게 할 수 있는 개인연금 활용방안에 대한 설명에 대한 내용으로 가장 적절하지 않은 것은?

① 가입하고 있는 장기증권저축은 장기투자를 통한 투자위험 분산으로 기대수익률을 높일 수 있고 복리효과를 얻을 수 있지만 금전신탁이나 연금저축보험과는 달리 손실을 볼 가능성이 높다.

② 세제적격 연금은 다른 금융회사로 변경할 경우 세제상의 불이익 있으며, 세제적격 연금은 가입자 사망 시 가입자의 배우자 및 직계존비속에 한 해 승계를 할 수 있다.

③ 기대수명이 증가하고 있는 추세를 고려하면 종신형 연금은 장수 위험에 대비할 수 있는 적합한 대안이며, 보수적인 위험성향이라면 연금저축 보험 또는 공시연동형 연금보험이 적합하다.

④ 은퇴준비를 위한 가정으로의 세후투자수익률 연 5%를 달성하기 위해서는 은퇴자금으로 유지 중인 상품의 적절한 포트폴리오 자산분배가 필요하다.

⑤ 세제적격 연금저축은 연금수령 시 연금소득세를 원천징수하지만, 세제비적격 연금보험을 가입할 경우 저축성보험의 보험차익 비과세요건을 충족하면 연금소득에 대해서는 과세되지 않는다.

> **키워드** 개인연금의 활용
> **정답** ②
> **해설** ② 세제적격 연금은 세제상의 불이익 없이 다른 금융회사로 변경할 수 있으며, 세제적격 연금은 가입자 사망 시 가입자의 배우자에 한 해 승계를 할 수 있다.

11 다음 중 김정훈 고객의 투자자산 배분을 다음과 같이 재조정하였을 경우 68.27%의 확률로 1년 후 실제 수익률이 나타날 수 있는 범위를 적절하게 표시한 것은? (수익률 분포는 정규분포를 가정함)

자산	투자비중	세후기대수익률	수익률 표준편차
부동산 펀드	30%	5.00%	5.00%
채권 펀드	30%	4.00%	2.00%
주식 펀드	40%	8.00%	20.00%

* 부동산과 채권의 상관계수 : −0.10, 부동산과 주식의 상관계수 : 0.30, 주식과 채권의 상관계수 : 0.20

① 0.00% ~ 10.87%
② −10.87% ~ 20.87%
③ −3.69% ~ 13.69%
④ −5.87% ~ 10.87%
⑤ −10.87% ~ 5.87%

키워드 수익률의 신뢰구간

정답 ③

해설
- 포트폴리오 기대수익률
  → 0.20 × 30% + 0.40 × 30% + 0.80 × 40% = 5.00%
- 포트폴리오 표준편차

$$\sqrt{(0.3 \times 0.05)^2 + (0.3 \times 0.02)^2 + (0.4 \times 0.20)^2 + 2 \times 0.3 \times 0.3 \times 0.05 \times 0.02 \times (-0.10) + 2 \times 0.3 \times 0.4 \times 0.05 \times 0.20 \times 0.30 + 2 \times 0.3 \times 0.4 \times 0.02 \times 0.20 \times 0.20}$$
  = 0.0869(약 8.7%)
- 68.27%의 범위는 기대수익률 ±표준편차 : −3.69% ~ 13.69%

12 사전증여 등 김상진씨의 상속세 절약 방안에 대한 다음 설명 중 가장 적절하지 않은 것은? (개별 지문은 별개로 가정함)

① 일반적으로 부동산은 기준시가가 시세보다 낮게 평가되므로 정기예금을 인출하여 증여하는 방안보다는 부동산을 증여하는 것이 전체 증여세 및 상속세 부담을 감소하는 방안이 될 수 있다.
② 현재까지 어느 누구에게도 증여 받은 적이 없는 김시은씨나 김상훈씨에게 15,000천 원 범위 내에서 증여할 경우 증여 당시의 증여세 부담에는 차이가 없다.
③ 부동산 중에서 임대상가 건물 B가 시세와 국세청 기준시가 및 임대료 방식과의 차액도 가장 크고 임대보증금 및 대출금도 있어 사전증여 시 증여세 부담의 감소와 향후 자산 증가 이익이 보유자산 중 가장 큰 것으로 예상된다면 가장 유리한 증여대상이라고 볼 수 있다.
④ 10년 내 사전증여재산가액은 상속재산가액에 합산되므로 김정훈씨에게 부동산과 비상장주식 대부분을 사전 증여하는 경우와 사전증여 없이 김정훈씨에게 재산을 유증하는 경우와 비교하여 상속세 및 증여세 합계액은 차이가 있다.
⑤ 임대상가 건물 A를 김정훈씨에게 사전증여하고 김상진씨가 임대료를 김정훈씨에게 지급하지 않는다면 김정훈씨는 부당행위계산 부인으로 증여세를 부담해야 한다.

키워드 상속세 절약방안
정답 ⑤
해설 ⑤ 부동산임대소득은 사업소득과 마찬가지로 특수관계자에게 무상임대 시 부당행위계산 부인으로 소득세를 추징당한다.

13 아래 지문의 상황이 발생하였다고 가정한 경우, 관련 설명으로 가장 적절하지 않을 것은?

> - 김상진씨는 2025년 1월 1일 노환으로 사망하였으며, 별다른 유언을 남기지 않았다. 최서희씨와 김정훈씨는 2022년 2월 12일 교통사고로 부친보다 먼저 사망하였다고 가정함
> - 김상진씨는 2013년 7월 14일 아파트 A, 임대상가건물 A, 임대상가건물 B를 모교인 에듀대학교에 기증하였다. (모교에서는 증여를 받는 것이 상속인들의 유류분을 침해한다는 사실은 몰랐다고 가정함)
> - 유류분을 산정할 때는 이자, 월세 수입, 사업소득, 주식, 보험금 등을 고려하지 않으며, 부동산가격은 2024년 1월 1일 현재 고시 또는 산출 기준시가를 적용한다.

① 유류분산정의 기초가 되는 재산가액은 1,800,000천 원이다.
② 김연숙씨의 유류분은 약 450,000천 원 상당이다.
③ 김정훈씨의 처 박정순씨의 유류분은 약 128,571천 원 상당이다.
④ 공동상속인들 중 어느 누구도 에듀대학교에 대하여 유류분의 반환을 청구할 수 없다.
⑤ 유류분의 반환청구권은 상속개시와 반환해야 할 증여나 유증을 한 사실을 안 때부터 1년 내에 행사하지 않으면 소멸하며, 상속이 개시한 때로부터 10년을 경과한 때에도 같다.

키워드 유류분
정답 ②
해설
- 기본 = 예금(2,000,000천 원) + 부동산(500,000천 원) = 2,500,000천 원
- 채무 = 임대보증금 400,000천 원 + 은행대출금 300,000천 원 = 700,000천 원
- 유류분 산정의 기초가 되는 재산가액 = 2,500,000천 원 − 700,000천 원 = 1,800,000천 원
② 김연숙씨의 유류분 : 1,800,000/3 × 1/2 = 300,000천 원(김정훈씨는 선사망하였지만 대습상속인이 있으므로 유류분 산정 시 법정상속분을 고려해야 함)

14 아래 지문과 같은 상황에 근거할 경우, 다음 중 설명 중 가장 적절한 것은?

- 김상진씨는 2020년 5월 8일 사업차 출장을 간다며 집을 나간 뒤 소식이 두절되었다.
- 김상진씨는 공정증서에 의한 유언으로 임대상가건물 B를 새한법인에 신탁하였다.

① 최서희씨가 김상진씨와의 법률혼 관계를 단절시킬 수 있는 유일한 방법은 실종기간 5년 이상 경과한 후 실종선고의 판결을 받는 방법밖에는 없다.
② 김상진씨가 증인 2인과 공증인 앞에서 구술하고 공증인이 유언증서를 작성한 후 유언자와 증인, 그리고 공증인의 서명날인한 후 공정증서원본을 공증인이 보관하는 방식의 유언서를 작성하였다면 새한법인에 대한 신탁은 유효하다.
③ 임대상가건물 B의 임차인은 김상진씨와 신분관계가 없으므로 실종선고를 청구할 자격이 없다.
④ 김정훈씨가 2025년 9월 15일 김상진씨에 대한 실종선고를 가정법원에 청구하고 실종선고판결이 2026년 11월 5일 있었다면 상증법상 상속개시일은 2025년 5월 8일이다.
⑤ 김상진씨에 대한 실종선고로 상속이 개시되어 공동상속인들 사이에 아파트A를 김정훈씨가 상속하는 것으로 분할협의가 성립하고 김정훈씨가 이를 김기태씨에게 양도한 때에는 그 후에 실종선고가 취소되어도 김기태씨가 선의이기만 하면 유효하게 그 소유권을 취득한다.

 실종선고
 ②
해설 ① 배우자의 3년 이상 생사불명시 재판상 이혼 청구 가능
③ 채권자이므로 실종선고 청구 자격 존재
④ 상증법상 상속개시일 : 실종선고일(2026년 11월 5일)이다.
⑤ 김정훈씨와 김기태씨 두 사람 모두 선의이어야 한다.

15 2025년 1월 1일 현재 김정훈씨의 재무상태표의 공란에 들어갈 금액으로 맞게 짝지은 것은?

	주택담보대출	총자산	순자산
①	88,296천 원	748,160천 원	658,414천 원
②	88,296천 원	748,160천 원	743,128천 원
③	88,296천 원	655,418천 원	658,414천 원
④	91,486천 원	655,224천 원	743,128천 원
⑤	91,486천 원	655,418천 원	658,414천 원

키워드 주택모기지

정답 ①

해설
- 주택담보대출 : 100,000[PV], 20 × 12[n], 6/12[i], PMT(E) = 716.43
  → 48[n], FV = 88,296천 원
- 퇴직연금 : 50,000천 원
- 총자산 = 금융 + 부동산 + 사용 + 기타자산 = 748,160천 원
- 순자산 : 총자산 − 부채 = 748,160천 원 − (1,450 + 88,296) = 658,414천 원

16 김정훈씨는 김지은이가 고등학교 입학하기 전 필요교육자금을 확보해 주려고 한다. 고등학교 입학시점에서 부족한 교육자금과 부족자금마련을 위해 지금부터 고등학교 입학시점까지 물가상승률만큼 증액저축을 해나간다고 할 때 첫해 초 저축해야 할 금액으로 가장 적절한 것은?

- 김지은의 교육자금은 고등학교 3년간 매년 초 현재물가기준으로 7,000천 원, 대학교 4년간 15,000천 원이 필요하다.
- 이미 준비된 교육자금 중 적립식 채권형 신탁은 고등학교 입학 전에 소비함(단, 세금은 고려하지 말 것)
- 정기예금은 세후투자수익률 5%로 투자 됨

① 78,696천 원, 10,264천 원 ② 57,886천 원, 10,264천 원
③ 57,886천 원, 12,026천 원 ④ 73,879천 원, 12,026천 원
⑤ 73,879천 원, 10,264천 원

키워드 교육자금/증액식 저축

정답 ①

해설
- 고등학교시점 부족자금 : 118,899 − 40,203 = 78,696천 원
  준비자금 : (정기예금)30,000[PV], 6[n], 5[i], FV = 40,203
  필요자금 : 7,000[CF₀], 7,000[CF₁](2), 15,000[CF₂](4), (1.05/1.06 − 1) × 100[i],
  NPV = 83,818
  → 83,818[PV], 6[n], 6[i], FV = 118,899천 원
- 첫해 초 저축금액
  78,696[FV], 6[n], 5[i], PV = 58,724
  → 58,724[PV], 6[n], (1.05/1.03 − 1) × 100[i], PMT(B) = 10,264천 원

17 김상진씨의 나지를 배우자 최서희씨에게 3년 전에 증여하였다. 최서희씨가 2024년 5월 10일에 해당 나지를 김선주씨에게 양도하였다면 최서희씨가 양도할 당시의 양도소득세 납부할 세액(지방소득세는 제외)은 얼마인가?

- 김상진씨의 나지 취득시기 : 2005년 1월 4일
- 김상진씨의 나지 취득가액(기타 필요경비 포함) : 300,000천 원
- 3년 전 나지의 증여재산가액 : 600,000천 원(시가)
- 3년 전 나지에 대한 증여세액 : 10,000천 원으로 가정함
- 2025년 1월 10일 양도가액 : 800,000천 원
- 기타 필요경비 : 없음
- 나지는 등기된 국내소재 토지이며, 비사업용토지에 해당하지 않음
- 상기 이외의 양도는 없다고 가정함

① 103,060천 원 ② 112,650천 원
③ 122,650천 원 ④ 132,650천 원
⑤ 142,650천 원

키워드 배우자 등 이월과세

정답 ①

해설
- 양도가액 : 800,000천 원
  - 취득가액 및 기타필요경비 : −300,000천 원
  - 양도차익 : 500,000천 원
  - 장기보유특별공제 : −150,000천 원(30%)
  - 양도소득기본공제 : −2,500천 원
  - 양도소득 과세표준 : 347,500천 원
  - 산출세액 : 347,500 × 40% − 25,940 = 113,060천 원
  - 납부할 세액 : 113,060천 원 − 10,000천 원 = 103,060천 원

18 김상진씨의 재무설계와 관련하여 CFP® 자격인증자가 김상진씨 및 가족에게 설명한 내용으로 가장 적절하게 설명한 것으로 모두 묶인 것을 고르시오.

> 가. 차남 김상훈에게 정기예금을 증여한 경우 해당 금액은 특별수익에 해당된다.
> 나. 김상진씨의 사망보험 계약의 보험수익자가 부인 최서희씨인 경우 해당 사망보험금은 특별수익에 해당된다.
> 다. 특별수익에 해당하는 재산의 평가는 증여당시 가액을 기준으로 평가하는 것이다.
> 라. 김정훈씨의 자동차의 운전은 가족한정특약이 있으므로 누나인 김연숙씨가 운행하는데는 제한이 없다.
> 마. 김상진씨의 임대상가건물을 손녀인 김시은에게 사전증여하는 경우 산출세액의 30% (20억 초과는 40%)의 금액이 할증되므로 사전증여는 상속보다 항상 불리하다.

① 가, 나, 다, 마   ② 가, 나
③ 가, 나, 다   ④ 다, 라, 마
⑤ 다, 라

키워드 종합재무상담
정답 ②
해설 다. 특별수익은 상속개시 시를 기준으로 평가한다.
라. 자동차보험의 가족의 범위에는 형제자매는 포함되지 않는다.
마. 사전증여로 산출세액이 할증되더라도 상속보다 유리할 수 있으며, 항상 불리한 것은 아니다.

19 김정훈씨의 아파트에서 원인을 알 수 없는 화재가 발생하여 건물에 20,000천 원의 재산손해와 5,000천 원의 잔존물제거비용이 발생하고, 가재도구에 10,000천 원이 재산손해가 발생하였다. 이 이외에도 손해방지를 위한 기타협력비용으로 1,000천 원이 발생하였다. 보험사고 발생 시의 건물 및 가재도구의 보험가액이 각각 200,000천 원, 50,000천 원일 경우 주택화재보험으로 지급받을 수 있는 보험금으로 가장 적절한 것은?(근사치 기준)

① 1,563천 원   ② 6,250천 원
③ 7,250천 원   ④ 7,812천 원
⑤ 8,812천 원

키워드 주택화재보험 보험금계산

정답 ⑤

해설
- 건물 : 보험가입금액(50,000) < 보험가액(200,000) × 0.8 이므로
  → 부보비율 조건부 비례보상 : 20,000 × 50,000 / 200,000 × 0.8 = 6,250천 원
- 가재도구 : 0원
- 잔존물제거비용 : 5,000 × 10,000/200,000 × 0.8 = 1,562(재산손해액의 10% 한도)
- 손해방지 협력비용 : 1,000천 원(전액보상)
∴ 6,250 + 0 + 1,562 + 1,000 = 8,812천 원

20

다음 지문을 읽고 김정훈씨의 가해 차량이 가입된 자동차보험에서 지급될 수 있는 자동차보험 사망보험금으로 적절한 것은?

- 김정훈 씨는 자가용을 몰고 강릉으로 출장 가던 중 뒷 차에 추돌되어 사망, 사고 후 김정훈 씨의 과실비율은 20%로 판명됨
- 김정훈씨 인적사항
  - 생년월일 : 1982. 6. 1
  - 사고일(사망일) : 2025. 8. 10
  - 김정훈씨 직업정년 : 60세 될 때까지
  - 김정훈씨 월평균 현실소득액 : 6,600천 원
  - 김정훈씨의 취업가능월수(60세)에 해당하는 호프만 계수 : 195.8929
  - 김정훈씨의 65세 취업가능월수에 해당하는 호프만 계수 : 208.6524
  - 김정훈씨 과실비율 : 20%
- 상실수익액은 정년 65세까지로 계산하며, 김정훈씨 퇴직후의 기간은 표준근로자 월급여 1,200천 원을 기준으로 상실수익액을 산정함
- 김정훈씨 가해 자가용은 자동차종합보험에 가입되어 있음

① 393,431천 원   ② 765,708천 원   ③ 663,181천 원
④ 701,555천 원   ⑤ 711,181천 원

키워드 자동차보험금

정답 ②

해설
- 장례비 및 위자료
  5,000 + 80,000 = 85,000천 원
- 상실수익
  6,600 × 2/3 × 195.8929 = 861,928천 원
  1,200 × 2/3 × (208.6524 − 195.8929) = 10,207천 원
  85,000천 원 + 861,928천 원 + 10,207천 원 = 957,135천 원
- 957,135천 원 × 0.8(과실비율20%) = 765,708천 원

www.epasskorea.com

부록

Certified Financial Planner

사례형 모의고사

3교시 사례형 모의고사(10:00~12:00)
- 단일사례 : 30문항(1~30)
- 복합사례 I : 10문항(31~40)

4교시 사례형 모의고사(12:30~15:00)
- 복합사례 II : 10문항(1~10)
- 복합사례 III : 10문항(11~20)
- 종합사례 : 20문항(21~40)

사례형 모의고사 정답 및 해설
- 3교시 사례형 모의고사
- 4교시 사례형 모의고사

CFP 3교시 사례형 모의고사

단일사례 - 재무설계 원론 및 윤리

001 김형민은 두 자녀 자녀 A (7세), 자녀 B (2세)의 대학교 교육자금 마련을 위해 지금 현재부터 매년 말 적립식으로 투자를 하고자 한다. 교육자금 마련을 위해 투자하여야 할 금액으로 가장 적절한 것은?

> 가. 교육자금 투자 계획
> - 지금부터 12년 간 매년 말 정액으로 저축, 세후투자수익률 연 6%
> - 12년 간 투자한 금액은 인출하여 일시금으로 세후투자수익률 연 4% 상품에 예치한 후 교육자금이 필요한 때마다 인출하여 교육자금으로 사용함
> - 현재까지 자녀 교육을 위해 저축해 놓은 자금은 70,416천 원이며, 세후투자수익률 4% 금융상품에 예치하고 12년 후 정액저축의 만기자금과 합하여 교육자금으로 사용할 예정임
>
> 나. 교육자금 필요 정보
> - 자녀는 각각 19세에 국내에 있는 대학에 입학 4년을 다닐 계획임
> - 자녀들의 대학교육비는 각각 현재물가기준으로 매년 초 연간 24,000천 원 씩 4년간 필요함. (중도에 휴학기간은 없음)
> - 교육비 상승률은 연 2%

① 약 7,120천 원
② 약 7,512천 원
③ 약 6,936천 원
④ 약 7,926천 원
⑤ 약 6,598천 원

002
다음의 명목금리를 연 단위 실효금리로 비교할 경우 금리가 가장 높은 것부터 순서대로 나열한 것은?

> 가. 연 6% 월복리
> 나. 연 6.05% 분기복리
> 다. 연 6.1% 연복리

① 가 > 나 > 다
② 다 > 나 > 가
③ 나 > 가 > 다
④ 다 > 가 > 라
⑤ 라 > 가 > 다

003
다음의 재무상태(2025년 12월 13일 현재)를 참조하여 설명한 내용 중 가장 적절한 것을 모두 묶은 것은?

> [재무상태]
> • 보통예금 평가금액 4,500천 원
> • MMDA 평가금액 7,240천 원
> • 정기예금 평가금액 16,000천 원
> • 적립식 펀드 평가금액 4,000천 원
> • 거주 중인 주택 평가금액 500,000천 원
> • 대출현황
>   - 최초 대출 원금 300,000천 원
>   - 대출기간 20년 만기, 원리금 균등분할상환대출(매월 말 상환)
>   - 만기까지 연 4% 월복리(고정금리), 2025년 12월 31일 현재 60회차 상환함

> 가. 현재까지 상환한 대출이자는 약 54,847천 원이다.
> 나. 현재 대출 잔액은 약 245,771천 원이다.
> 다. 비상예비자금은 11,740천 원이다.
> 라. 만약 연소득이 50,000천 원이라면 현재 주거관련부채비율은 50%이다.

① 가, 나
② 나, 다, 라
③ 나, 다
④ 다, 라
⑤ 가, 나, 다, 라

004 한송이 고객은 미래전자에서 근무하고 있다. 향후 10년 후에는 독립하여 대리점을 내고 싶어 한다. 대리점을 내기 위해서는 임차비용, 권리금 등을 합하여 현재 물가 기준으로 300,000천 원 정도의 비용이 소요된다. 현재 그는 50,000천 원을 3.2%의 MMF에 투자하고 있으며, 재무목표달성을 위하여 향후 10년 동안 급여 인상분 등을 합하여 매년 10%씩 저축액을 늘려 적립하는 것이 재무목표 달성을 위해 효과적이라고 생각하여 한최고 CFP® 자격인증자에게 첫해 말 저축금액 산정을 의뢰하였다. 한최고 CFP® 자격인증자가 산정한 첫해 말 저축금액으로 가장 적절한 것을 고르시오. 단, 세후투자수익률은 연 6%, 물가상승률은 연 4%이며, MMF는 수익률을 맞추기 위해 정리하여 세후투자수익률이 6%인 상품에 투자한다.

① 17,663천 원
② 22,304천 원
③ 30,476천 원
④ 31,186천 원
⑤ 32,363천 원

단일사례 - 위험관리와 보험설계

005 주식회사 한국에서 총무팀장으로 근무중인 허영만 씨는 최근 지인의 소개를 통해 김종해 CFP®를 만나 본인의 전반적인 재무상태를 점검할 필요성을 느끼게 되어 아래와 같은 정보를 제공하면서 재무설계를 의뢰하게 되었다. 허영만 씨가 조기사망에 따른 가족의 생활유지를 위하여 추가적인 생명보험 필요보장액을 니즈분석방법에 따라 계산 시 가장 적절한 것을 고르시오.

〈가족관계〉
- 본인 : 허영만, 38세, 연봉 65,000천 원
- 부인 : 이수진, 36세, 전업주부
- 첫째 : 허우남, 남, 8세
- 둘째 : 허지나, 여, 5세

〈추가사항〉
- 생활비로는 연간 45,000천 원을 지출하고 있으며, 허영만 씨가 사망 시 유족 생활비는 막내 독립 전 현 생활비의 85%, 막내 독립 후 65%
- 막내 독립시기 : 25세
- 이수진 씨의 기대여명 : 84세 말까지 생존
- 세후 투자수익률 : 연 5%
- 물가상승률 : 연 3%
- 허영만 씨 사망 시 국민연금의 유족연금 : 허영만 씨 사망시점부터 현재 물가기준으로 매년 4,000천 원이 지급되며 유족연금의 지급정지는 없다고 가정함
- 허영만 씨의 연봉은 매년 물가상승률 만큼 인상 예정
- 필요한 수입은 매년 초 발생 및 물가상승률 만큼 인상

〈자산현황〉
- 만기가 3개월 남은 정기예금 : 24,000천 원
- 거주용 주택 : 350,000천 원
- 허영만 씨 종신보험 : 65세 이전 사망 시 150,000천 원, 65세 이후 사망 시 80,000천 원

〈부채현황〉
- 부동산 담보대출 : 100,000천 원
- 대출기간 : 20년
- 상환방식 : 매월 말 원리금균등상환방식
- 대출이자율 : 연3.5% 월복리
- 7년 전에 대출을 받아 현재 84회차까지 상환하였고 허영만 씨 사망 시 남아 있는 주택담보대출금을 일시에 상환하는 것을 가정함

① 778,479천 원　② 785,876천 원　③ 858,479천 원
④ 885,479천 원　⑤ 928,479천 원

006 김현수(55세) 씨는 송상은CFP®를 만나 본인의 재무적인 상황에 대한 상담을 나누게 되었고 그 결과 다음과 같은 재무적 위험을 보험으로 활용할 것을 권유받았다. 다음 각 사항에 대한 해당 설명 중 가장 적절하지 않은 것은? (단, 세후투자수익률은 5%로 가정함)

> - 7년 전 아파트를 구입하면서 주택담보대출로 대출기간은 15년, 이자는 고정금리 연 3.5% 월복리, 매월 말 원리금균등분할상환방식으로 300,000천 원을 대출받았다.
> - 보험가액이 600,000천 원인 아파트에 대하여 보험가입금액을 450,000천 원으로 하는 주택화재보험을 가입한 이후 고의나 중대한 과실이 없이 화재가 발생하여 재산손해액이 200,000천 원과 잔존물 제거비용이 24,000천 원이 발생하였다.
> - 납입기간을 20년으로 하고 사망보험금 500,000천 원의 정기보험과 종신보험 중 하나를 선택하여 가입하고자 한다. 20년 만기 정기보험은 월 보험료가 250천 원이고 해약환급금이 없으며 종신보험은 월 보험료가 600천 원이고 20년 경과시점 해약환급금 100,000천 원이다.
> - 현재 가입되어 있는 종신보험의 주계약 사망보험금은 180,000천 원이고 당해 보험연도 말의 해약환급금은 25,000천 원, 직전 보험연도 말의 해약환급금은 21,500천 원, 월 납입보험료는 250천 원, 연간 배당금은 500천 원이다.
> - 사망하기 전 5년 전에 장기개호상태 위험에 빠지게 될 경우 현재 물가기준으로 매년 초 연간 40,000천 원이 필요할 것으로 예상하고 있으며 개호비용상승률은 연 3% 및 기대여명은 89세 말로 생각하고 있다.

① 김현수씨가 현재 시점에서 만약 자신이 사망할 경우에 거주하고 있는 아파트를 건드리지 않고 남아있는 담보대출을 모두 상환하기를 원한다면 사망보험금으로 179,348천 원을 가입하면 된다.
② 보험회사로부터 지급받게 될 보험금은 총 210,000천 원이다.
③ 정기보험에 가입하고 차액을 저축하는 것을 선택하는 것이 종신보험을 선택하는 것보다 매월 104천 원이 저렴하다.
④ 현재 가입되어 있는 종신보험은 단위 보험금액 10만 원당 코스트가 1,452원이다.
⑤ 장기개호상태에 대한 다른 준비된 자금이 없다면 현재시점에서 필요한 일시자금은 108,125천 원이다.

007 최민수씨는 보험가액이 500,000천 원인 공장 건물에 대하여 보험가입금액을 400,000천 원의 화재보험을 가입하였다. 그 이후 최민수씨의 고의나 중대한 과실이 없이 공장 건물에 화재가 발생하여 건물에 대한 재산손해액 350,000천 원, 잔존물 제거비용 70,000천 원, 손해방지비용 60,000천 원, 잔존물 보전비용 1,000천 원, 기타협력비용 8,000천 원이 발생하였다. 화재보험 보통약관상 최민수씨가 보험회사로부터 지급받을 수 있는 보험금으로 가장 적절한 금액은 얼마인가?

① 370,200천 원
② 371,800천 원
③ 406,800천 원
④ 454,000천 원
⑤ 489,000천 원

008 중소기업에 근무하는 김현준(40세) 씨가 지난 2025년 5월 20일에 자가용으로 출근하던 중 옆에서 달려오는 차량을 발견하지 못하고 추돌사고가 발생하였다. 이 사고로 인해 김현준 씨는 노동능력상실률(후유장해평가율) 55%를 판정받게 되었다. 교통사고의 조사 결과 상대방 가해 승용차는 개인용자동차보험의 모든 담보에 가입되어 있으며 김현준 씨의 과실비율이 30% 인정되었고 연평균 현실소득액이 72,000천 원이라고 한다면 자동차보험 약관상 김현준 씨에게 지급되는 후유장해 보험금으로 가장 적절한 것은? (단, 호프만계수는 170.0685를 적용함)

① 276,632천 원
② 407,584천 원
③ 410,183천 원
④ 582,264천 원
⑤ 585,976천 원

단일사례 - 은퇴설계

009 다음 자료를 참조하여 퇴직급여액으로 가장 적절한 것을 고르시오.

한영민씨(40세)가 근무하는 회사는 올해 1월부터 확정급여형퇴직연금과 확정기여형퇴직연금을 도입하면서 회사에 근무하는 근로자가 두 제도 중 하나 또는 두 제도 각각에 1/2의 비율로 가입하는 것을 선택할 수 있도록 노사가 합의하였다. 이에 한영민씨는 확정급여형퇴직연금과 확정기여형퇴직연금 중 수익률 측면에서 유리한 제도를 하나를 선택할 계획이다. 각각의 퇴직연금의 은퇴시점 세전금액으로 가장 적절한 것은?

- 퇴직 및 은퇴 관련 정보
  - 퇴직 : 55세
  - 은퇴 : 65세
- 퇴직연금 관련 정보
  - 올해 1월의 급여는 5,000천 원이며, 급여는 매년 초에 3.5%만큼 상승됨
  - 확정기여형 퇴직연금 및 개인형 퇴직연금(IRP) 계좌의 운용수익률은 연 5.0%임
- 기타
  - 작년 말까지의 근무분에 대한 퇴직급여는 중간에 정산하여 모두 소진하였다고 가정함.
  - 퇴직을 하면서 수령하는 퇴직급여 전액을 IRP로 이전하여 운용할 계획임
  - 종합소득 신고와 관련하여 부부의 기본공제 300만 원과 표준세액공제 7만 원을 적용

구분	확정급여형퇴직연금제도	확정기여형퇴직연금제도
①	144,736천 원	134,526천 원
②	131,402천 원	134,426천 원
③	187,721천 원	296,800천 원
④	197,751천 원	219,129천 원
⑤	129,736천 원	169,263천 원

010 아래 주어진 내용을 참고하여 은퇴시점에서 필요한 은퇴일시금으로 적절한 것을 고르시오.

[은퇴관련 정보]
- 은퇴 후 필요한 은퇴소득 : 현재물가기준으로 매년 초 연간 36,000천 원
- 은퇴나이 60세(현재 40세)
- 은퇴까지 남은 기간 20년
- 은퇴기간 25년
- 물가상승률 4%
- 세후투자수익률(은퇴 전 6%, 은퇴 후 5%)
- 국민연금 : 현재물가기준으로 매년 초 연 10,000천 원 수령
- 국민연금은 65세부터 수령

[배우자 정보]
- 부인 36세
- 남편 사망 후에도 10년간 생활자금 필요
- 본인 단독 생활에 필요한 소득 : 현재물가기준으로 매년 초 연간 20,000천 원
- 본인 사망에 따른 유족연금은 현재물가기준으로 매년 초 연 6,000천 원 수령

① 1,958,154천 원   ② 1,745,314천 원   ③ 1,611,632천 원
④ 1,597,125천 원   ⑤ 1,568,741천 원

011 은퇴시점에 추가로 필요한 금액을 마련하기 위하여 20년간 매년 말 20,000천 원씩 추가로 저축하기로 하였다. 아래 정보를 참고하여 주식에 투자하는 추가 저축액의 은퇴 시점 평가금액으로 가장 가까운 값을 고르시오.

[정보]
- 자금마련을 위한 세후투자수익율은 6%임
- 각 자산에 대한 예상수익률(a와 b의 투자비중은 동일할 것)
  - a : 확정금리형 상품 4.5%
  - b : 채권 5%
  - c : 주식 10%

① 458,957천 원   ② 389,257천 원   ③ 294,857천 원
④ 208,710천 원   ⑤ 192,285천 원

012

다음 조건의 경우 연금수급개시연령(60세)보다 5년 늦게 수령하는 경우와 정상적으로 노령연금을 수령하는 경우의 차이를 연금수급개시연령시점을 기준으로 비교하면 얼마의 금액이 차이가 나는가?

[조건]
- 연금수급개시연령 60세
- 노령연금액(기본연금액) 연 10,000천 원
- 연금수령예상기간 30년
- 연기노령연금의 경우 5년 늦게 수령
- 연기노령연금의 경우 연금수령예상기간 25년
- 은퇴자산에 대한 세후투자수익률 3%
- 물가상승률 연 2%
- 연기노령연금 수령액은 별도로 산출하여 계산할 것.
- 국민연금은 매년 초에 수령하며 물가상승률에 의해 연금액은 변동됨.

① 약 31,251천 원 ② 약 29,315천 원
③ 약 27,395천 원 ④ 약 29,215천 원
⑤ 약 28,318천 원

단일사례 - 부동산설계

013 박주아씨가 보유하고 있는 재개발조합원의 주택을 평가하려고 한다. 다음 자료를 참고하여 산정한 비례율로 가장 적절한 것은?

> - 재개발지역 내 주택의 대지면적은 50m², 건물연면적은 23m²
> - 해당 지역 내 주택의 대지의 유사거래사례가격은 m²당 4,500천 원, 주택의 건물의 유사거래사례가격은 m²당 500천 원
> - 주택의 종전 토지감정평가가격은 m²당 2,800천 원, 주택의 종전 건물감정평가가격은 m²당 100천 원
> - 재개발에 따라 박주아는 85m² 규모의 아파트를 분양받고 분석일(관리처분계획고시시점) 현재 인근지역의 해당 규모 아파트는 m²당 4,000천 원에 거래됨
> - 입주권을 보유한 조합원의 추가분담금은 m²당 1,500천 원

① 77% ② 113%
③ 127% ④ 134%
⑤ 142%

014 김영철씨는 향후 5년 동안 매년 순영업수익(NOI)이 100,000천 원으로 일정한 부동산을 구입하려고 한다. 현재의 지가상승률을 고려할 경우 5년차 말에는 1,000,000천 원에 매도가 가능할 것으로 예상되며, 매도비용은 매도가격의 10% 정도로 추정된다. 부동산 구입자금 중 500,000천 원은 담보대출(대출기간 15년, 대출이자율 연 6% 월복리, 매월 말 원리금균등분할상환)로 조달할 계획이다. 매도자가 요구하는 금액은 9억 5천만 원이다. 김영철씨가 지분수익률로 10%를 요구할 경우 세전할인현금흐름분석법에 의한 부동산 투자가치로 가장 적절한 것은?

① 약 800,000천 원 ② 약 850,000천 원
③ 약 900,000천 원 ④ 약 950,000천 원
⑤ 약 1,000,000천 원

015 박영민씨가 자기자본 1,000,000천 원과 은행에서 1,500,000천 원을 대출받아 투자한 부동산의 순영업수익(NOI)이 200,000천 원이다. 대출이율은 변동이 없으며 매년 원리금상환금액 112,000천 원이 지출되고 있다. 이 부동산에 대한 자기자본환원율, 대출환원율, 종합환원율과 레버리지효과에 대한 설명으로 적절한 것은?

① 자기자본환원율 8.8%, 종합환원율이 8.0%인 정의 레버리지효과가 발생한다.
② 대출환원율이 8.8%로 자기자본환원율 7.5%보다 높아 부의 레버리지효과가 발생한다.
③ 자기자본환원율 8.0%, 대출환원율이 7.5%로 정의 레버리지효과가 발생한다.
④ 종합환원율이 대출환원율 및 자기자본환원율과 같은 중립적 레버리지효과가 발생한다.
⑤ 자기자본환원율 8.0%, 대출환원율이 7.5%인 부의 레버리지효과가 발생한다.

016 김수정씨는 최근 임대사업을 목적으로 역세권에 위치한 연립주택 매입을 고려 중이다. 원가방식으로 산출한 연립주택의 가치로 적절한 것은?

[토지]
- 대지면적 : 400m²
- 유사토지가 m²당 3,500천 원에 거래되었으나 본 건은 유사토지보다 도로접근성이 약 5% 우세함

[건물]
- 건축연면적 : 900m²
- 신축 당시 m²당 800천 원의 건축비가 소요되었으나, 최근에는 유사건물 신축시 m²당 1,100천 원이 예상됨
- 건물의 내용연수는 40년(잔존가치 없음)이나 관리상태를 고려할 때 실제경과연수는 7년, 유효경과연수는 10년으로 추정되며, 엘리베이터 수리를 위해 추가비용 80,000천 원이 발생될 것으로 예상됨

① 약 1,930,500천 원 ② 약 2,090,500천 원
③ 약 2,132,500천 원 ④ 약 2,286,500천 원
⑤ 약 2,293,500천 원

단일사례 – 투자설계

017 통화안정증권(할인채)을 다음과 같이 매매할 때 세전매매단가로 적절한 것을 고르시오.

> - 발행일과 만기 : 2024.7.13 / 2025.1.11
> - 발행금리 : 3.49%
> - 매매일 : 2024.10.10
> - 매매수익률 : 3.90%

① 10,008원　　　　② 10,000원
③ 9,983원　　　　 ④ 9,901원
⑤ 9,808원

018 2025년 현재 10억 원의 주식을 보유한 투자자는 향후 주가의 하락에 대비하고자 선물을 활용한 헤지를 하고자 한다. 현재 KOSPI200지수는 200이고 보유주식 포트폴리오의 베타가 1.2이다. KOSPI200 선물의 거래단위 금액은 250,000원이라고 가정한다. 100%헤지를 하기 위해서 어떻게 선물로 헤지를 해야 하는지 적절한 것을 고르시오.

① 10계약 매도　　　② 10계약 매수
③ 24계약 매도　　　④ 24계약 매수
⑤ 30계약 매도

※ 다음 자료를 토대로 질문에 답하시오.

년/월	종가	수익률	편차
2010년 1월 초	571.43		
2010년 1월 말	520.06	−9.42%	−10.15%
2010년 2월	618.98	17.41%	16.68%
⋮	⋮	⋮	⋮
2020년 1월	1,063.03	−8.91%	−9.65%
2020년 2월	1,206.26	12.64%	11.91%
2020년 3월	1,369.36	12.68%	11.95%
2020년 4월	1,421.65	3.75%	3.01%
평균		0.7350%	분산값 0.007088

019 연간수익률과 표준편차를 구한 것으로 적절한 것을 고르시오.

	연수익률	연표준편차		연수익률	연표준편차
①	8.5%	8.4%	②	7.9%	9.4%
③	9.2%	29.2%	④	−4.1%	84.7%
⑤	6.8%	24.4%			

020 수익률의 정규분포를 가정하고 월간 수익률이 분포할 확률이 95.45% 구간의 범위수익률로 적절한 것을 고르시오.

① −7.6840 ~ 9.1540　　② −16.1038 ~ 17.5738
③ −19.1048 ~ 19.3748　　④ −6.1045 ~ 16.3298
⑤ −25.0454 ~ 25.2587

021 시장 전체의 시장평균수익률이 12%이고, 무위험자산의 수익률은 4%이다. 주식 A와 시장수익률과의 상관계수가 +0.6이고, 주식 A의 표준편차가 10%, 시장수익률의 표준편차가 6%일 경우 주식 A의 요구수익률로 적절한 것을 고르시오.

① 10%　　② 12%　　③ 16%
④ 18%　　⑤ 22%

단일사례 - 세금설계

022 다음은 김대호씨의 당해연도 발생한 금융소득에 대한 정보이다. 이 자료를 바탕으로 김대호씨의 산출세액과 배당세액공제액을 구하시오. (단, 다음의 금융소득은 모두 원천징수 전의 금액임)

(1) 소득현황
- 근로소득금액 : 75,000천 원
- 상가 임대사업소득금액 : 26,000천 원
- 소액주주로써 상장주식에 대한 매매차익 : 4,500천 원
- 정기예금 이자소득 : 10,000천 원
- 집합투자기구로부터의 이익 : 3,000천 원
- 비상장법인으로부터 받은 현금배당 : 50,000천 원
- 직장공제회 초과반환금 : 50,000천 원
- 출자공동사업자배당소득 : 60,000천 원

(2) 종합소득공제 : 10,000천 원

① 산출세액 58,480천 원, 배당세액공제액 4,300천 원
② 산출세액 63,765천 원, 배당세액공제액 4,300천 원
③ 산출세액 58,214천 원, 배당세액공제액 24,584천 원
④ 산출세액 63,765천 원, 배당세액공제액 28,630천 원
⑤ 산출세액 58,480천 원, 배당세액공제액 5,000천 원

023 거주자 나대로씨는 당해연도 6월에 보유 중이던 상가건물A(8년 보유)를 양도하고 양도차손이 170,000천 원이 발생하였다. 당해연도 11월에 보유 중인 다른 상가건물B(16년 보유)를 양도 후 예정신고시 소득세법상 양도소득 산출세액은 얼마인가? (단, 나대로씨는 최대한 양도소득세 부담을 적게 하려고 함)

〈상가건물B에 관련 정보〉
• 양도가액 : 1,200,000천 원 (실지거래가액)
• 취득가액 : 600,000천 원 (실지거래가액)
• 기타필요경비는 없다고 가정함
※ 나대로씨는 당해연도에 상기 2건의 상가건물 외에는 양도소득세 과세대상 자산을 양도한 바 없음

① 65,990천 원 ② 74,110천 원 ③ 100,598천 원
④ 138,710천 원 ⑤ 141,006천 원

024 거주자인 김성태씨의 주택에 대한 임대 내역이 다음과 같을 경우 당해연도 김성태씨의 부동산임대사업에서 발생한 임대소득으로 가장 적절한 것은?

(1) 부동산 임대현황

구분	임대보증금	월임대료	월관리비	월전기요금	임대기간
주택A	450,000천 원	2,000천 원	350천 원	150천 원	1.1. ~ 12.31.
주택B	550,000천 원	2,500천 원	450천 원	200천 원	1.1. ~ 12.31.
주택C	300,000천 원	1,500천 원	300천 원	100천 원	1.1. ~ 12.31.

(2) 기타
• 김성태씨는 복식부기 의무대상 사업자로서 기장에 의해 소득세를 신고하였음
• 월 관리비에는 전기요금이 포함되어 있음
• 국세청장 고시 1년 만기 정기예금 이자율은 연 3.1%이며, 건설비로는 토지매입비용을 제외하고 5억 원이 있음
• 당해 임대보증금을 통해 발생한 금융소득으로 연간 이자소득이 1,000만 원이 있음

① 104,800천 원 ② 100,800천 원 ③ 97,100천 원
④ 88,400천 원 ⑤ 86,600천 원

025 거주자인 오애순 씨는 2025년 1월 1일에 배우자인 양관식 씨로부터 다음과 같이 상가건물 A를 증여받고 증여세 70,000천 원과 취득세 등 부대비용으로 30,000천 원을 부담한 후 5년 후에 타인에게 1,500,000천 원에 양도를 할 경우 오애순 씨가 부담할 양도소득세 산출세액은 얼마인가?

> 〈상가건물A에 관련 정보〉
> - 취득일 : 2005년 1월 1일
> - 양관식 씨의 실제 취득가액 : 150,000천 원 (취득필요경비 포함)
> - 증여일 현재 상증세법상 평가금액 : 1,000,000천 원

① 85,510천 원
② 104,660천 원
③ 142,260천 원
④ 330,510천 원
⑤ 435,510천 원

단일사례 - 상속설계

026 다음 중 부동산 무상사용이익이 약 1억 원으로 증여세 과세대상에 해당하는 부동산가액으로 가장 적절한 것은?

① 5억 원
② 8.7억 원
③ 10.9억 원
④ 11.4억 원
⑤ 13.2억 원

027 피상속인 김부자씨의 가족은 배우자 A, 자녀 B, C, D와 부친 F가 있다. B에게는 자녀 갑이 있으며 C에게는 자녀 을, 병이 있다. 배우자 A는 전혼배우자와 사이에서 자녀 E가 있을 때 김부자씨가 사망한 경우 상속관계에 대한 설명으로 적절한 것을 고르시오.

① 김부자씨가 사망하는 경우 상속인은 B, C, D, E와 배우자 A가 된다.
② 김부자씨가 사망하는 경우 자녀 B, C, D와 배우자 A가 상속을 포기하는 경우 부친 F가 단독상속을 받게 된다.
③ 김부자가 사망한 후 배우자 A가 사망한다면 A의 재산은 B, C, D, E가 상속받는다.
④ 만약 D가 배우자, 직계존속, 직계비속이 없이 사망한다면 형제자매인 B와 C가 1/2씩 상속받는다.
⑤ 김부자씨가 사망하기 전에 자녀 B, C, D가 먼저 사망한 경우, 갑, 을, 병이 본위상속을 하게 된다.

028 다음 중 공동상속인 자녀 D의 구체적 상속분으로 가장 적절한 것은?

[조건]
- 피상속인 A의 상속재산
- 금전 500,000천 원
- 상속 주택 800,000천 원
- 가족관계 : 배우자 B, 자녀 C와 D
  - 자녀 D에게는 5년 전 200,000천 원(상속개시일 현재 평가액)을 증여
  - C에게는 피상속인을 극진히 부양한 점을 인정하여 공동상속인의 합의로 기여분으로 100,000천 원을 인정
  - 배우자 B에게는 함께 거주하였던 상속 주택 800,000천 원을 유언으로 유증
  - 따라서 동거주택상속공제는 적용받지 못함.

① 300,000천 원 ② 400,000천 원
③ 150,000천 원 ④ 200,000천 원
⑤ 100,000천 원

029 2024년 7월 4일 A는 교통사고로 사망하였으며 상속인은 배우자 B와 자녀 C, D가 있다. A는 2015년 4월 내연의 처 E에게 14억 원을 증여(쌍방 악의)하였으며, 2023년 9월 장학재단에 21억 원을 기부하였다. A의 사망당시 상속재산은 시가 14억 원의 상가(담보대출금 7억 원)가 있다. 이 경우 다음에 대한 설명으로 적절하지 않은 것은?

① 배우자 B는 장학재단에 유류분부족액에 대해 3억 원을 청구할 수 있다.
② 장학재단에 증여한 재산은 상속개시 1년내이므로 유류분산정시 증여재산으로 합산된다.
③ 자녀 C, D는 장학재단에 유류분부족액에 대해 2.4억 원을 청구할 수 있다.
④ A의 사망시 B의 실제상속분은 3억 원이다.
⑤ A의 사망시 D의 실제상속분은 2억 원이다.

030 다음 내용을 참조하여 상속세 과세표준으로 가장 적절한 것은?

- 피상속인의 본래의 상속재산가액 1,500,000천 원
- 피상속인이 사전에 증여한 재산내역
  - 13년 전에 배우자에게 상가 1,000,000천 원 증여
  - 8년 전에 아들에게 주택 300,000천 원 증여
    * 상속인은 배우자와 자녀 둘만 있으며 장애인, 연로자, 미성년자 공제 대상은 없다.
    * 배우자 공제는 5억 원을 적용한다.
    * 순금융재산으로는 은행 예금 50,000천 원이 있다.
    * 배우자 공제를 제외한 공제는 세부담이 적은 것으로 선택한다.
    * 감정평가수수료는 없으며, 장례비 관련 증빙은 없다.

① 730,000천 원   ② 810,000천 원
③ 900,000천 원   ④ 775,000천 원
⑤ 795,000천 원

복합사례 I

송영호 씨 부부는 맞벌이를 하고 있으며 아파트 가격이 급등하는 추세에 내 집 마련을 결심하고, 2020년 6월 경기도 소재 아파트A를 구입하였다. 아파트 구입 과정에서 구입자금이 부족하여 주택담보대출과 신용대출을 받아 부족한 자금을 해결하게 되었다. 이로 인해 매월 부부의 급여소득 상당부분이 대출원리금 상환에 지출되고 있어 고민을 하던 중 2025년 1월 초 김재무 CFP® 자격인증자를 만나 재무상담을 진행하였다.

I.
- 동거가족(2025년 1월 초 연령 기준)
  - 송영호(43세) : 중견IT기업 차장(근속기간 10년)
  - 한정수(40세) : 부인, 중소기업 과장(근속기간 10년)
  - 송루미(8세) : 딸, 초등학교 1학년
- 주거상황
  - 경기도 소재 아파트A(소유자 : 송영호)
  - 아파트A는 2020년 6월에 600,000천 원에 구입
  - 아파트A 구입 시 OO은행에서 주택담보대출 360,000천 원과 신용대출 100,000천 원을 받아 구입자금으로 사용

[대출조건]

구분	대출기간	대출이율(현재)	상환방법
주택담보대출	15년	4.5%(변동금리형)	매월 말 원리균등분할상환
신용대출	3년	6.5%(변동금리형)	수시상환

* 신용대출 및 주택담보대출의 변동금리주기는 모두 6개월 단위임

II. 재무적(정량적) 정보
- 수입 내역
  - 송영호 : 연수입 80,000천 원, 실수령액 월 5,000천 원, 연 1회 보너스(금액은 변동)
  - 한정수 : 연수입 60,000천 원, 실수령액 월 4,000천 원, 연 2회 보너스(금액은 변동)

- 지출 내역
  - 송영호 용돈 월 600천 원, 한정수 용돈 월 600천 원
  - 자녀양육비 월 600천 원
  - 기타생활비 월 2,500천 원
  - 주택담보대출 이자 매월 약 953천 원
  - 신용대출 이자 매월 약 398천 원
  - 종신보험, 실손보험 등 보장성보험료 월 600천 원
- 자산 내역
  - 보통예금 2,400천 원(한정수 명의)
  - 토지 : 송영호 명의, 3년 전 조부모로부터 증여받았으며, 지목은 도시지역 내 소재한 잡종지, 현재 시세 250,000천 원
  - 자동차 : 25,000천 원(송영호 명의)
- 부채 내역
  - 주택담보대출 현재 잔액 252,000천 원, 신용대출 현재 잔액 73,500천 원
  - 신용대출은 수시상환 약정이며, 자금이 필요할 때 추가로 대출하기도 함
- 저축·투자 내역
  - 정기적금 매월 300천 원(한정수 명의, 현재 12회차 납입, 3년 만기, 가입 목적은 구체적으로 없음)
  - 연금저축펀드 매월 500천 원(송영호 명의, 현재 12회차 납입)
  - 주택담보대출 원리금상환 매월 약 2,600천 원(금리변동에 따라 상환금액이 변동)
  - 신용대출 원금은 여유가 있을 때마다 수시로 상환하고 있음(월 평균 500천 원)
- 퇴직급여 내역
  - 부부 모두 입사 때부터 확정기여형 퇴직연금에 가입하고 있음
  - 현재 적립금 평가액은 송영호 40,270천 원, 한정수 20,900천 원

III. 비재무적(정성적) 정보
- 송영호 씨의 투자성향은 적극투자형으로 평가된다. 주식 등에 직접 투자한 경험이 전혀 없으며, 금융지식 수준은 보통수준이다.
- 한정수 씨의 투자성향은 안정성장형으로 평가된다. 배우자와 마찬가지로 투자경험이 전혀 없으며, 금융지식 수준은 보통수준이다.
- 이들 부부는 여유자금이 생기면 적정수익률이 실현될 수 있는 금융상품을 선택하여 투자를 하여 은퇴자금으로 사용하고 싶어 한다.

Ⅳ. 고객 재무목표

1. 재무관리 관련 : 대출잔액 계산 및 리파이낸싱
   - 송영호 씨 부부는 현재 매월 상환하는 대출금액상환액이 소득대비 과도하다고 생각하고 있다. 또한 향후 금리 재인상 시 이자부담 증가에 대한 고민도 하고 있다.
   - 송영호 씨는 현재 보유하고 있는 토지를 매각하여 대출금 상환에 사용할지, 자녀교육자금이나 은퇴자산 등 기타 목적자금으로 활용할지 고민하고 있다.

2. 은퇴설계 관련 (은퇴자산 마련을 위한 대안 수립)
   - 이들 부부는 65세부터 본격적인 은퇴생활을 계획하고 있다. 은퇴기간(30년간) 중 목표은퇴소득은 현재물가기준으로 연간 48,000천 원(매월 4,000천 원)이다.
   - 들 부부는 65세부터 국민연금을 수령하려고 하고 있다. 예상되는 노령연금은 송영호 씨가 연 11,400천 원(월 950천 원), 한정수 씨는 연 10,200만 원(월 850천 원)이다.
   - 토지를 매각하여 일부는 신용대출 잔액을 상환하고 남은 금액 중 대부분을 은퇴자산으로 활용하면, 추가적인 은퇴저축(투자)을 하지 않고도 목표로 하는 은퇴소득을 확보할 수 있는지 알고 싶어한다.
   - 부부 모두 확정기여형(DC형) 퇴직연금에 가입되어 있으며, 적립금 운용을 원리금보장형 상품으로 운용하고 있다. 퇴직연금사업자로부터 디폴트옵션 등록과 관련한 안내를 수회에 걸쳐 받았으나 아직까지 디폴트옵션을 지정하지 않은 상태이다. 부부 모두 가입일 이후 수익률이 연 1.8% 수준으로 매우 불만족스러워하고 있다.

3. 투자설계 관련(현재 투자자산에 대한 포트폴리오 점검과 토지 매각에 따른 투자방안 마련) 현재 보유하고 있는 토지를 매각하여 금융상품에 투자하는 방안을 선택할 경우 투자포트폴리오를 어떻게 구성하는 것이 적절한지에 대한 대안제시를 요청하고 있다.

4. 세금설계 관련(종합소득세 절세와 연금계좌 활용에 따른 과세문제 해결)
   - 연금저축펀드는 송영호 씨가 연말정산시 세액공제를 받으면서 50세까지 목돈마련을 하여 부부 해외여행비용으로 사용할 목적으로 가입하고 있다. 2023년 및 2024년 귀속 연말정산을 하면서 연금저축펀드에 납입한 금액은 연금계좌세액공제 한도금액까지 세액공제를 받았지만 소득공제 및 세액공제 금액이 적다고 생각하고 있다.
     - 연금저축펀드는 주식형펀드로 운용하고 있다.
     - 가입 이후 수익률이 12% 정도 실현했으나 향후 기대수익률은 7.0%로 합의하였다.
   - 은퇴자금 마련을 위해 보유하고 있는 토지를 매각하여 금융투자상품에 투자할 경우 절세가 가능한지 궁금해 하고 있다.
   - 경영평가성과급 수령 시 과세되는 근로소득세가 과다하다고 생각하고 절세방법을 요청하고 있다.

V. 재무제표

• 재무상태표(2024년 12월 31일 현재)

(단위 : 천 원)

자산				부채 및 순자산			
	항목		금액	명의	항목		금액	명의
금융 자산	현금성자산				유동 부채	신용카드	73,500	송영호
		현금				마이너스통장		
		CMA			비유동 부채	담보대출	252,000	송영호
		보통예금 등	2,400	한정수		임대보증금		
	저축성자산				총부채		325,500	
		정기적금^{주1)}	3,690	한정수				
		청약종합저축						
	투자자산							
		해외주식						
		국내주식						
		수익증권, ETF						
		연금저축펀드^{주2)}	7,450	송영호				
	금융자산 총액		13,540					
부동산 자산	주거용 부동산							
	수익용 부동산							
	토지 등		250,000	송영호				
	부동산자산 총액		250,000					
사용 자산	거주 부동산^{주3)}		750,000	송영호				
	임차 보증금							
	자동차 등		25,000	송영호				
	사용자산 총액		775,000					
기타 자산	퇴직연금(DC)1		40,270	송영호				
	퇴직연금(DC)2		20,900	한정수				
	보험해약환급금		5,000	가족 합계				
	투자목적 미술품 등							
	기타자산 총액		66,170					
총자산			1,104,710		순자산		779,210	

주1) 정기적금은 3년 만기로 매월 300천 원을 납입하며, 확정금리 연 5.5%의 이율이 적용됨
주2) 연금저축펀드(주식형펀드로 운용)는 매월 500천 원을 납입하며, 적립금 전액을 주식혼합형에 투자하고 있음
  • 2024년 12월 말일 기준 14회 납입하였고, 적립금 평가액은 7,450천 원
주3) 거주용 아파트 현재 실거래가액 750,000천 원

• 월간 현금흐름표(2024년 12월)

(단위 : 천 원)

구분	항목		금액
Ⅰ. 수 입			9,000
Ⅱ. 변동지출	본인 용돈		(600)
	배우자 용돈		(600)
	부모님 용돈		–
	자녀(보육비, 사교육비 등)		(600)
	기타생활비(의식주, 공과금 등)		(2,500)
	변동지출 총액		(4,300)
Ⅲ. 고정지출	보장성보험료 등		(600)
	대출이자	주택담보대출	(953)
		신용대출	(398)
	고정지출 총액		(1,951)
저축 여력 (Ⅰ – Ⅱ – Ⅲ)			2,749
Ⅳ. 저축·투자액	대출상환원금	주택담보대출	(1,585)
		신용대출[주]	(500)
	정기적금		(300)
	저축성보험		–
	연금저축펀드		(500)
	저축·투자액 총액		(2,885)
추가저축 여력(순현금흐름) (Ⅰ – Ⅱ – Ⅲ – Ⅳ)			(136)

주) 신용대출 상환은 비정기적이나 평균적으로 상환하는 금액임

Ⅵ. 경제지표 가정
  • 세후투자수익률 : 은퇴 전 연 5.0%, 은퇴 후 연 3.0%
  • 물가상승률 : 연 3.0%
  • 임금인상률 : 연 4.0%
  • 토지가치상승률 : 연 3.0%

※ 상기 사례의 시나리오 및 김재무 CFP® 자격인증자의 설계(안)를 참고하여 문제 31번부터 40번까지 답하시오. (질문하지 아니한 상황은 일반적인 것으로 판단하며, 개별문제의 가정은 다른 문제와 관련 없음)

031 2020년 6월 이후 변동금리 대출 금리추이가 다음 표와 같다고 가정할 경우 2025년 1월 초 시점에서 추정한 이론상의 대출잔액으로 가장 적절한 것은? (단, 다음의 각 시점 사이에는 금리변동이 없다고 가정한다.)

대출시점	2020.6.	2021.12.	2022.12.	2023.12.	2024.12.
연간 대출이율(월복리)	4.5%	3.0%	3.0%	4.5%	4.5%

* 시나리오 정보와의 차이는 대출수수료 및 기타 부대비용 등의 차이로 간주함

① 약 194,672천 원
② 약 245,455천 원
③ 약 251,881천 원
④ 약 273,000천 원
⑤ 약 322,340천 원

032 송영호 씨의 가족의 재무상담의 내용으로 가장 적절하지 않은 것은?

① 송영호씨의 주택구입자금에 대한 원리금 상환액의 일정부분에 대해서 소득공제를 받을 수 있다.
② 취학아동에 대해서는 종합소득세 계산 시 자녀세액공제를 받을 수 있다.
③ 보장성보험료 납부 금액에 대해서 두 부부 각자가 납부한 금액에 대해 보험료세액공제를 받을 수 있다.
④ 연금저축펀드를 연금저축보험으로 계약이전이 가능하다.
⑤ 현재 월 실수령하는 월급을 기준으로 국민연금을 수령한다면 송영호씨의 국민연금 소득대체율은 19%이다.

033 김재무 CFP® 자격인증자가 송영호 씨에게 은퇴자금 마련을 위해 제안하려고 하는 토지매각 대금 170,000천 원에 대해 다음 주식에 투자하려고 한다. 가장 저평가된 주식을 선택할 경우 선택할 수 있는 투자대상 주식은 무엇인가?

주식	베타지수	현재가격	1년 후 예상가격	예상배당금 수입
①	1.0	30,000	33,100	500
②	1.2	20,000	21,000	1,000
③	1.3	15,000	17,000	550
④	1.5	50,000	55,500	2,000
⑤	1.8	8,000	9,000	40

※ 무위험이자율 : 이자율 5%, 주식시장의 위험프리미엄 : 6.5%

034 송영호 씨는 은퇴자금 마련을 위해 제안하려고 하는 투자안 중 투자안(B)에 대형 우량주 10종목을 선정하여 투자포트폴리오(종목별 투자비중은 시가총액 기준으로 결정, 베타 1.2)를 구성하고, 다음의 자료조사 결과를 바탕으로 주가하락에 대비하여 주가지수선물을 이용한 베타를 고려한 헤지전략을 수립하려고 한다. 선물거래를 통한 최종 손익으로 가장 적절한 것은?

[토지매각 대금 중 170,000천 원의 투자방안]

구분	투자 포트폴리오	투자비중	기대수익률	표준편차
투자안(A)	채권형펀드	30%	연 3.0%	3%
	주식혼합형펀드	70%	연 7.0%	12%
투자안(B)	대형우량주 10개 종목으로 구성	종목별 시가총액 비례 구성	연 10.0%	15%

* 투자위험과 기대수익률을 고려하여 가입자가 선택하도록 할 계획임

추가적인 자료조사 결과 단기간(1년 이내) 주식의 전망은 5% 하락할 가능성이 있음을 확인하고 이를 KOSPI200선물을 활용하여 헤지하는 방안을 검토 중이다. 7월 30일 현재 KOSPI200 가격은 204이고 활용하려는 선물가격은 206이다. (KOSPI200지수선물의 거래당 승수는 250천 원을 적용함)

① 2,000천 원 이익   ② 2,000천 원 손실   ③ 10,200천 원 손실
④ 10,200천 원 이익   ⑤ 12,200천 원 이익

035 김재무 CFP® 자격인증자는 이들 부부에게 보유하고 있는 토지를 2025년 1월에 매각하고 매각대금 중 170,000천 원을 [문제 34번]에서 제시한 투자안(A)와 투자안(B) 중에서 선택하여 은퇴 시까지 투자하려고 한다. 각 투자안에 투자할 경우 은퇴시점 평가액과 은퇴저축의 특성을 고려한 투자안 선택으로 맞는 것은?

	투자안(A)	투자안(B)	투자안 선택
①	824,228천 원	2,451,569천 원	A
②	824,228천 원	2,451,569천 원	B
③	1,024,228천 원	2,451,569천 원	A
④	1,024,228천 원	3,451,569천 원	B
⑤	1,024,228천 원	3,451,569천 원	A

036 [문제 35번]을 토대로 투자안(B)을 선택할 경우 투자안(B)의 결과만으로 은퇴생활을 한다면 예상되는 은퇴생활수준(현재물가기준)으로 가장 적절한 것은?(은퇴기간은 25년으로 가정하고, 은퇴생활비는 매년 연초에 발생하고 물가수준만큼 상승한다고 가정함)

① 연간 약 42,861천 원
② 연간 약 47,621천 원
③ 연간 약 57,800천 원
④ 연간 약 69,001천 원
⑤ 연간 약 98,063천 원

037 송영호 씨는 주식에 직접투자를 한 경험은 없으나 이번에 3년 전 조부모로부터 증여받은 토지를 매각해서 호랑주식회사에 투자를 하여 이를 향후 자녀에게 증여할 계획을 하고 있으며, 이에 대해 상증법상 비상장주식의 평가방법을 알고 싶어 한다. 다음 정보를 토대로 비상장주식의 상증법상 평가금액으로 가장 적절한 것은?

- ㈜호랑이주식회사 비상장주식 : 10,000주
- 평가기준일 현재 1주당 순자산가치 : 50,000원
- 평가기준일 이전 1년이 되는 사업연도의 1주당 순손익 : 3,000원
- 평가기준일 이전 2년이 되는 사업연도의 1주당 순손익 : 2,500원
- 평가기준일 이전 3년이 되는 사업연도의 1주당 순손익 : 2,000원
- 3년 만기 회사채 유통수익률을 감안한 기획재정부령으로 정하는 이자율 : 10%
- ※ 호랑이주식회사는 부동산과다법인이 아님

① 없음 ② 2.7억 원 ③ 3.6억 원
④ 4억 원 ⑤ 5.2억 원

---

038 김재무 CFP® 자격인증자는 송영호 씨 부부에게 퇴직연금의 수익률 제고를 위해 적립금 운용방법에 관한 내용을 설명하고 있다. 이와 관련한 설명으로 가장 적절한 것으로만 모두 묶은 것을 고르시오.

가. 부부 모두 디폴트옵션을 지정하지 않아 현재 운용하고 있는 원리금보장상품의 만기가 도래되면 만기상환금은 '만기자동재예치약정'에 따라 동일 원리금보장상품으로 재예치된다.
나. 부부 모두 DC형 퇴직연금의 적립금 운용수익률이 연 1.8% 수준에 머물고 있으므로 다른 글로벌 분산투자 및 TDF 등 다양한 포트폴리오 운용방법을 고려해야 한다.
다. 적립금 운용에 있어 좀 더 공격적으로 운용하고 싶다면 동일한 투자목표시점의 주식형TDF를 선택하는 것도 한 방법이다.
라. DC형 퇴직연금 적립금의 위험자산에 대한 투자한도는 적립금의 80%로 제한되어 있다.

① 가, 나, 다, 라 ② 가, 다, 라 ③ 나, 라
④ 나, 다 ⑤ 나

039 송영호 씨는 조부모에게 증여받아 보유하고 있는 토지를 은퇴자금 마련을 위하여 양도를 고려하고 있다. 2025년 1월에 해당 토지를 양도하는 경우 다음 정보를 고려할 때 소득세법상 설명 중 가장 적절한 것은?

[토지 양도와 관련된 정보]
- 토지 양도가액 : 250,000천 원
- 송영호의 토지 취득 정보
  - 토지 수증일자 : 2021년 5월 20일
  - 증여세 신고 시 상속세 및 증여세법상 평가액 : 150,000천 원
  - 증여세 산출세액 : 20,000천 원
- 조부모의 토지 취득 정보
  - 토지 취득일자 : 2011년 10월 5일
  - 토지 취득가액 : 70,000천 원(일반적 매매 취득)
- 토지 양도 시 기타필요경비 : 10,000천 원
※ 해당 토지는 비사업용 토지에 해당하지 않으며, 배우자 등 이월과세 규정이 적용됨을 가정

① 25,715천 원
② 27,715천 원
③ 30,055천 원
④ 35,055천 원
⑤ 41,550천 원

040 송영호 씨의 소득에 대한 연말정산 시 세액공제 금액으로 가장 적절한 것은?(송영호씨의 자녀는 송영호씨 부양가족으로 신고하였음. 또한 시나리오상 월간 현금흐름내역이 연중 매월 동일하게 발생한다고 가정함, 퇴직연금계좌 납부금액은 없다고 가정함)

	보장성보험료 세액공제	연금계좌세액공제	자녀세액공제
①	12만 원	72만 원	15만 원
②	12만 원	84만 원	15만 원
③	12만 원	72만 원	20만 원
④	15만 원	84만 원	20만 원
⑤	15만 원	72만 원	25만 원

4교시 사례형 모의고사

복합사례 II

문성규 씨는 부친 사망 후 발견된 유언장에 따른 상속관계와 상속받을 재산의 활용에 대해 전문가와의 상담을 원하고 있다. 문성규 씨는 2025년 1월 초 김재무 CFP® 자격인증자를 만나 재무상담을 진행하였다.

I. 고객정보(나이는 2025년 1월 초 만 나이임)
- 동거가족
  - 문성규(52세) : 유통업 운영(세법상 개인사업자이며, 성실사업자 또는 성실신고확인대상 사업자에 해당하지 않음)
  - 손민아(49세) : 부인, 중소기업 차장, 오피스텔 B 임대사업(개인사업) 운영
  - 자녀 2명 : 딸 문서영(23세), 아들 문재호(22세) 모두 다세대주택 A에서 함께 거주
- 주거상황
  - 다세대주택 A는 2019년 1월 초 구입(구입 시 주택담보대출 300,000천 원 받음)
  - 담보대출은 대출기간 15년, 매월 말 원리금균등분할상환, 대출이율 연 5.5% 월복리(2023년 12월 말까지 72회차 상환)
- 부모 및 형제자매
  - 문영재(85세) : 부친, 2025년 1월 1일 췌장암으로 사망
  - 김숙희(83세) : 모친, 전업주부
  - 문현선(54세) : 누나, 전업주부, 배우자 김창민(54세), 아들 이우상(22세), 딸 이예슬(21세)과 함께 김창민 소유 주택에서 거주

II. 재무적(정량적) 정보

- 자산 내역
  - 부부의 부동산 관련 자산 현황 (2024년 12월 31일 현재)

(단위 : 천 원)

구분	취득일자	취득당시 기준시가 /취득원가	현재 기준시가 /적정시세	비고
다세대주택 A	2020.1.	600,000 /650,000	650,000 /750,000	• 소유자 : 문성규 • 문성규 세대가 취득 이후 계속 거주
오피스텔 B	2016.3.	150,000 /300,000	250,000 /-	• 소유자 : 손민아 • 임대보증금 : 200,000 • 월 임대료 : 1,000

※ 기준시가의 의미는 다음과 같으며, 2025년 기준시가는 2024년도 말과 변동 없음

- 상속세 및 증여세법상 보충적 평가방법 적용 시 다세대주택은 공동주택가격, 오피스텔은 국세청장이 산정·고시한 오피스텔 건물의 기준시가(부수토지 포함)를 의미
- 지방세법상 시가표준액 및 종합부동산세법상 공시가격을 의미

※ 오피스텔 B는 국세청장이 산정·고시한 오피스텔로서 임차인이 사업용으로 사용하고 있으며 임대계약은 2023년도 10월에 이루어져 2025년도 말까지 변동이 없음

III. 고객 재무목표

1. 재무관리 관련

    문성규 씨는 현재 살고 있는 다세대주택 A의 주택담보대출 이율이 높다고 생각되어 낮은 대출이율이 있다면 리파이낸싱을 하여 매월 말 상환하는 원리금부담을 줄이고 싶어 한다.

2. 투자설계 관련
    - 김숙희 씨는 문영재 씨로부터 사전에 증여받은 200,000천 원 중 100,000천 원을 문성규 씨에게 사전증여를 할 생각이고, 문성규 씨는 이 자금으로 평소에 관심이 있던 ELS에 투자를 할까 고민하고 있어 자격인증자에게 이에 대한 조언을 듣고 싶어 한다.
    - 문성규 씨는 문영재 씨가 보유하고 있던 주식 E를 분배하여 채권과 유동성 부문으로 분산투자를 하고자 한다.
    - 문성규 씨는 문영재 씨가 보유한 주식 E의 현재가치 수준이 어느 정도인지 알고 싶어 한다.

3. 세금설계 관련

   문성규 씨는 현재 운영 중인 사업장이 계속적으로 성장함에 따라 더 넓은 면적의 상가 G를 매수하여 사업을 운영하려고 계획 중이다. 현재 보유 중인 재산에 대한 재산세 및 종합부동산세 등에 대한 사항을 알고싶어 한다.

4. 상속설계 관련
   - 문성규 씨는 부친 사망에 따른 상속세 규모와 상속세 절세를 위한 상속공제 등에 대하여 궁금해하고 있으며 상속세를 한 번에 납부하는 것이 어려워 상속세를 나누어 납부할 수 있는 방법이 있는지에 대하여 알고 싶어 한다.
   - 문성규 씨는 부친 사망 후 발견된 유언장에 따른 상속관계를 궁금해하고 있다.
   - 문성규 씨는 부친 사망 후 추가로 발견된 유언장이 있는 경우 두 유언장과의 관계와 그에 따른 상속재산분할에 대하여 궁금해하고 있다.

IV. 부친 문영재 씨의 사망 당시 본인 명의의 재산 및 사전증여 현황(2025년 1월 1일 현재)

- 부동산 재산 현황

(단위 : 천 원)

구분	취득일자	취득당시 기준시가 /취득원가	현재 기준시가 /적정시세	비고
아파트 C	2016.8.	500,000 /700,000	800,000 /1,000,000	부친이 취득 이후 부친과 모친만 계속 거주
토지 D	2006.3.	150,000 /300,000	300,000 /500,000	소득세법상 사업용 토지(농지)에 해당함

※ 기준시가는 상속세 및 증여세법상 보충적 평가방법 적용 시 아파트는 공동주택가격, 토지는 개별공시지가를 의미함

- 금융재산 현황

구분	상속세 및 증여세법상 평가가액	비고
주식 E	550,000천 원	유가증권 상장법인 주식임
예금 F	300,000천 원	소득세 원천징수세율은 14%임

- 사전증여 현황

수증자	증여일	증여재산	상속세 및 증여세법상 증여일 현재 증여재산 평가가액
김숙희 (문성규 씨의 모친)	2010.4.	현금	200,000천 원
문성규	2017.4.	현금	300,000천 원

• 부친 문영재 씨의 자필증서 유언장

유언장

주소 : 서울시 마포구 토정로 XX길 XX, XXX동 XXX호 (현석동, 아파트 C)
1. 아파트 C를 배우자 김숙희에게 상속한다.
2. 토지 D를 딸 문현선에게 상속한다.
3. 유언집행자는 아들 문성규로 한다.

2024년 5월 31일
작성자 본인 문영재(인)

Ⅴ. 경제지표 가정
• 세후투자수익률 : 은퇴 전 연 5.0%, 은퇴 후 연 3.0%
• 물가상승률 : 연 3.0%

※ 상기 시나리오를 참고하여 문제 1번부터 10번까지 답하시오. (질문하지 아니한 상황은 일반적인 것으로 판단하며 개별문제의 가정은 다른 문제와 관련 없음)

001 문성규 씨는 다세대주택 A의 주택담보대출의 잔액으로 가장 적절한 것은?

① 약 118,970천 원
② 약 123,440천 원
③ 약 158,620천 원
④ 약 198,400천 원
⑤ 약 208,440천 원

002

문성규 씨는 모친 김숙희 씨로부터 100,000천 원을 사전증여 받을 경우 평소 관심을 가졌던 다음의 ELS에 투자를 할까 생각 중이다. ELS의 손익구조 및 상환금액에 대한 설명으로 적절하지 않은 것은?

[ELS 투자개요]
- 기초자산 : 엔비디아
- 발행일 : 2024년 12월 30일
- 투자금액 : 100,000천 원
- 만기일 : 2025년 6월 30일
- 만기평가일 : 2025년 6월 27일

[손익구조]

구분	결정조건	수익률(세전)
만기 상환	① 최초기준가격결정일(불포함)로부터 만기평가일(포함)까지 기초자산가격(종가기준)이 최초기준가격의 120%를 초과하여 상승한 적이 있는 경우	2.00%
	② 최초기준가격결정일(불포함)로부터 만기평가일(포함)까지 기초자산가격(종가기준)이 최초기준가격의 120%를 초과하여 상승한 적이 한 번도 없고, 만기평가가격이 최초기준 가격의 100% 이상인 경우	0.00~20.00%
	③ 최초기준가격결정일(불포함)로부터 만기평가일(포함)까지 기초자산가격(종가기준)이 최초기준가격의 120%를 초과하여 상승한 적이 한 번도 없고, 만기평가가격이 최초기준 가격의 100% 이하인 경우	0.00%

구분	상환금액
①	투자원금 × (100% + 2.00%)
②	투자원금 × (100% + 상승률×50%)
③	투자원금 × (100% + 0.00%)

* 상승률 = 만기평가가격/ 최초기준가격 − 1(상승률은 소수점 2자리, 상환금액은 원미만 절사)

① 상기 ELS 손익구조 형태는 Knock-Out Call 상품구조이다.
② 엔비디아의 발행일 종가가 만기평가일까지 120%를 초과한다면 상환금액은 102,000천 원이다.
③ 엔비디아의 발행일 종가가 만기평가일까지 120%를 초과하지 않는다면 만기상환금액이 투자금액에 상승률의 50%를 가산한 금액으로 상환한다.(손실 시는 제외)
④ 엔비디아 주가가 하락한 경우라도 만기상환금액은 원금은 상환받을 수 있다.
⑤ 해당 ELS의 참여율은 100%이다.

003 문영재 씨가 보유하고 있는 주식 E를 부부가 새로 합의한 세후투자수익률 연 7%를 기대하기 위해서 주식과 채권에 투자할 비중으로 적절한 것을 고르시오.(단, 부부의 의견을 반영해 유동성 부문에 10%를 고정 배분하기로 했다.)

- 채권부문 장기투자 수익률(예상) : 연 6%(세후투자수익률)
- 주식부문 장기투자 수익률(예상) : 연 14%(세후투자수익률)
- 유동성부문 장기투자 수익률(예상) : 연 4%(세후투자수익률)

① 주식투자비중 15%, 채권투자비중 75%
② 주식투자비중 30%, 채권투자비중 60%
③ 주식투자비중 45%, 채권투자비중 45%
④ 주식투자비중 60%, 채권투자비중 30%
⑤ 주식투자비중 75%, 채권투자비중 15%

004 문영재 씨가 보유하고 있는 주식E의 내재가치와 PER에 대한 내용으로 맞는 것은?

- 자기자본 이익률(ROE) : 7%
- 주식시장 위험 프리미엄 : 5%
- 주식 E의 베타 : 1.3
- 무위험 이자율 : 4%
- 배당성향 : 60%
- 2023년 귀속 소득을 정산한 결과 주당순이익은 1,500원, 배당금은 주당 900원이다.

① PER : 약 7.6배, 내재가치 : 약 11,688원
② PER : 약 7.8배, 내재가치 : 약 12,016원
③ PER : 약 8.2배, 내재가치 : 약 14,922원
④ PER : 약 7.0배, 내재가치 : 약 10,352원
⑤ PER : 약 7.5배, 내재가치 : 약 15,916원

005 문성규 씨는 현재 운영 중인 사업장 및 보유 중인 부동산에 대한 재산세와 종합부동산세에 대해 문의하였다. 다음 설명으로 적절하지 않은 것은?

① 재산세는 매년 6월 1일이 과세기준일이며 과세기준일 현재 과세대상 부동산을 보유한 자가 해당 연도의 재산세를 전액 부담한다.
② 재산세 과세대상은 크게 주택(부수토지 포함), 토지, 건축물로 구분된다.
③ 분리과세 대상 토지와 주택 및 건축물은 물건별로 개별 과세하나 주택의 경우 초과누진세율이 적용되므로 공동명의를 통한 절세가 가능하다.
④ 다세대주택 A에 대한 재산세 납부는 50%는 7월에, 나머지 50%는 9월에 납부한다.
⑤ 오피스텔 B에 대한 재산세로 건물은 7월에, 토지분 재산세는 9월에 납부하는 것이며, 토지는 종합합산과세대상 토지로 분류된다.

006 문성규 씨의 부친 사망 후 발견된 자필증서유언의 효력과 상속재산의 분할에 대한 설명 중 가장 적절한 것은?

① 자필증서 유언장의 날인 부분이 없더라도 해당 자필증서의 유언장은 법적효력을 인정한다.
② 김숙희가 유언장의 내용대로 아파트 C에 대한 유증을 받을 수 있지만, 해당 유증을 포기하면 다른 자에 대한 유언의 내용도 모두 법적 효력을 잃는다.
③ 자필증서의 유언에 대한 유언집행자는 상속인도 가능하다.
④ 유언장의 내용대로 유언을 집행하면 되는 것이며, 유언장 이외의 방법은 존재하지 않는다.
⑤ 토지 D에 대한 유언의 효력은 상속개시일로 소급하여 발생한다.

007 문성규 씨 가족은 부친의 상속재산에 대한 상속세 및 증여세법상 상속재산평가 및 상속세 계산에 대한 설명으로 적절하지 않은 것은?

① 아파트 C를 상속받을 때 배우자가 상속받은 경우에는 동거주택상속공제를 받을 수 없다.
② 토지 D가 농업용 토지에 해당하는 농지라면 해당 농지를 3년 이내에 양도하는 경우에는 조세특례제한법상 일정 한도 내의 양도소득세는 면제된다.
③ 주식 E의 평가는 상속개시 전후 2개월의 종가평균에 의해 계산된다.
④ 예금 F에서 미수이자가 있다면 예금 원금에 미수이자를 가산한 금액을 평가금액으로 한다.
⑤ 상속세 계산 시 부친의 사망보험금이 있다면 사망보험금도 상속재산으로 간주된다.

008 다음 추가 정보를 고려할 때 부친 상속재산에 대한 상속세 및 증여세법상 상속세 과세표준 계산으로 가장 적절한 것은?

> [추가 정보]
> • 상속세 및 증여세법상 상속재산 평가가액
>   – 부동산 재산 : 시나리오상 '현재 적정시세'
>   – 금융 재산 : 시나리오상 '상속세 및 증여세법상 평가가액'
>   – 사전증여 재산 : 시나리오상 '상속세 및 증여세법상 증여일 현재 증여재산 평가가액'
> • 장례비(증빙 있음) : 20,000천 원(일반 장례비 1,200천 원, 봉안시설 사용비용 8,000천 원)
> • 상속세 산출세액은 '상속세 과세표준 × 세율'로 산출
> ※ 상속세 과세가액 계산 시 시나리오상 'Ⅳ. 부친 문영재 씨의 사망 당시 본인 명의의 재산 및 사전 증여 현황'에 있는 재산만 고려하며 그 외 비과세상속재산 및 상속재산에 가산되는 금액, '장례비용을 제외한 상속재산 차감금액(채무, 공과금 등), 세대생략가산액(할증세액)'은 고려하지 않음
> ※ 기초공제와 그 밖의 인적공제 및 배우자 공제는 10억 원을 적용하며, 요건을 충족하는 경우 동거주택 상속공제와 금융재산 상속공제를 적용하며 그 외의 공제는 고려하지 않음

① 427,200천 원
② 748,000천 원
③ 1,465,000천 원
④ 1,890,000천 원
⑤ 2,465,000천 원

009 문성규 씨는 부친의 상속재산에 대한 상속세를 납부하고자 한다. 하지만 상속세를 한 번에 납부하는 것이 자금 형편상 어려워 나누어서 납부할 수 있는 방법이 있는지 궁금해하고 있다. 상속세 납부와 관련하여 김재무 CFP® 자격인증자가 안내한 다음 설명 중 가장 적절한 것은? (단, 각 답지는 각각 별개의 사례임)

① 상속세 납부세액이 2천만 원을 초과하는 경우 분납할 수 있다.
② 상속세 신고 시 연부연납을 하기 위해서는 국세기본법에 따른 담보를 제공하여야 한다.
③ 상속세 납부세액이 1천만 원을 초과하는 경우 연부연납이 가능하다.
④ 상속세 상속세는 상속개시일로부터 6개월 이내에 신고납부하여야 한다.
⑤ 상속세 납부세액이 상속재산가액 중 금융재산가액을 초과하는 경우에는 물납이 허용되지 않는다.

010 김재무 CFP® 자격인증자가 문성규 씨의 재무상담을 하는 과정에서 설명한 다음 내용 중 올바른 것을 모두 고르시오.

> 가. 문성규씨는 개인사업자이며, 사업장에서 발생하는 소득금액 계산 시에 본인의 인건비는 필요경비로 인정되지 않는다.
> 나. 문성규는 돌아가신 부친 문영재의 상속재산을 안심상속 원스톱서비스를 통해 조회해 볼 수 있는데 사망일이 속한 달의 말일부터 6개월 이내에만 가능하다.
> 다. 다세대주택 A의 주택담보대출을 부인 명의로 대출을 받았으면 부인의 종합소득세 계산 시 종합소득공제에서 일정 금액을 소득공제 받을 수 있다.
> 라. 문성규의 누나가 부친보다 먼저 사망했다면 누나의 배우자 및 자녀는 부친의 상속권을 잃는다.
> 마. 문성규씨 부부는 재산세와 종합부동산세를 모두 납부해야 한다.

① 가, 나, 다
② 가, 라, 마
③ 나, 다, 라
④ 나, 라, 마
⑤ 다, 라, 마

복합사례 III

이철민 씨 부부는 2025년 1월 초 김재무 CFP® 자격인증자를 만나 몇 가지 관심사항에 대한 구체적인 방안 마련에 대해 상담을 원하고 있다. 다음 시나리오를 토대로 재무상담이 진행된다.

I. 신상정보
- 가족상황
  - 이철민 : 남편(38세), 대기업 과장, 연봉 60,000천 원, 2024년 12월 말 퇴직연금 적립액 30,000천 원
  - 한선희 : 부인(35세), 대기업 대리, 연봉 40,000천 원
  - 이호영 : 아들(9세)
  - 이서이 : 딸(7세)
- 건강 상황 : 가족 모두 건강하며, 특별한 질병이나 병력이 없어 보험가입에 어려움이 없음
- 주거 상황 : 동작구 소재 85m^2형 아파트에 거주(남편 명의)하고 있으며, 3억 원의 아파트를 구매하면서, 2022년 6월 초에 이 아파트를 구입할 때 KS은행에서 20년 만기 연 8%, 월복리의 매월말 원리금균등상환을 조건으로 100,000천 원을 대출받았으며 2024년 12월 말 현재 31회차 상환하였음
- 이상철(이철민의 부), 박승연(이철민의 모) : 슬하에 이난향(장녀), 이양후(장남), 이철민(차남)가 있음
  - 이난향은 배우자 배기선 사이에 외동딸 배신희가 있음
  - 이양후는 배우자 오순애 사이에 쌍둥이 이기연과 이기수가 있음
- 이상철의 부동산 및 소유현황

(단위 : 천 원)

구분	취득일자	취득당시 기준시가/취득가액	2024.12.31 현재 기준시가/적정시세	비고
아파트 A	2007.4.	800,000 /900,000	1,300,000 /1,800,000	• 전용면적 104m^2 • 이상철 세대 거주
상가 A	2014.7.	1,550,000 /1,600,000	1,700,000 /2,000,000	• 임대보증금 200,000 • 월세 4,500

- 금융자산 : 정기예금 8억, 비상장주식 10억

Ⅱ. 재무목표
- 유동성과 부채의 관리
- 자녀 대학교육자금과 결혼자금 설계
- 이철민씨의 조기 사망과 기타 위험관리
- 이철민, 한선희 부부의 은퇴설계
- 은퇴는 이철민씨 나이로 65세로 가정하고, 은퇴기간은 25년으로 한다.
- 국민연금은 남편은 65세에 11,000천 원을 받으며, 부인은 65세부터 7,000천 원을 수령한다.

Ⅲ. 경제지표 가정
- 세후투자수익률 : 연 7%
- 물가상승률 : 연 4%
- 교육비상승률 : 연 6%

Ⅳ. 투자정보
- 위험보유성향 : 중립형

(단위 : 천 원)

구분	가입일	만기일	가입금액	연이율	평가금액	투자목적	명의
CMA	'21. 12	—	—	—	10,257	—	이철민
후순위채권	'23. 5	—	—	—	31,667	결혼자금	이철민
적립식 펀드	'22. 4	—	—	—	74,481	교육자금	한선희
장기주택마련저축[1]	'14. 4	—	—	—	55,057	—	이철민
연금보험	'15. 12	—	—	—	28,800	은퇴자금	이철민
연금저축보험	'16. 12	—	—	—	28,800	은퇴자금	한선희
변액연금	'21. 4	—	—	—	28,500	은퇴자금	이철민

1) 자유적립식

V. 보험정보
(1) 생명보험 및 연금보험

보험형태	종신보험	연금보험[1]	변액연금[2]
계약자 및 피보험자	이철민	이철민	이철민
수익자	한선희	이철민	이철민
보험가입금액	100,000천 원	–	–
계약일	2017. 1. 7	2016. 12. 31	2021. 4. 1
만기일	–	–	–
월납보험료	200천 원	150천 원	500천 원
해약환급금	8,700천 원	28,800천 원	28,500천 원
기타	약관대출 5,000천 원	65세 연금개시	65세 연금개시

1) 이철민의 연금보험(세제비적격) : 제1보험기간(연금개시 전) 중 사망 시 해약환급금과 30,000천 원을 사망보험금으로 지급하며, 연금은 이철민씨 나이 65세에 연금개시 후 생존 시 매년 초 10,000천 원씩 지급함

2) 이철민의 변액연금보험 : 제1보험기간(연금개시 전) 중 사망 시 해약환급금과 30,000천 원을 사망보험금으로 지급하며, 연금은 이철민씨 나이 65세에 연금개시 후 생존 시 매년 초 10,000천 원씩 지급함

보험형태	종신보험	암보험	연금저축보험[3]
계약자 및 피보험자	한선희	한선희	한선희
수익자	이철민	한선희	한선희
보험가입금액	50,000천 원	20,000천 원	–
계약일	2020. 1. 5	2020. 1. 5	2016. 12. 31
만기일	60세 만기	2030. 1. 5	–
월납보험료	70천 원	30천 원	150천 원
해약환급금	0원	–	28,800천 원
기타	5년 갱신정기보험	암 사망시 20,000천 원 (암 이외 사망시 사망보험금 부지급)	62세 연금개시 세제적격

3) 한선희씨의 연금저축보험 : 제1보험기간(연금개시 전) 중 사망시 해약환급금과 30,000천 원을 사망보험금으로 지급하며, 연금은 한선희씨 나이 62세에 연금개시 후 생존시 매년초 10,000천 원씩 지급함

(2) 주택화재보험

계약자 및 피보험자	이철민
계약일	2024. 4. 1
만기일	2025. 4. 1
보험가입금액	건물 : 60,000천 원, 가재도구 : 0원
연간보험료	50천 원

(3) 자동차 보험

용도	자가용
피보험자(소유자)	이철민
계약일	2024. 4. 1
만기일	2025. 4. 1
보험가입 금액	• 대인 Ⅰ : 자배법 시행령에서 정한 금액 • 대인 Ⅱ : 무한 • 대물 : 1사고 당 200,000천 원 • 자기신체사고 : 1사고 당 15,000천 원 • 무보험자동차 : 피보험자 1인당 200,000천 원 • 자기차량손해 : 손해액의 20%(최저 20만 원, 최고 50만 원) • 특약 : 가족운전자한정운전 특약, 운전자 연령 만 26세 이상 한정운전 특약
보험료	연 500천 원

Ⅵ. 은퇴설계를 위한 추가 정보
- 은퇴 이후 필요한 은퇴수입 : 매년 54,000원(현재물가기준), 남편 사망 후 70%
- 부동산(아파트, 현재시세)은 매년 물가상승률만큼 상승예상
- 은퇴시점에서 아파트는 시세로 매각(매각 부대비용은 없는 것으로 가정함)
- 이철민씨의 미래퇴직금은 200,000천 원으로 가정함
- 은퇴 예비자금 : 은퇴시점에서 200,000천 원(현재물가기준)을 은퇴 예비자금으로 보유하기를 희망함
- 남편 사망 후, 국민연금 유족연금은 없는 것으로 가정, 따라서 한선희씨는 본인의 노령연금을 계속 수령함
- 은퇴생활자금은 매년 물가상승률만큼 상승하며, 모든 비용은 기시에 소요되는 것으로 함
- 주택모기지 잔액은 은퇴 전에 모두 갚는 것으로 가정하고, 은퇴 소득 계산 시 사용하지 않음

※ 상기 시나리오를 참고하여 문제 11번부터 20번까지 답하시오. (질문하지 아니한 상황은 일반적인 것으로 판단하며 개별문제의 가정은 다른 문제와 관련 없음)

011 이철민, 한선희 부부의 보험내역에 대한 재무상담사의 상담내용으로 가장 적절하지 않은 것은?

① 이철민씨가 현재 사망할 경우 사망보험금은 160,000천 원을 받는다.
② 이철민씨가 가입하고 있는 변액연금보험의 경우 투자성과에 따라 사망보험금이 변동하지만 최저사망보험금으로 기납입보험료는 보증받을 수 있다.
③ 한선희씨의 연금저축보험은 세제적격 상품이지만, 한선희씨는 납입보험료 전액에 대해서 세액공제를 받을 수 있다.
④ 한선희씨의 암보험은 암사망보험금 20,000천 원은 주계약이 아닌 특약으로 가입된 상품이다.
⑤ 이철민 부부가 가입하고 있는 주택화재보험은 단기 손해보험상품으로 자동복원 기능이 없다.

012 이상철씨가 상가 A를 이철민씨에게 증여할 경우 증여세와 취득세의 시기로 맞는 것은?

- 증여계약일 : 2024년 6월 29일
- 등기접수일 : 2024년 7월 03일
- 사용수익일 : 2024년 7월 05일

① 증여시기 : 6월 29일, 취득시기 : 6월 29일
② 증여시기 : 6월 29일, 취득시기 : 7월 03일
③ 증여시기 : 7월 03일, 취득시기 : 6월 29일
④ 증여시기 : 7월 03일, 취득시기 : 7월 03일
⑤ 증여시기 : 7월 05일, 취득시기 : 7월 03일

013 이철민, 한선희 부부가 은퇴시점에서 가지고 있을 은퇴자산의 순미래가치는 얼마인지 적절한 것은?

① 1,239,090천 원
② 1,244,263천 원
③ 1,430,679천 원
④ 1,439,090천 원
⑤ 1,444,263천 원

014 이철민, 한선희 부부가 은퇴목표를 달성하기 위하여 은퇴시점에서 필요한 총 은퇴일시금은 얼마인지 적절한 것을 고르시오.(은퇴예비자금을 필요자금에 포함할 것)

① 566,746천 원
② 1,143,420천 원
③ 1,444,263천 원
④ 2,011,009천 원
⑤ 2,587,683천 원

015 이철민, 한선희 부부가 은퇴목표를 달성하기 위하여 은퇴시점에서 추가적으로 필요한 은퇴일시금 마련을 위해 추가적으로 첫해 저축할 금액은 얼마인지 적절한 것을 고르시오.(저축은 매년 말 물가상승률만큼 증액한 금액을 은퇴시점 될 때까지 저축하는 것으로 가정함)

① 6,906천 원
② 9,625천 원
③ 9,903천 원
④ 10,010천 원
⑤ 10,299천 원

016
이철민, 한선희 부부가 은퇴를 위해서는 매년 말 5,000천 원씩 10년간 저축을 한다면 이철민씨 부부가 은퇴하는 시점에서 현재의 가치로 얼마만큼의 소비가 가능한지 적절한 것을 고르시오. (단, 부부의 은퇴시점을 25년간만 고려하며, 한선희씨의 국민연금도 25년간만 수령하는 것으로 가정하며, 은퇴예비자금은 없는 것으로 가정함. 또한 문제 13번에서 계산한 은퇴자산을 고려한다.)

① 28,290천 원
② 31,770천 원
③ 46,290천 원
④ 49,770천 원
⑤ 91,606천 원

017
다음 보기와 관련한 상속문제에 대한 설명으로 가장 적절한 것을 고르시오.

- 이상철은 2025. 6. 1일 심장마비로 사망하였다.
- 이양후는 2012. 1. 1일 다니던 회사를 그만 두고 부친을 도와 상가 임대일을 하고 있다.
- 이상철은 유언을 통해 전재산의 1/2을 행복재단에 나머지는 이철민에게 준다고 하였음.
- 2025. 8. 1일 이난향은 상속을 포기하였음.
- 상속재산은 아파트, 상가, 정기예금, 임대보증금으로 한다(이자, 임대소득, 기타소득은 고려 안 함).

① 이난향의 상속포기로 배기선과 배선희가 이난향의 상속분을 대습상속한다.
② 이양후는 그 누구에게도 자신이 상당한 기여를 했음을 주장할 수 없다.
③ 행복재단이 유증을 포기하기 위해서는 상속인에게 의사표시만 하면 된다.
④ 이양후가 행복재단에 유류분반환청구를 하기 위해서는 보증금채무를 부담해야 한다.
⑤ 이양후는 행복재단에 250,000천 원에 해당하는 유류분반환청구를 할 수 있다.

018 상속세와 증여세에 대한 설명으로 가장 적절하지 않은 것은?

① 절세면에서 볼 때 사전증여는 상속세를 절세하기 위한 가장 궁극적인 절세전략이 되고, 상속에 관하여 민법은 피상속인과 상속인 간의 사적자치원칙에 의해 법률을 적용하는 사법이다.
② 세법에서 민법과 상이한 규정을 두고 있지 않으면 세법의 규정을 적용하게 되고, 상속세 과세체계의 주체는 상속인이다.
③ 세법은 국가와 상속인 간의 관계에서 세금을 강제적으로 징수하는 공법이고, 다른 법률에서 민법과 다른 규정이 있으면 그 다른 법률이 규율하는 곳에서는 민법에서 규율하는 법률을 적용하지 않고 그 다른 법률을 적용할 수 있다.
④ 상속세와 관련하여 재산의 취득시기는 상속개시일이고, 증여세의 법정신고기한은 증여일이 속하는 달의 말일부터 3개월이다.
⑤ 증여세의 공제제도는 증여재산공제, 재해손실공제가 있고, 증여세의 관할세무서는 수증자의 주소지이다.

019 다음 보기에 대한 설명으로 맞는 것을 고르시오.

> - 이상철은 2025. 6. 1일 노환으로 사망하였다.
> - 상속재산 조회를 통해 이양후를 수익자로 하고 이상철을 피보험자로 하는 사망보험금 1억 원이 있음을 발견하였다.
> - 비상장주식을 이철민씨에게 사망 직전 5억 원에 양도하였다.
> - 이양후씨는 부친사망 전에 상속포기를 하고 이를 공증받았다.
> - 부친 사망 후 이철호씨는 본인이 이상철의 자식임을 증명하기 위한 인지소송을 하여 승소하였다.

① 사망보험금은 민법상 수익자의 상속재산이지만, 세법상 보험수익자의 고유재산에 해당된다.
② 비상장주식을 저가로 양도할 당시의 증여재산가액은 2억 원이며, 이철민씨가 비상장주식을 처분할 때 취득가액은 7억 원이 적용된다.
③ 이양후는 상속재산에 대해 아무런 권리도 주장할 수 없다.
④ 이철호의 경우 비록 승소하였다 하더라도 이미 재산분할이 이루어지면 상속권이 없다.
⑤ 이상철씨 사망 전 이양후가 먼저 사망한 경우 사망보험금은 이양후의 배우자 오순애와 자녀 이기연, 이기수가 대습하여 상속받는다.

020 상속세 및 증여세 설계에 대한 설명으로 가장 적절하지 않은 것은?

① 증여할 의사가 있는 경우 자녀에게 전부 증여하는 것보다 자녀와 손자녀에게 적절히 분배하여 증여하면 세금 면에서 유리할 수 있고, 부담부증여의 경우 수증자가 부담하기로 한 채무액은 유상양도로 보아 증여자가 양도소득세를 자진 신고 납부 하여야 한다.

② 상속세를 절세하는 방법 중 절세효과가 크고 그 다양한 방법으로 활용할 수 있는 방안은 사전증여를 활용한 절세 방안이고, 비과세 제도 및 과세가액 불산입 제도의 활용은 절세 효과가 매우 크지만 활용하는 데 다양하지 못하고 제한적이라는 단점이 있다.

③ 사전 증여를 활용한 절세전략을 통해 보다 많은 절세 효과를 창출하기 위해서는 증여재산합산과세제도와 증여재산공제제도에 대한 이해가 선행되어야 하고, 증여재산공제제도는 수증자가 거주자인 경우에만 공제받을 수 있다.

④ 저당권 등이 설정된 재산은 ⓐ 임차보증금과 근저당권 등 실제 담보로 제공하여 차입한 금액 ⓑ 시가 또는 보충적 평가방법 중 큰 금액으로 평가하고, 매년 6월 1일 소유자가 재산세 및 종합부동산세의 납세의무자가 된다.

⑤ 증여세를 납부할 능력이 없는 자녀가 부모에게 증여를 받은 경우 일반적으로 증여세 등 부대비용을 부모가 아닌 할아버지 등으로부터 증여를 받을 경우 절세할 수 있고, 대습상속이 되지 않는 한 손자는 상속개시일 10년 이내 증여분만 가산된다.

종합사례

결혼 11년차인 김준성 씨 부부는 2025년 1월 초 김재무 CFP® 자격인증자를 만나 몇 가지 관심사항에 대한 구체적인 방안 마련에 대해 상담을 원하고 있다. 이들은 이전에 몇몇 기관에서 단편적인 재무설계 서비스를 받아본 적이 있으며, CFP® 자격인증자의 서비스에 대해 Fee-only 보수규정을 따르고 싶어 한다. 그들은 CFP® 자격인증자가 유료상담사인지, 그리고 그들과 함께 Fee-only 베이스로 작업할 수 있는지 물어본다. 이준성 씨 부부는 일반적으로 그들의 미래에 대해 낙관적이다. 하지만 그들의 이웃 중 한 명과 은퇴와 투자에 대해 대화를 나눈 후 그들은 재무적으로 덜 안정적이라고 느끼고 있다.

Ⅰ. 고객정보(나이는 2025년 1월 초 만 나이임)
  1. 신상정보
  [김준성씨 부부의 가족현황]
  - 김준성 : 남편(40세), 대기업 차장, 연봉 60,000천 원(실수령액 월 4,500천 원), 2023년 12월말 확정기여형퇴직연금 적립금 평가액 30,000천 원
  - 송미희 : 부인(35세), 대기업 대리, 연봉 40,000천 원(연봉에 퇴직금이 포함됨)(실수령액 월 3,600천 원)
  - 김수헌 : 아들(10세), 초등학생
  - 김수희 : 딸(6세), 미취학 아동

  [김준성씨 부모님 및 기타 가족현황]
  - 김한철(72세) : 김준성의 부친, 부동산임대사업자
  - 최순자(69세) : 김준성의 모친, 전업주부(김한철씨와 동일주택에 거주)
  - 김혜경(45세) : 김준성의 누나, 7년 전에 이혼, 현재 재혼하여 사위 손지명(45세)씨와 전 남편과의 자식인 김수영(15세), 현재 남편 손지명씨의 전처와의 자식인 손일수(13세), 현재 혼인 중에 태어난 자식 손승은(5세)과 독립세대 구성
  - 김준규(39세) : 김준성의 동생, 배우자 서지영(38세)씨와 2023년 11월 29일 결혼하였으나, 아직 혼인신고를 하지 않은 상태임
  - 김한일(70세) : 김한철의 동생
  2. 김준성씨 가족의 건강 및 주거상황
  - 건강 상황 : 부인 송미희씨가 2025년 1월 유방암 진단판정을 받았으며, 그 이외 다른 가족의 건강에는 지장이 없음
  - 주거 상황 : 경기도 고양시 소재 113m²형 아파트에 거주(남편 명의)하고 있으며, 2022년 6월 초에 이 아파트를 구입할 때 S은행에서 20년 만기 연 8%, 월 복리의 매월말 원리금균등상환을 조건으로 100,000천 원을 대출받았으며 2024년 12월 말 현재 31회차 상환했음

II. 재무적 정보

1. 위험보유성향
   두 부부 모두 위험중립형에 해당함

2. 보유자산 내역(2025년 1월 1일 현재 김준성 씨 부부)

(단위 : 천 원)

구분	가입일	만기일	가입금액	연이율	평가금액	투자목적	명의
CMA	'22. 12	–	–	–	10,257	–	김준성
후순위채권	'23. 5	–	–	–	31,667	결혼자금	김준성
적립식 펀드	'21. 4	–	–	–	74,481	교육자금	송미희
장기주택마련저축[1]	'14. 4	–	–	–	55,057	–	김준성
연금보험	'16. 12	–	–	–	28,800	은퇴자금	김준성
연금보험	'16. 12	–	–	–	28,800	은퇴자금	송미희
변액연금	'21. 4	–	–	–	28,500	은퇴자금	김준성

1) 자유적립식

3. 2025년 1월 1일 현재 부친 김한철 씨 재산현황
   - 예금 : 정기예금 원금 1,000,000천 원, 이자율 연 5%(세전), 원천징수세율 15.4%
   - 국내 비상장주식 10,000주
   - 국내 상장주식 10,000주(소액주주)
   - 부동산

(단위 : 천 원)

부동산	1. 1 예상시세	1. 1 현재고시 기준시가	비고
아파트 A (김한철씨 거주)	1,500,000	1,200,000	132m^2형
아파트 B	1,890,000	1,500,000	임대보증금 : 500,000
임대상가건물 A (신도림동 소재)	1,500,000	850,000	임대보증금 : 250,000 월세수입 : 10,000 은행대출금 : 300,000
상가분양권	1,000,000	납입금액 700,000	프리미엄 300,000

- 부친 김한철 보험료 납입상황
  김한철씨는 자신의 사망보험금 500,000천 원에 해당하는 생명보험에 가입하여 보험료를 모두 납부하였음.

4. 김준성 씨 부부의 보험정보
   - 생명보험 및 연금보험

보험형태	종신보험	연금보험[1]	변액연금[2]
계약자 및 피보험자	김준성	김준성	김준성
수익자	송미희	김준성	김준성
보험가입금액	100,000천 원	–	–
계약일	2018. 1. 7	2017. 12. 31	2022. 4. 1
만기일	–	–	–
월납보험료	200천 원	150천 원	500천 원
해약환급금	8,700천 원	28,800천 원	28,500천 원
기타		65세 연금개시	65세 연금개시

1) 김준성의 연금보험 : 제1보험기간(연금개시 전) 중 사망 시 해약환급금과 30,000천 원을 사망보험금으로 지급하며, 연금은 김준성씨 나이 65세에 연금개시 후 생존시 매년 초 10,000천 원씩 지급함

2) 김준성의 변액연금보험 : 제1보험기간(연금개시 전) 중 사망 시 해약환급금과 30,000천 원을 사망보험금으로 지급하며, 연금은 김준성씨 나이 65세에 연금개시 후 생존 시 매년 초 10,000천 원씩 지급함

   - 생명보험 및 연금보험

보험형태	종신보험	암보험	연금보험[3]
계약자 및 피보험자	송미희	송미희	송미희
수익자	김준성	송미희	송미희
보험가입금액	50,000천 원	20,000천 원	–
계약일	2016. 1. 5	2022. 1. 5	2016. 12. 31
만기일	60세 만기	2039. 1. 5	–
월납보험료	70천 원	30천 원	150천 원
해약환급금	0원	–	28,800천 원
기타	약관대출 5,000천 원	암사망 특약 : 20,000천 원 장애인전용보험 전환특약	62세 연금개시

3) 송미희의 연금보험 : 제1보험기간(연금개시 전) 중 사망시 해약환급금과 30,000천 원을 사망보험금으로 지급하며, 연금은 송미희씨 나이 60세에 연금개시 후 생존시 매년 초 10,000천 원씩 지급함

• 주택화재보험

계약자 및 피보험자	김준성
계약일	2024. 10. 1
만기일	2025. 10. 1
보험가입금액	건물 : 60,000천 원 가재도구 : 0원
연간보험료	50천 원

• 자동차 보험

용도	자가용
피보험자(소유자)	김준성
계약일	2024. 4. 1
만 기 일	2025. 4. 1
보험가입금액	• 대인 Ⅰ : 자배법 시행령에서 정한 금액 • 대인 Ⅱ : 무한 • 대물 : 1사고 당 500,000천 원 • 자기신체사고 : 1사고 당 15,000천 원 • 무보험차 : 피보험자 1인당 200,000천 원 • 자기차량손해 : 손해액의 20%(최저 20만 원, 최고 50만 원) • 특약 : 가족운전자한정운전 특약, 운전자 연령 만 26세 이상 한정운전 특약
보험료	연 550천 원

5. 은퇴정보
    • 은퇴 이후 필요한 은퇴수입 : 매년 54,000원(현재물가기준), 남편 사망 후 70%
    • 부동산(아파트)은 매년 물가상승률만큼 상승예상
    • 은퇴시점에서 아파트는 시세로 매각(매각 부대비용은 없는 것으로 가정함)하여 50%는 은퇴자금으로 사용할 계획임
    • 김준성씨와 송미희씨의 미래퇴직금 및 퇴직연금 평가액의 합계액은 200,000천 원으로 가정함
    • 은퇴 예비자금 : 은퇴 시점에서 200,000천 원(현재물가기준)을 은퇴 예비자금으로 보유하기를 희망함
    • 남편 사망 후, 국민연금 유족연금은 없는 것으로 가정, 따라서 송미희씨는 본인의 노령연금을 계속 수령함
    • 은퇴생활자금은 매년 물가상승률만큼 상승하며, 모든 비용은 기시에 소요되는 것으로 함
    • 주택모기지 잔액은 은퇴 전에 모두 갚는 것으로 가정하고, 은퇴소득 계산 시 사용하지 않음

6. 기타정보
- 자녀 김수헌은 19세 초부터 4년간의 대학교 졸업 후 2년간의 유학을 보낼 예정이며, 대학교 교육자금은 연간 15,000천 원(현재물가기준)을 예상하고, 유학자금으로는 연간 30,000천 원(현재물가기준)으로 예상함 매년 교육비상승률만큼 인상할 예정임
- 자녀 김수희는 19세 초부터 4년간의 대학자금으로 연간 15,000천 원(현재물가기준)을 예상하며, 매년 교육비상승률만큼 인상할 예정임
- 두 자녀는 모두 만 30세에 결혼하는 것으로 예상하고 있으며, 결혼 비용은 각각 현재 물가기준으로 각각 150,000천 원을 지원할 예정임
- 김준성씨의 은퇴시기는 65세 초부터 90세가 될 때까지 25년간으로 예상하고 있으며, 송미희씨의 은퇴시기는 60세 초부터 90세가 될 때까지 30년간으로 예상하고 있음
- 국민연금 노령연금은 김준성씨는 65세초부터 현재물가기준으로 연간 11,000천 원을 수령할 예정이며, 송미희씨는 65세부터 현재물가기준으로 연간 10,000천 원을 수령할 수 있으나, 60세초부터 현재물가기준으로 연간 6,000천 원을 조기노령연금으로 수령할 예정임
- 김준성, 송미희 부부는 향후 5년간 직장을 옮길 계획이 없으며, 연봉은 매년 물가상승률 +1%P 정도 상승할 것으로 예상

III. 고객 재무목표
- 유동성과 부채의 관리
- 자녀 대학교육자금과 결혼자금 설계
- 김준성씨의 조기 사망과 기타 위험관리
- 김준성, 송미희 부부의 은퇴설계
- 대학교육자금, 결혼자금, 은퇴자금 등 세부 재무목표를 달성하기 위한 투자설계

IV. 경제지표 가정
- 세후투자수익율 : 연 7%
- 물가상승률 : 연 4%
- 교육비상승률 : 연 6%

V. 재무제표

• 재무상태표(2024년 12월 31일 현재)

(단위 : 천 원)

자산				부채 및 순자산			
	항목	금액	명의		항목	금액	명의
금융 자산	현금성자산			유동 부채	신용카드		
	현금				마이너스통장		
	CMA	10,257	김준성	비유동 부채	주택담보대출	( )	김준성
	보통예금[1]	3,000	김준성		보험계약대출	5,000	송미희
	저축성자산				임대보증금		
	정기적금			총부채		( )	
	장기주택마련저축	55,057	김준성				
	정기예금						
	연금저축						
	청약종합저축						
	투자자산						
	후순위 채권	31,667	김준성				
	적립식 펀드	74,481	송미희				
	수익증권, ETF 등						
	금융자산 총액	174,462					
부동산 자산	주거용 부동산						
	수익용 부동산						
	토지 등						
	부동산자산 총액						
사용 자산	거주 부동산	300,000	김준성				
	가재도구 등	25,000	공동				
	임차 보증금						
	자동차 등	8,000					
	사용자산 총액	333,000					
기타 자산	퇴직연금(DC) 등	30,000	김준성				
	보험해약환급금	94,800	가족 합계				
	투자목적 미술품 등						
	기타자산 총액	124,800					
	총자산	633,262		순자산		( )	

1) 결제용 계좌에 해당함

• 월간 현금흐름표(2024년 12월)

(단위 : 천 원)

구분	항목	금액
Ⅰ. 수입		8,100
Ⅱ. 변동지출	본인 용돈	(1,000)
	배우자 용돈	(1,500)
	부모님 용돈	–
	자녀 용돈	–
	사교육비	(500)
	기타생활비(의식주, 공과금 등)	(1,000)
	변동지출 총액	(4,000)
Ⅲ. 고정지출	보장성보험료 등	(1,000)
	대출이자	–
	고정지출 총액	(1,000)
저축 여력 (Ⅰ – Ⅱ – Ⅲ)		3,900
Ⅳ. 저축·투자액	정기적금[1]	30,000
	후순위채권[1]	(30,000)
	(변액)연금보험	(800)
	장기주택마련저축	(1,000)
	저축·투자액 총액	(1,800)
추가저축 여력(순현금흐름) (Ⅰ – Ⅱ – Ⅲ – Ⅳ)		2,100

1) 정기적금이 만기되어 후순위채권으로 재투자

※ 상기 시나리오를 참고하여 문제 21번부터 40번까지 답하시오. (질문하지 아니한 상황은 일반적인 것으로 판단하며, 개별문제의 가정은 다른 문제와 관련 없음)

021 다음 중 김재무 CFP® 자격인증자가 김한철씨에게 설명한 내용 중 가장 적절하지 않은 것을 모두 고르시오.

> 가. 김한철씨는 부동산임대 사업소득이 있는 개인사업자이므로 직전연도 부가가치세액의 1/2을 관할세무서에서 예정신고납부할 의무가 있다.
> 나. 김한철씨는 2주택을 소유하고 있으므로 의 임대보증금에 대해서는 소득세를 과세하지 않는다.
> 다. 김한철씨의 정기예금 이자와 비상장주식으로부터의 배당소득이 2천만 원을 초과하는 경우에는 금융소득 종합과세가 적용될 수 있다.
> 라. 보유하고 있는 아파트 B의 임대보증금에 대해서는 간주임대료 등 부동산임대사업 소득을 과세하지 않는다.
> 마. 소유하고 있는 상가분양권을 손자에게 증여할 경우 증여일 현재 시가가 없다면 납입금액 700,000천 원으로 증여재산가액을 평가한다.

① 가, 나, 다, 라
② 나, 라, 마
③ 가, 나, 마
④ 다, 라
⑤ 가, 마

022 다음 자료는 김준성씨의 2024년 귀속 근로소득을 2025년 초 연말정산 시 보험료에 관련된 연말정산자료이다. 이 자료를 토대로 김준성씨의 귀속 연말정산 시 소득공제를 받을 수 있는 특별소득공제에 해당하는 보험료공제액으로 가장 적절한 것은?

[동거가족 사항]
- 송미희씨는 연봉이 40,000천 원(비과세급여 불포함)인 근로소득자이며, 그 외 다른 가족은 소득이 없음
- 동거 가족 모두 생계를 같이 하고 있으며, 자녀는 김준성씨의 기본공제대상자로 되어 있음

[자료]
- 국민건강보험료(본인부담분) : 연간 1,360천 원(노인장기요양보험료 포함)
- 국민연금보험료(본인부담분) : 연간 2,400천 원
- 고용보험료(본인부담분) : 연간 400천 원
- 자동차보험료(보장성) : 550천 원(피보험자 : 본인)
- 김수희씨의 암보험을 2025년 1월에 장애인전용보험으로 전환하였음 : 연간 360천 원 (피보험자 : 김수희), 보험료납입 영수증에 장애인전용보험으로 표시되어 있음
- 자녀의 생명보험료(보장성) : 연간 300천 원(피보험자 : 김수헌)
- 자녀의 생명보험료(보장성) : 연간 300천 원(피보험자 : 김수희)
- 상기 보험료는 모두 김준성씨의 연봉에서 납입되었음

① 900천 원
② 1,260천 원
③ 1,760천 원
④ 2,360천 원
⑤ 3,160천 원

023 비상장 중소법인 이패스코리아㈜의 대주주인 김한철씨가 2023년 8월 19일에 당해주식을 취득하여 보유하다가 당해 주식 전부를 2025년 8월 1일에 양도하였다. 다음 자료를 토대로 당해 비상장주식에 대한 양도소득세를 예정신고하고 납부할 경우에 납부할 양도소득세, 지방소득세, 예정신고기한을 바르게 나열한 것을 고르시오.(천 원 미만은 절사)

- 양도가액 : 주당 10,000원(장외거래)
- 취득가액 : 주당 6,250원
- 양도시 양도비용으로 비상장주식의 증권거래세만 발생하였음

※ 상기 법인의 주식은 누진세율이 적용되는 특정주식 등인 기타자산이 아님
※ 김한철씨는 2025년도 중 양도소득세 과세대상 양도자산은 상기 주식 이외에 아파트 1채를 양도한 것이 전부임

	양도소득세	지방소득세	예정신고기한
①	3,105천 원	310천 원	2026년 2월 28일
②	3,105천 원	310천 원	2025년 10월 31일
③	3,450천 원	345천 원	2025년 11월 30일
④	6,930천 원	693천 원	2026년 2월 28일
⑤	6,930천 원	693천 원	2025년 10월 31일

024 상기 시나리오를 근거로 김한철씨가 2025년 1월 1일에 사망하였다고 가정할 경우 다음의 추가 자료를 참고하여 상속세 과세표준 계산과정으로 가장 적절한 것은? (천 원 미만 단위 무시)

> • 상속재산에 대한 상속 및 증여세법상 시가가 없다고 가정
> • 부동산의 상속재산평가액은 2025.1.1. 고시가격으로 평가함
> • 예금이자는 반년치(6개월 상당 이자)에 대하여 미수이자 계산
> • 비상장주식 및 상장주식은 타인자산을 명의신탁 받은 것으로 가정
> • 배우자에게 상속재산 분할금액은 400,000천 원 정도로 함
> • 장례비 영수증은 챙기지 못함
> • 유언은 없음

① 본래의 상속재산은 1,021,150천 원이다.
② 사망보험금 500,000천 원은 보험수익자의 고유재산이므로 총상속재산가액에 산입되지 않는다.
③ 상장주식과 비상장주식의 명의인이 김한철씨로 되어 있으므로 상속세 과세대상 상속재산에 포함된다.
④ 상속세 과세표준은 3,816,150천 원이다.
⑤ 배우자상속공제로 배우자에게 배분된 4억 원을 공제액으로 한다.

025 김준성, 송미희 부부가 이용하고 있는 주택모기지는 대출기간이 20년으로 주어진 정보에 따라 정상적으로 원리금을 상환해 나갈 경우 2024년도 주택모기지 원금상환액(2024. 1 ~ 2024. 12월분)과 재무상태표의 순자산 금액으로 가장 적절한 것은?

① 원금상환액 : 2,398천 원, 순자산 : 94,175천 원
② 원금상환액 : 2,398천 원, 순자산 : 534,087천 원
③ 원금상환액 : 5,824천 원, 순자산 : 94,175천 원
④ 원금상환액 : 5,824천 원, 순자산 : 534,087천 원
⑤ 원금상환액 : 7,639천 원, 순자산 : 99,175천 원

026 김준성, 송미희 부부가 두 자녀의 교육자금(대학교와 유학비) 마련을 위해 올해부터 10년간 매년 말 저축해 나가고자 한다. 매년 소득이 안정적으로 증가하고 있기 때문에 교육비 마련을 위한 저축도 임금상승률만큼 증가시키고자 할 때, 교육자금이라는 재무목표에 대한 다음의 설명 중 가장 적절한 것은? (적립식 채권형펀드는 더 이상 적립하는 금액이 없다고 가정하며, 세후투자수익률 연 7%임)

① 김수헌의 교육자금을 위해 현재 필요한 금액은 52,365천 원이다.
② 김수희의 교육자금을 위해 현재 필요한 금액은 107,227천 원이다.
③ 준비자금으로 적립식 펀드로 되어 있지만, 펀드의 수익률로 대학교 입학시 까지 운용된다.
④ 두 자녀의 교육자금에 대한 부족자금을 매월 말 정액식으로 저축할 경우 첫 월 말 저축해야 할 금액은 825천 원이다.
⑤ 두 자녀의 교육자금에 대한 부족자금을 매년 말 정액식으로 저축할 경우 첫해 말 저축해야 할 금액은 9,899천 원이다.

027 김준성, 송미희 부부는 두 자녀의 결혼자금 마련을 추가적인 여력이 없는 상태이다. 이에 부친 김한철씨가 상가건물 B의 월 임대료 수입의 일정 금액을 매월 말 10년 저축하여 손자녀의 결혼자금을 지원할 계획이다. 매월 말 김한철씨가 두 손자녀의 결혼자금을 위해 저축해야 할 금액으로 가장 적절한 것은?

① 972천 원
② 1,043천 원
③ 1,383천 원
④ 1,637천 원
⑤ 1,484천 원

028 상기 시나리오와 아래 지문을 참고로 하여 김준성씨가 오늘 사망할 경우 니즈분석방법으로 생명보험 필요보장액을 산정할 때 사망 시 유동성으로 확보할 자산의 내역이 다음과 같을 때 유동성을 제공하기 위한 생명보험 필요보장액으로 적절한 것은?

- 부채 : 부채 전액 상환(배우자 명의 보험계약대출 전액 상환 포함)
- 예상 사후정리 비용
  - 장례비 : 10,000천 원
  - 최후의료비 : 10,000천 원
  - 사후조정자금 : 20,000천 원
  - 상속처리비용 : 10,000천 원
  - 상속세 : 0원
- 유동자산 분류 시 유의사항
  - 보통예금은 유동자산으로 분류하지 않음
  - 김준성씨 사망 시 예상되는 국민연금의 유족연금이나 일시금 등 국민연금의 급부는 고려하지 않음
  - 김준성씨의 퇴직연금 적립금 30,000천 원은 고려할 것

① 유동자산이 103,439천 원 정도 부족하기 때문에 이 금액만큼 추가적인 보장이 필요하다.
② 유동자산이 103,439천 원 정도 초과되므로 추가적인 보장이 불필요하다.
③ 유동자산이 138,439천 원 정도 부족하기 때문에 이 금액만큼 추가적인 보장이 필요하다.
④ 유동자산이 163,439천 원 정도 초과되므로 추가적인 보장이 불필요하다.
⑤ 유동자산이 163,439천 원 정도 부족하기 때문에 이 금액만큼 추가적인 보장이 필요하다.

029 상기 시나리오의 정보 및 아래 지문을 참고로 하여 김준성씨 사망 시 막내 독립 시까지 부양가족 양육비와 배우자의 생애수입(배우자의 은퇴 전, 은퇴 후 수입)에 필요한 자금에 대한 생명보험 필요보장액으로 니즈분석방법에 의해 계산할 경우 가장 적절한 것은?

- 현재 생활비 : 연평균 현재물가기준 78,000천 원을 지출
- 희망 연수입 : 막내독립 전 현 생활비의 80%, 막내 독립 후 50%
- 막내독립시기 : 26세
- 송미희씨 은퇴기간 : 송미희씨 나이 기준으로 60세 초부터 90세가 될 때까지 30년간 으로 예산
- 송미희씨는 65세 초부터 현재물가기준 연간 10,000천 원을 수령할 수 있으나, 60세 초부터 현재물가기준으로 연간 7,000천 원을 조기노령연금으로 수령할 예정임
- 송미희씨가 은퇴자금으로 준비하고 있는 자금이 있을 경우 은퇴 수입에 충당할 자금으로 고려할 것
- 국민연금의 유족연금은 고려하지 말 것
- 각 니즈 단계에서 남는 금액이 있을 경우 그 단계의 필요보장액은 '0'으로 함
- 이 문제에 한 해 임금상승률은 물가상승률과 동일하며, 필요수입과 급여도 매년 초 기시에 발생한다고 가정함

① 577,949천 원 ② 591,223천 원
③ 595,451천 원 ④ 606,479천 원
⑤ 643,831천 원

030 김한철(부친)은 임대상가건물의 누수에 따른 손해배상 등을 고려하여 CFP® 자격인증자가 설계한 임대인배상책임보험은 다음과 같다. 일상생활배상책임보험과 비교하여 설명내용이 가장 적절하지 않은 것은?

[임대인배상책임보험 가입설계 정보]

특약	가입금액	비고
건물화재	200,000천 원	
화재벌금	20,000천 원	
화재배상책임	2,000,000천 원	
임대인의 임대료손실	3,000천 원	
급배수시설누출손해	5,000천 원	자기부담금 500천 원
임대인배상책임보험	100,000천 원	자기부담금 500천 원
보험료	10천 원	
비고	20년납 20년 만기	

① 다른 보험의 특약형태로 가입해 둔 일상생활배상책임보험이 있는 경우라 하더라도 임대인배상책임보험은 별도로 가입해야 한다.
② 다른 보험에 특약형태로 일상생활배상책임보험이 가입되어 있다면 아파트 B의 누수가 발생할 경우 아랫집 수리비에 대해 가입금액 한도 내에서 보상받을 수 있다.
③ 임대인배상책임보험의 급배수시설누출손해약 특약에서는 배관이 터졌을 때 실제 배관수리비용을 보험가입금액 한도로 실손보상한다.
④ 임대인배상책임보험을 설계안대로 가입할 경우 오피스텔 외벽의 크랙이나 욕실, 베란다의 방수층이 깨져 누수가 발생하는 경우에는 보상이 되지 않는다.
⑤ 임대인배상책임보험을 설계안대로 가입할 경우 오피스텔의 누수로 인해 아랫집에 천장, 도배, 가전 침수 등의 피해가 발생하면 최대 1억 원까지 보상이 가능하다.

031 다음 중 CFP® 자격인증가가 김준성 고객에게 할 수 있는 국민연금의 연금 수급에 관련된 설명에 대한 내용을 바르지 못한 것은 어느 것인가?

① 연금은 지급사유가 발생한 날이 속하는 달의 다음 달부터 수급권이 소멸하는 날이 속하는 달까지 매월 25일에 지급되고, 연금수급권은 압류나 담보제공이 불가하며, 지급된 연금은 법률에서 정한 일정 금액까지는 압류되지 않는다.
② 노령연금 수급권자가 소득이 있는 업무에 종사하는 경우 일부 금액을 감액하여 지급할 수 있으나 감액금액은 노령연금의 2분의 1을 초과할 수 없다.
③ 중복급여의 조정으로 선택하지 아니한 급여가 유족연금인 경우 유족연금액의 50%에 해당하는 금액을 추가하여 지급하고, 노령연금의 가입기간이 10년 이상인 경우 기본연금액의 100%를 지급한다.
④ 노령연금 수급권자로서 연금 지급의 연기를 희망하는 경우 연금 수급개시연령부터 5년 이내의 기간에 1회에 한하여 그 연금의 전부 또는 일부의 지급을 연기할 수 있다.
⑤ 조기노령연금제도는 가입기간이 10년 이상이고 연금수급개시연령－5년 기간 중에 가입자 본인의 신청에 의해 연금수급개시연령 도달 이전이라도 연금을 받을 수 있도록 하는 제도이다.

032 다음 중 CFP® 자격인증자가 고객에게 할 수 있는 국민연금의 연금급여에 관한 설명에 대한 내용을 바르지 못한 것은 어느 것인가?

① 소득활동에 종사하는 경우 노령연금을 지급할 때 기본연금액을 일정한 기준에 따라 감액하여 지급한다. 부양가족연금액은 지급하지 아니하며, 기본연금액을 계산할 때 n은 20년을 초과하는 국민연금 가입월수를 말한다.
② 소득이 있는 업무란 일정 기준에 의하여 산출된 금액이 A값을 초과하는 소득이 있는 업무를 말하며, 연금지급 개시연령 4년 전에 조기노령연금을 신청하게 되면 기본연금 산정액의 76%가 사망할 때까지 지급된다.
③ 노령연금의 경우 지급사유발생일은 연금수급개시연령의 생일이며 지급사유 발생 한 날이 속하는 달이 다음 달부터 지급하며, 연기연금에 대하여 지급을 신청한 경우 연기되는 매1개월 마다 0.6%를 더하는 등 일정한 기준에 의하여 산출된 금액을 지급한다.
④ 가입기간 20년 이상 가입자의 유족연금액은 기본연금액의 50% + 부양가족연금액이다.
⑤ 장애연금 2등급인 경우 연금액은 기본연금액의 80% + 부양가족 연금액이 지급된다.

033 김준성, 송미희 부부가 은퇴목표를 달성하기 위하여 은퇴시점에서 추가적으로 필요한 은퇴일시금 마련을 위해 추가적으로 첫해 저축할 금액은 얼마인지 가장 적절한 것은?(저축은 매년 말 물가상승률만큼 증액한 금액을 은퇴시점 될 때까지 저축하는 것으로 가정함)

① 9,906천 원
② 12,625천 원
③ 16,065천 원
④ 16,708천 원
⑤ 18,299천 원

034 김준성, 송미희 부부에게 부친 김한철씨가 임대상가건물 A를 증여하였다. 임대상가건물을 월세수입은 현재와 동일하게 지속된다고 가정하며, 김준성씨 은퇴 전까지는 생활비로 충당할 예정이며, 은퇴 후에는 은퇴수입으로 사용할 예정이다. 해당 상가건물의 월세수입만으로 은퇴생활을 할 경우 현재물가기준으로 연간 은퇴소비 수준은 얼마인지 가장 적절한 것은?(월세수입은 기말이며, 은퇴소비는 기시에 발생한다. 배우자 단독 은퇴기간까지 모두 고려할 것)

① 18,290천 원
② 21,770천 원
③ 26,290천 원
④ 28,152천 원
⑤ 75,050천 원

035 전략적 자산배분을 통해 주식 50%, 채권 40%, 현금성 자산 10%의 비중으로 포트폴리오를 구성하고 있는 김준성, 송미희 부부는 "주가상승이 예상되는 만큼 주식투자 비중을 늘이는 것이 좋겠다."는 홍길동씨 CFP® 자격인증자의 조언을 받아들여 향후 1년간 채권 비중을 30%로 줄이는 대신 주식 비중을 60%로 10%P 늘리는 전술적 자산배분을 실시하였다. 이후 김준성, 송미희 부부는 조정된 포트폴리오를 통해 자산을 운용한 결과 다음과 같은 연간 성과가 발생하였다. 아래의 연간 성과 평가를 토대로 전술적 자산배분에 의한 자산배분효과와 증권선택효과를 평가한 것으로 가장 적절하지 못한 내용을 고르시오.

구분		주식	채권	현금자산	총수익률
벤치마크		주가지수	회사채지수 수익률	현금자산 지수수익률	
구성비	전략적 자산배분	50.0%	40.0%	10.0%	
	전술적 자산배분	60.0%	30.0%	10.0%	
수익률	벤치마크	12.0%	5.0%	4.0%	
	실현	10.0%	4.4%	3.8%	
전략적 자산배분수익률		6.0%	( )%	0.4%	( )%
전술적 자산배분수익률		7.2%	1.5%	0.4%	( )%
실제 포트폴리오수익률		( )%	1.32%	0.38%	( )%
자산배분효과		( )%	( )%	0.00%	( )%
증권선택효과		( )%	( )%	-0.02%	( )%

① 주식부문의 자산배분효과는 0.36%로 플러스로 나타났지만, 증권선택의 효과는 마이너스로 나타났다.
② 전략적 자산배분에 의한 총수익률은 8.4%이다.
③ 김준성, 송미희 부부는 자산배분에는 성공하였지만 증권선택에는 실패하였다.
④ 채권부문의 증권선택효과는 -0.18%이다.
⑤ 채권부문의 자산배분효과와 증권선택효과는 모두 마이너스로 나타났다.

036 김재무 CFP® 자격인증자는 김준성씨를 위해 다음과 같은 주식형 펀드 자료를 준비하였다. 김준성씨를 위해 이 가운데 가장 우수한 펀드 두 개를 추천할 생각이다. 트레이너척도와 샤프척도를 이용하여 주식형 펀드를 평가할 때 가장 우수한 펀드끼리 연결된 것은? (단, 무위험 수익률은 5%로 한다.)

주식형 펀드	평균 수익률	변동성(표준편차)	베타
A	8%	0.08	0.33
B	9%	0.16	0.37
C	10%	0.1	0.64
D	11%	0.11	0.66
E	12%	0.18	1.20

① A, B
② B, D
③ C, D
④ E, A
⑤ E, B

037 김준성, 송미희 부부는 현재 상황에서 추가 저축보다는 은퇴시점에서 역모기지를 활용하는 방안을 문의해 왔다. 이 경우 역모기지의 만기에 지급해야 할 금액과 은행의 대출여부에 대해 적절하게 설명한 것은?

> - 25년 만기로 최초 10,000천 원에서 시작하여 매년 물가상승률만큼 증액된 금액을 매년 초 연금으로 수령하고, 금리는 연 8.5%를 적용함
> - 은행이 역모기지 대출 조건 : 대출 시 미래 금리와 담보가치를 고려하여 대출만기 시 상환액이 담보가격의 60% 미만일 것
> - 상기 가정의 주거 부동산은 은퇴자금으로 활용하지 않고 전액 역모기지로 활용
> - 부부의 은퇴기간은 25년간으로 가정함

① 대출만기 시 은행이 평가한 부동산의 담보가치가 역모기지 상환금액보다 약 68,000천 원을 상회하므로 대출이 가능하다고 판단된다.
② 대출만기 시 은행이 평가한 부동산의 담보가치가 역모기지 상환금액보다 약 170,000천 원 미달하므로 대출이 불가능하다고 판단된다.
③ 대출만기 시 은행이 평가한 부동산의 담보가치가 역모기지 상환금액보다 약 100,000천 원을 상회하므로 대출이 가능하다고 판단된다.
④ 대출만기 시 은행이 평가한 부동산의 담보가치가 역모기지 상환 금액보다 약 57,000천 원을 상회하므로 대출이 가능하다고 판단된다.
⑤ 대출만기 시 은행이 평가한 부동산의 담보가치가 역모기지 상환금액보다 약 57,000천 원 미달하므로 대출이 불가능하다고 판단된다.

038 김한철씨가 구로역 인근의 상가건물을 매입할 것인지 고민하고 있다. 상가에서 향후 발생 가능한 수익은 호황일 경우 100,000천 원, 불황일 경우 50,000천 원이다. 각 상황이 발생할 확률은 호황 60%, 불황 40%이다. 투자액은 총 1,000,000천 원이며 이중 대출액은 60%이고, 이자율은 연 7%이다. 김한철씨가 상가건물을 자기자본과 대출금으로 매수할 경우, 상가의 자기자본 기대수익률로 적절한 것은?

① 기대수익률은 6.12%이고 차입금 비율이 높을수록 수익률과 위험은 증가한다.
② 기대수익률은 8%이고 차입금 비율이 높을수록 수익률과 위험은 감소한다.
③ 기대수익률이 타인자본의 수익률보다 크므로 부(−)의 레버리지효과가 발생한다.
④ 자기자본수익률이 기대수익률보다 작으므로 정(+)의 레버리지효과가 발생한다.
⑤ 자기자본수익률이 타인자본 수익률보다 크므로 정(+)의 레버리지효과가 발생한다.

039 상기 시나리오와 다음의 자료를 근거로 다음 설명한 내용 중 적절한 것으로만 모두 고른 것은?

> - 김한철씨는 2025년 1월 1일 암으로 사망하였으며, 김준규씨에게 임대상가 건물 A를 주겠다고 유언하였다.
> - 김한철씨의 상속인들은 상속재산을 분할할 계획이며, 김준성씨가 김한철씨의 사업체를 실질적으로 운영하여 왔으므로 김준성씨의 기여분을 주장하고 있다.
> - 상속분을 산정할 때는 예금과 주식, 상가분양권을 합한 평가액은 20억 원이라고 가정하며, 월세수입 및 사업소득 등은 추가로 고려하지 않는다.
> - 부동산 가격은 2025년 1월 1일 현재 고시 또는 산출 기준시가를 적용한다.
> - 채무액은 10억 원이 있다고 가정한다.

> 가. 김준성씨가 기여분을 인정받으려면 특별한 기여에 해당하는 것이어야 하며, 기여분 주장 방법으로는 공동상속인 간의 합의나 소송을 통해서 가능하다.
> 나. 최순자씨의 유류분을 침해하지 않는 범위 내에서 김준성씨의 기여분을 최대한 인정하고자 할 때, 김준성씨의 기여분으로 인정할 수 있는 최대금액은 3,358,333천 원이다.
> 다. 김준규씨가 받은 유증이 본인의 상속분을 초과하는 경우 그 초과분은 반환대상이다.
> 라. 유류분침해시 유류분반환청구권은 유증의 반환을 청구한 후 부족하면 증여의 반환을 청구한다.
> 마. 김혜경씨의 유류분은 561,111천 원이다.

① 가, 나, 다, 라, 마
② 가, 나, 라, 마
③ 가, 나, 마
④ 나, 라
⑤ 나, 마

040 다음 중 김준성씨 가족의 상속관계를 상담하는 내용으로 가장 적절하지 않은 것은?

① 김준규씨와 부인 서지영씨가 사실혼 관계에 있으므로 서지영씨는 상속인이 되지 못하지만 주택임대차보호법상 임대보증금에 대해서는 임차인으로서의 권리와 지위를 인정받을 수 있다.
② 김한철씨가 보유하고 있는 아파트 B를 차남인 김준규씨에게 증여한 후 10년 이내에 해당 아파트를 양도했다면 배우자 등 이월과세가 적용될 수 있다.
③ 김혜경씨의 자녀로 김수영(15세)와 손일수(13세)사이는 함께 세대를 이루고 있는 형제자매이므로 김수영과 손일수 사이에는 상속관계가 성립된다.
④ 김한철씨가 사망하여 임대상가건물 A를 상속받은 상속인이 해당 상가건물을 양도할 경우 양도소득세 계산시 세율적용의 취득시기는 피상속인이 취득한 날이 되며 장기보유특별공제 적용 시기의 기산일은 상속개시일로 한다.
⑤ 김준성씨의 배우자 송미희씨가 암진단을 받은 경우이므로 송미희씨를 보험수익자로 하는 보험으로서 연간 4천만 원까지의 보험금에 대해서는 증여세가 비과세될 수 있다.

사례형 모의고사 정답 및 해설

정답 [3교시]

| 단일사례 |

001	②	002	②	003	①	004	①	005	③	006	②	007	②	008	②	009	④	010	③
011	④	012	③	013	③	014	⑤	015	①	016	③	017	④	018	③	019	①	020	①
021	②	022	⑤	023	②	024	④	025	④	026	⑤	027	③	028	⑤	029	①	030	④

| 복합사례 |

031	③	032	①	033	③	034	①	035	①	036	①	037	④	038	④	039	②	040	①

단일사례 - 재무설계 원론 및 윤리

001 **정답** ②

해설 교육자금에 대한 계산
현재 7세 (12년 남음)
현재 2세 (17년 남음)
교육자금 계산 CF방식으로 계산[기시 계산]
0[CF_0], 0[CF_1];11, 24,000천 원[CF_2];4, 0[CF_3];0, 24,000천 원[CF_3];4, (1.04/1.02)
×100), NPV = 140,923천 원[PV], 12[n], 4[i] FV = 225,623천 원
준비자금 계산
현재
70,416천 원[PV], 12[n], 4[i] FV = 112,738천 원
교육자금 부족액
225,623천 원 - 112,738천 원 = 112,885천 원
교육자금 매년 말 저축액
112,885천 원[FV], 12[n], 4[i], PMT = 7,512천 원

기본서 페이지 16쪽

핵심 키워드 교육자금 계산

002 **정답** ②

해설 가. 연단위 실효금리는 6.16% (100[PV], 6/12[i], 12[n] FV = 106.16)
나. 연단위 실효금리는 6.18% (100[PV], 6.05/4[i], 4[n] FV = 106.18)
다. 연 단위 실효금리는 그대로 연 6.1%

기본서 페이지 4쪽

핵심 키워드 명목금리, 실효금리

003 **정답** ①

해설 비상예비자금은 (현금성자산 + 저축성자산) = 4,500천 원 + 7,240천 원 + 16,000천 원
= 27,740천 원
주거관련부채비율
월 상환액 1,817천 원×12/(연간 총소득액)50,000천 원 = 43.6%
대출관련 계산
300,000천 원[PV], 12×20[n], 4/12[i], PMT = 1,817천 원
2ND AMORT, P_1 = 1, P_2 = 60 BAL(잔액) 245,771천 원, PRN(그동안 납입한 원금) 54,229천 원, INT(그동안 납입한 이자) 54,847천 원

기본서 페이지 11쪽

핵심 키워드 비상예비자금 계산, 대출이자 계산

004 **정답** ①

해설
- 계산1
  - 10년 후 필요금액
    * 10[n], 4[i], 300,000[PV], FV = 444,073.29
    * 10[n], 6[i], 50,000[PV], FV = 89,542.38
    * 10년 후 필요금액 : 444,073.29 − 89,542.38 = 354,530.91
  - 최초 저축액 계산 (증액율로 할인하는 방식)
    * 354,530.91[FV], 10[n], 10[i], PV = 136,687.01
    * 〈기말급〉 136,687.01[FV], 10[n], (1.06/1.1 − 1) × 100[i], PMT = 16,056.94
    * 16,056.94 × 1.1 = 17,662.63
- 계산2(세후투자수익률로 할인하는 방식)
  - 10[n], (1.06/1.04−1) × 100[i], 300,000[FV], PV = 247,968.20
  - 247,968.20 − 50,000 = 197,968.20
  - 〈기말급〉 197,968.20[PV], 10[n], (1.06/1.1 − 1) × 100[i], PMT = 16,056.94
  - 16,056.94 × 1.1 = 17,662.63

기본서 페이지 5쪽

핵심 키워드 필요자금 및 저축액 계산

단일사례 - 위험관리와 보험설계

005 **정답** ③

해설

	막내 독립 전 생활비 (20년)	독립	막내 독립 후 생활비 (29년)	사망
아내 (36세)	38,250(85%) − 4,000 = 34,250천 원	아내 (54세)	29,250(65%) − 4,000 = 25,250천 원	아내 (85세)

㉠ 생명보험 총 필요보장액
- CF_0 : 106,854 (막내 독립 전 생활비 34,250 + 대출잔액 72,604)
- C_{01} : 34,250 (막내 독립 전 생활비 34,250)/F_{01} : 19
- C_{02} : 25,250 (막내 독립 후 아내 노후생활비 25,250)/F_{02} : 29

- I : (1.05/1.03 − 1) × 100
- NPV = 1,032,479천 원
ⓒ 준비자금 : 종신보험 150,000 + 정기예금 24,000 = 174,000천 원
ⓒ 추가 생명보험 필요보장금액 : 1,032,479 − 174,000 = 858,479천 원

기본서 페이지 24~26쪽
핵심 키워드 니즈분석법

006
정답 ②

해설
① • 현재시점 담보대출에 대한 보장금액
  • 매월 말 상환액 : 1,386천 원 → 300,000[PV], 15 × 12[n], 3.5/12 [i], PMT[END]
    = 2,144.65
  • 7년 경과시점의 대출잔액 : 179,348천 원 → 2,144.65[PMT][END], 8 × 12[n], 3.5/12[i],
    PV = 179,348
② • 재산손해액 : 200,000 × 450,000/(600,000 × 80%) = 187,500천 원
  • 잔존물 제거비용 : min(24,000 × 450,000/(600,000 × 80%), 200,000 × 10%)
    = 20,000천 원
  • 지급받게 될 보험금 : 187,500 + 20,000 = 207,500천 원
③ • 월 저축액(이율전환) : −100[PV], 105[FV], 12[n], i = 0.407
  • 해약환급금 100,000 [FV], 20 × 12[n], 0.407[i], PMT(END) = 246천 원 + 기보험
    250천 원 = 496천 원
  • 종신보험 월보험료보다 104천 원(= 600 − 496) 저렴하다.
④ 종신보험의 단위 보험금액 10만 원당 코스트 = {(250 × 12 + 21,500) × (1 + 0.05) −
  (25,000 + 500)}/{(180,000 − 25,000) × 0.00001} = 1,452원
⑤ 현재시점 필요자금 일시금
  • CF_0 : 0
  • C_{01} : 0 / F_{01} : 29
  • C_{02} : 40,000 / F_{02} : 5
  • I : (1.05/1.03 − 1) × 100
• NPV = 108,125천 원

기본서 페이지 287쪽
핵심 키워드 보험종합설계

007
정답 ②

해설
• 재산손해액 : 350,000 × 400,000/500,000 = 280,000천 원
• 잔존물 제거비용 : min(70,000 × 400,000/500,000, 350,000 × 10%) = 35,000천 원
• 손해방지비용 : 60,000 × 400,000/500,000 = 48,000천 원
• 잔존물 보전비용 : 1,000 × 400,000/500,000 = 800천 원
• 기타협력비용 : 8,000천 원
• 합계 : 371,800천 원

기본서 페이지 196~198쪽
핵심 키워드 공장물건 화재보험

008 정답 ②

해설
- 위자료 : 21,038천 원
  = 45,000(60세 미만) × 55%(노동능력상실률) × 85% = 21,038
- 상실수익액 : 561,226천 원
  = 6,000(월평균 현실소득액) × 55%(노동능력상실률) × 170.685(호프만계수) = 561,226천 원
- 과실율 30%를 감안한 지급보험금 : 582,264 × (1 - 30%) = 407,584천 원

기본서 페이지 240쪽

핵심 키워드 후유장해보험금 지급기준

단일사례 - 은퇴설계

009 정답 ④

해설
- DB형 퇴직연금의 은퇴시점 세전평가액 : 197,751천 원
  - 퇴직시 퇴직급여 세전평가액
    = 8,093.47천 원(평균임금) × 15년(근속년수) = 121,402천 원
    * 평균임금 : 5,000천 원[PV], 14[n], 3.5[i], FV = 8,093.47천 원
  - IRP로 이전하여 운용한 은퇴시점 평가액
    → 121,402.09천 원[PV], 10[n], 5[i], FV = 197,751.21천 원
- DC형 퇴직연금의 은퇴시점 세전평가액 : 219,129천 원
  - 퇴직시 퇴직급여 세전평가액
    → 5,000천 원/1.035[PMT], 15[n], (1.05/1.035 - 1)×100[i], PV = 64,709.52천 원
    → 64,709.52천 원[PV], 15[n], 5[i], FV = 134,526.45천 원
  - IRP로 이전하여 운용한 은퇴시점 평가액
    → 134,526.45천 원[PV], 10[n], 5[i], FV = 219,129.41천 원
- DB형 퇴직연금의 세전평가액은 평균임금에 근속연수를 곱하여 산출하며 일반적으로 법정퇴직금과 동일. DC형 퇴직연금의 세전평가액은 매년 법정퇴직금 상당액이 납입되므로 기말급 누가연금의 종가로 계산함. 수익률 측면에서만 비교하면 동 사례와 같이 임금인상률보다 DC형 퇴직연금계좌의 운용수익률이 높을 경우 퇴직시 퇴직급여는 DC형 퇴직연금이 DB형 퇴직연금보다 많게 됨
- ※ 퇴직연금 가입자의 퇴직시 퇴직급여 상당액
  - DB형 퇴직연금 : 퇴직 전 3개월간 평균임금×근속연수
  - DC형 퇴직연금 : 퇴직시점의 DC형 퇴직연금계좌 평가액

기본서 페이지 111쪽

핵심 키워드 퇴직연금 산출 및 과세

010 정답 ③

해설
① 국민연금을 60세부터 수령한다고 가정할 경우 부부 공동 은퇴기간 은퇴일시금
- 현재시점 부족한 은퇴소득 : 36,000천 원 - 10,000천 원 = 26,000천 원
- 은퇴시점 부족 소득금액 : 26,000천 원[PV], 20[n], 4[i], FV = 56,969천 원
- 은퇴시점 은퇴일시금 : 56,969천 원[PMT](B), 25[n], (1.05/1.04 - 1) × 100[i], PV = 1,272,747천 원

② 국민연금 미수령기간(5년)의 추가필요금액
- 은퇴시점의 국민연금 예상 수령액 : 10,000천 원[PV], 20[n], 4[i], FV = 21,911천 원
- 국민연금 미수령기간의 필요금액 : 21,911천 원[PMT](B), 5[n], (1.05/1.04−1) × 100[i], PV=107,489

③ 배우자 독거기간 은퇴일시금
- 배우자의 독거기간 필요 은퇴소득 : 14,000천 원[PV], 45[n], 4[i], FV=81,776천 원
- 배우자 독거기간 필요 은퇴일시금 : 81,776천 원[PMT](B), 10[n], (1.05/1.04−1)×100 4[i], PV=783,592천 원
- 은퇴시점의 배우자독거기간에 필요한 은퇴일시금 : 783,592천 원[FV], 25[n], 5[i], PV = 231,396천 원

④ 은퇴일시금 합계
→ 1,272,747천 원+107,489천 원+231,396천 원=1,611,632천 원

[참고] PMT가 많이 발생할 때는
36,000[CF₀], 36,000[CF₁](4), 26,000[CF₂](20), 14,000[CF₃](10), (1.05/1.04 − 1) × 100[i], NPV = 735,528천 원
735,528[PV], 20[n], 4[i], FV = 1,611,632천 원

기본서 페이지 102쪽

핵심 키워드 은퇴필요자금 계산

011

정답 ④

해설 기본서에는 2종류의 자산으로 비중을 계산하였으나 본 모의고사에서는 3종류의 자산의 비중을 계산하는 학습을 통해 보다 심도있는 연습을 진행하고자 한다.

F = 20,000천 원[PMT](E), 20[n], 6[i], FV = 735,711천 원
a = 20,000천 원[PMT](E), 20[n], 4.5[i], FV = 627,428천 원
b = 20,000천 원[PMT](E), 20[n], 5.0[i], FV = 661,319천 원
c = 20,000천 원[PMT](E), 20[n], 10[i], FV = 1,145,499천 원

- (a + b)/2 = (627,428 + 661,319)/2 = 1,288,747/2 = 644,373천 원
- F − (a + b)/2 = 735,711천 원 − 644,373천 원 = 91,337천 원
- c − (a + b)/2 = 1,145,499천 원 − 644,373천 원 = 501,125천 원
- 주식투자 비율(F − (a + b)/2c − (a + b)/2) = 91,337천 원/501,125천 원 = 18.22%
- 주식에 투자한 추가저축액 : 20,000×18.22% = 3,644천 원
- 은퇴시점의 평가금액 : 3,644천 원[PMT](E), 20[n], 10[i], FV = 208,710천 원

> - 주식형펀드 투자 비용(Ws) = $\dfrac{F - (B \times P)}{(S - B) \times P}$
> - 채권혼합형펀드 투자 비용(Wb) = 1 − Ws
>
> F : 포트폴리오 증가, P : 정기저축액 또는 일시금 투자액
> S : 주식형펀드 종가계수, B : 채권혼합형펀드 종가계수
> Ws : 주식형펀드 투자 비중, Wb : 채권혼합형펀드 투자 비중

$$\text{주식형펀드 투자 비용(Ws)} = \frac{F - (Wb \cdot B + Wa \cdot A) \times P}{[(S - (B + A)] \times P}$$

• 채권혼합형펀드 투자 비용(Wb) = 1 − (Ws + Wa)
• 대체자산 투자 비중(Wa) = 1 − (Ws + Wb)

F : 포트폴리오 증가, P : 정기저축액 또는 일시금 투자액
S : 주식형펀드 종가계수, B : 채권혼합형펀드 종가계수, A : 대체자산 종가계수
Ws : 주식형펀드 투자 비중, Wb : 채권혼합형펀드 투자 비중, Wa : 대체자산 투자 비중

기본서 페이지 108쪽
핵심 키워드 목표수익률 충족을 위한 은퇴자산 비중

012
정답 ③
해설 288,750천 원(가) − 261,355천 원(나) = 27,395천 원
가. 노령연금 일시금 평가액 : 261,355천 원
[BEG] 10,000[PMT], 30 [n], (1.03/1.02 − 1) × 100[i] PV = 261,355천 원

나. 연기 노령연금 일시금 평가액 : 303,185천 원
[BEG] 13,600 [PMT], 25 [n], (1.03/1.02 − 1) × 100[i] PV = 303,185천 원
303,185 [FV] 5 [n] (1.03/1.02 − 1) × 100[i] FV = 288,750천 원

기본서 페이지 122쪽
핵심 키워드 노령연금 연기연금 비교

단일사례 − 부동산설계

013
정답 ③
해설
• 비례율 = (개발 후 가치 − 추가분담금) ÷ 종전 가치
  − 개발 후 가치 : 4,000 × 85m² = 340,000천 원
  − 추가분담금 : 1,500 × 85m² = 127,500천 원
  − 종전 가치 : 167,500천 원(토지 2800 × 59m², 건물 100 × 23m²)
  − 비례율 : (340,000 − 127,500) ÷ 167,500 = 127%

기본서 페이지 246쪽
핵심 키워드 비례율

014
정답 ⑤
해설 가. 매 기간 세전현금흐름

구분	1년차	2년차	3년차	4년차	5년차
NOI	100,000	100,000	100,000	100,000	100,000
DS	50,631	50,631	50,631	50,631	50,631
BTCF	49,369	49,369	49,369	49,369	49,369

나. 기간 말 세전현금흐름
매도액 − 매도비용 − 미상환대출금 = 1,000,000 − 100,000 − 380,045 = 519,955천 원

다. 부동산 투자가치
- 자기자본가치 : 0[CF_0], 49,369[CF_1](4), (49,369 + 519,955)[CF_2], 10[i], NPV = 509,999천 원
- 부동산 투자가치 : 자기자본가치 + 타인자본가치 = 509,999 + 500,000 = 1,009,999천 원

기본서 페이지 114쪽
핵심 키워드 할인현금흐름분석법

015
정답 ①
해설
- 대출환원율 : 연간 대출원리금 상환액/대출금액 = 112,000/1,500,000 = 0.0746
- 자기자본환원율 : (NOI−DS)/자기자본투자액 = (200,000 − 112,000)/1,000,000 = 0.088
- 종합환원율 : NOI/부동산 가치 = 200,000/2,500,000 = 0.08
- 레버리지 분석 : 종합환원율 > 대출환원율 또는 자기자본환원율 > 종합환원율이므로 정의 레버리지효과가 발생한다.

기본서 페이지 132쪽
핵심 키워드 레버리지 효과

016
정답 ③
해설
- 토지가치 : 400m² × 3,500 × 1.05 = 1,470,000천 원
- 건물가치
  - 재조달원가 : 900m² × 1,100 = 990,000천 원
  - 감가상각액 : 물리적 감가(990,000 × 10/40) + 기능적 감가(80,000) = 327,500천 원
  - 건물가격 : 990,000 − 327,500 = 662,500천 원
- 부동산 가치 : 토지가치 + 건물가치 = 2,132,500천 원

기본서 페이지 110쪽
핵심 키워드 부동산 가치평가(원가법)

단일사례 - 투자설계

017
정답 ④
해설 ◉ 할인채의 세전매매단가 계산
- 잔존기간 계산 : 만기(2025.1.11) − 매매일(2024.10.10) = 93일
  (TI 계산기 : DATE 기능 활용 ⇒ DT1 : 10.1024, DT2 : 10.1125, DBD = 93일)
- 세전매매단가 : $10,000 / (1 + 0.039 \times \frac{93}{365})$ = 9,901원(원 미만 절사)

기본서 페이지 159~168쪽
핵심 키워드 할인채의 세전매매단가

018 정답 ③

해설

○ 헤지 계약수

- 선물헤지 의사결정 : 주가의 하락에 대비하고자 선물을 매도하는 전략을 수립한다.
- 계약수 : $\dfrac{보유포트폴리오\ 금액}{선물지수\ \times\ 거래단위금액} = 1.2 \times \dfrac{1,000,000,000}{200 \times 250,000} = 24$계약 매도

기본서 페이지 229쪽

핵심 키워드 선물을 활용한 헤지거래

019 정답 ①

해설

○ 연간 수익률 및 연표준편차로 환산하는 방법

- 연수익률로 환산 : $(1 + 0.007350)^{12} - 1 = 9.1858\%$
- 연표준편차로 환산 : $\sqrt{0.007088} \times \sqrt{12} = 29.1655\%$

기본서 페이지 51~56쪽

핵심 키워드 연수익률/연표준편차

020 정답 ①

해설

○ 신뢰구간

월간 수익률의 기댓값을 중심으로 좌우 $-2\sigma \leq$ 기댓값 $\leq +2\sigma$ 범위로 결정

- 월간 표준편차 : $\sqrt{0.0070886} = 8.4194\%$
- 월간 기댓값 : 0.7350%
- 수익률 범위 : $-16.1038 \leq$ 기댓값 ≤ 17.5738

기본서 페이지 78~89쪽

핵심 키워드 정규분포/신뢰구간

021 정답 ②

해설

- 베타계수 $\beta_i = \dfrac{\sigma_i}{\sigma_m} \times \rho_{im}$

- 주식 i와 시장수익률 m과의 상관계수 $\rho_{im} = \dfrac{Cov_{im}}{\sigma_i \times \sigma_m}$

- 베타계수의 재정리 $\beta_i = \dfrac{Cov_{im}}{\sigma m^2}$

- 증권시장선 $E(R_i) = R_f + \beta_i \times [E(R_m) - R_f] = k_i$: i주식의 요구수익률
- * $[E(R_m) - R_i]$: 시장위험프리미엄
- * $\beta_i \times [E(R_m) - R_i]$: 개별주식의 위험프리미엄

○ 베타계수와 증권시장선을 이용한 요구수익률 계산

- 베타계수 : $\beta = \dfrac{0.10}{0.06} \times 0.6 = 1.0$
- 요구수익률 : $k = 0.04 + 1.0 \times [0.12 - 0.04] = 0.12 = 12\%$

기본서 페이지 77~89쪽

핵심 키워드 요구수익률

단일사례 - 세금설계

022 정답 ⑤

해설
- **금융소득 종합과세 되는 경우 산출세액과 배당세액공제**
  - 종합합산 대상 금융소득
    - 정기예금이자 10,000 + 집합투자기구로부터의 이익 3,000 + 출자공동사업자배당소득 60,000 + 비상장주식의 배당금 50,000 = 123,000천 원
  - 금융소득금액 결정
    - 이자소득 : 10,000
    - Gross-up 비적용 배당소득 : 3,000(펀드) + 60,000(출자공동배당) = 63,000천 원
    - Gross-up 적용 배당소득 : 50,000(비상장 배당금)
      → Gross up 금액 : 50,000 × 10% = 5,000천 원
  - 금융소득금액 : 123,000 + 5,000 = 128,000천 원
  - 종합소득금액 : 75,000(근로소득금액) + 26,000(임대소득금액) + 128,000(금융소득금액) = 229,000천 원
  - 과세표준 : 229,000 − 10,000(종합소득공제) = 219,000천 원
  - 산출세액 : Max(① 종합과세방식, ② 분리과세방식) = 58,480천 원
    ① 20,000 × 14% + [(219,000 − 20,000) × 38% − 19,940] = 58,480천 원
    ② 123,000 × 14% + [(219,000 − 128,000) × 35% − 15,440] = 33,630천 원
  - 배당세액공제액 : Min(① Gross-up, ② 종합과세방식 − 분리과세방식) = 5,000천 원
    ① 5,000천 원
    ② 58,480 − 33,630 = 24,850천 원

기본서 페이지 213~217쪽

핵심 키워드 금융소득종합과세

023 정답 ②

해설
- **1과세기간 중 2회 이상 양도한 경우 양도소득세 산출세액**

구분	6월	11월	합계	비고
양도가액		1,200,000천 원		
(−)취득가액		600,000천 원		
(−)필요경비				
(=)양도차익	−170,000천 원	600,000천 원		
(−)장기보유특별공제	0	180,000천 원		
(=)양도소득금액	−170,000천 원	420,000천 원	250,000천 원	
(−)양도소득 기본공제			2,500천 원	
(=)양도소득 과세표준			247,500천 원	
(×)세율			38%	누진공제 19,940천 원
(=)산출세액			74,110천 원	

- 장기보유특별공제 (10년 이상) : 600,000천 원 × 30% = 180,000천 원

기본서 페이지 271쪽

핵심 키워드 1과세기간 중 2회 이상 양도한 경우 양도소득세

024 정답 ④

해설

○ 임대소득 계산
- 임대료 수입 : 6,000 × 12개월 = 72,000천 원
- 관리비 수입 : (1,100 − 450) × 12개월 = 7,800천 원
  - 관리비에서 전기요금은 제외한다.
- 간주임대료 : (1,300,000 − 300,000) × 60% × 3.1% − 10,000 = 8,600천 원
  - 주택에 대한 간주임대료는 건설비상당액은 차감하지 아니하며, 3억 원 초과분에 대해서 60%에 대한 간주임대료를 계산한다.

기본서 페이지 67~68쪽

핵심 키워드 주택임대사업자의 부동산임대사업소득의 총수입금액

025 정답 ④

해설

○ 배우자등 증여재산에 대한 이월과세

구분	금액	비고
양도가액	1,500,000천 원	
(−)취득가액	150,000천 원	양관식씨의 취득가액
(−)필요경비	100,000천 원	오애순씨의 증여세 및 취득세 등 부대비용
(=)양도차익	1,250,000천 원	
(−)장기보유특별공제	375,000천 원	양관식씨의 취득일로부터 보유기간에 대한 공제율 적용
(=)양도소득금액	875,000천 원	
(−)양도소득 기본공제	2,500천 원	
(=)양도소득 과세표준	872,500천 원	
(×)세율	42%	누진공제 35,940천 원
(=)산출세액	330,510천 원	

- 장기보유특별공제(15년 이상) : 1,250,000천 원 × 30% = 375,000천 원

기본서 페이지 291쪽

핵심 키워드 필요경비 이월과세

단일사례 - 상속설계

026 정답 ⑤

해설

부동산 무상사용이익 산출기간 5년
부동산 무상사용이익 = Σ[(부동산 가액 × 2%)/(1 + 0.1)^n]
132,000천 원 × 2% = 26,400천 원[PMT] 5[n] 10[i] PV = 100,076천 원

기본서 페이지 169쪽

핵심 키워드 부동산 무상사용 이익 산출

027

정답 ③

해설
① 갑이 사망하는 경우 상속인은 B, C, D와 배우자 A가 된다.
② 자녀 B, C, D와 배우자 A가 상속을 포기하는 경우 최근친인 갑, 을, 병이 본위상속을 받게 된다.
④ D의 재산에 대한 공동 상속인은 B, C, E이므로 각각 1/3씩 상속 받는다.
⑤ 판례에 따르면 피상속인의 자녀가 상속개시 전에 전부 사망한 경우 피상속인의 손자녀는 본위상속이 아니라 대습상속을 하게 된다.

기본서 페이지 157쪽

핵심 키워드 대습상속, 상속분

028

정답 ⑤

해설 구체적 상속분 계산
- B : 금전 500,000천 원 + 주택 800,000천 원 + 생전증여 200,000천 원 − 기여분 100,000천 원 = 1,400,000천 원
  1,400,000천 원 × 3/7 = 600,000천 원 − 특별수익(유증) 800,000천 원 = △ 200,000천 원
  B는 초과특별수익자임. 유류분과 관련이 없는 경우 반환 의무는 없음.
  초과특별수익자가 있는 경우 구체적 상속분 계산할 때 초과특별수익자는 구체적 상속분 계산 시 제외하여 구체적 상속분을 계산하되 초과특별수익은 나머지 상속인이 법정상속분에 따라 구체적 상속분에서 공제하여 계산한다.
- C : 1,400,000천 원 × 2/7 = 400,000천 원 − 특별수익 0 + 기여분 100,000천 원 − 초과특별수익 100,000천 원(200,000 천 원 × 1/2) = 400,000천 원
  D : 1,400,000천 원 × 2/7 = 400,000천 원 − 특별수익 200,000천 원 − 초과특별수익 100,000천 원(200,000천 원 × 1/2) = 100,000천 원

기본서 페이지 161쪽

핵심 키워드 구체적 상속분

029

정답 ①

해설
내연의 처에게 증여한 재산가액은 유류분침해사실을 알면서 받았고, 장학재단에 증여한 재산은 상속개시 1년내 증여한 재산이므로 유류분 산정 기초 재산에 합산된다.
(간주상속재산) 14억 원 + (14억 원 + 21억 원) − 7억 원 = 42억 원
(유류분 산정의 기초재산)
B : 42억 원 × 1.5/3.5 × 1/2 = 9억 원
C, D : 42억 원 × 1/3.5 × 1/2 = 6억 원
(실제 상속받은 재산가액)
B : (14억 원 − 7억 원) × 1.5/3.5 = 3억 원
C, D : (14억 원 − 7억 원) × 1/3.5 = 2억 원
따라서 B는 6억 원에 대해 E에게 2.4억 원을, 장학재단에 3.6억 원을 청구할 수 있다.
자녀 C와 D는 4억 원에 대해 E에게 1.6억 원을, 장학재단에 2.4억 원을 청구할 수 있다.

기본서 페이지 161쪽

핵심 키워드 유류분, 상속분

030 정답 ④

해설
본래의 상속재산 1,500,000천 원
  + 사전 증여재산 300,000천 원(상속인 10년 이내)
장례비 공제 5,000천 원(증빙 없음)
상속세 과세가액 1,795,000천 원
일괄공제 500,000천 원
배우자공제 500,000천 원
금융재산공제 20,000천 원
상속세 과세표준 775,000천 원

기본서 페이지 166쪽

핵심 키워드 상속재산, 상속공제, 장례비, 상속세 과세가액, 상속세 과세표준

복합사례 I

031 정답 ③

해설
- 360,000[PV], 15 × 12[n], 4.5/12[i], PMT = 2,754천 원
  → 18[n], [FV] = 333,906천 원
  → 2nd CLR TVM [PV], (180−18)[n], 3/12[i], PMT = 2,509천 원
  → 24[n], [FV] = 292,544천 원
  → 2nd CLR TVM [PV], (180−18−24)[n], 4.5/12[i], PMT = 2,719천 원
  → 24[n], [FV] = 251,881천 원

핵심 키워드 이론상 대출잔액 산정

032 정답 ①

해설
주택저당대출의 경우에는 상환하는 이자에 대한 일정부분을 소득공제 받을 수 있으며, 원금상환에 대해서는 소득공제 대상이 아니다.
[참고] ⑤ 소득대체율 950천 원/5,000천 원 = 19%

핵심 키워드 재무상담

033 정답 ③

해설

주식	요구수익률(%)	실제수익률(%)	평가
①	11.5	12	저
②	12.8	10	고
③	13.45	17	저
④	14.75	15	저
⑤	16.7	13	고

* 실제수익률 = (1년 예상가격 + 예상배당금수익) / 현재가격

핵심 키워드 증권시장선

034 정답 ①

해설
- 베타를 고려한 헤지계약수 : (170,000 × 1.2)/(204 × 250) = 4계약(선물매도)
- 선물시장 손익 : (206 − 204 × 95%) × 4 × 250 = 12,200 이익
- 현물시장 손익 : 170,000 × (−0.05) × 1.2 = 10,200천 원 손실
- 총이익 : 12,200 − 10,200 = 2,000천 원 이익

핵심 키워드 선물 매도 전략

035 정답 ①

해설
- 투자안(A) : 170,000[PV], 28[n], 5.8[i], FV = 824,228천 원
- 투자안(B) : 170,000[PV], 28[n], 10[i], FV = 2,451,569천 원
- B투자안이 수익률은 좋지만 은퇴저축의 속성상 위험관리 및 간접투자가 가능한 A투자안을 선택하는 것이 바람직하다.

핵심 키워드 은퇴자산 분석 및 은퇴저축안 선택

036 정답 ①

해설
- 은퇴시점의 은퇴생활 수준
  2,451,569[PV], 25[n], (1.03/1.03−1)[i], PMT(b) = 98,062.76천 원
- 현재시점기준 은퇴생활 수준
  98,062.76[FV], 28[n], 3[i], PV = 42,861천 원

핵심 키워드 은퇴생활수준

037 정답 ④

해설
[순손익가치 × 3 + 순자산가치 × 2] / 5
- 순손익가치 : (3,000 × 3 + 2,500 × 2 + 2,000 × 1) / 6 = 2,667(÷ 10%) = 26,667
- 1주당 평가금액 : (26,667 × 3 + 50,000 × 2) / 5 = 36,000원
- 한도 : 순자산가치의 80% = 40,000원
- 비상장주식 평가액 : 40,000 × 10,000주 = 400,000,000원

핵심 키워드 비상장주식의 평가

038 정답 ④

해설
가. 디폴트옵션을 지정하지 않으면 현금성 대기자금으로 남아 있는다.
라. 적립금 운용비율로 위험자산에 대한 투자한도는 70%이다.

핵심 키워드 퇴직연금 적립금 운용

039 정답 ②

해설

구분	금액
양도가액	250,000
취득가액	70,000
기타필요경비	10,000
양도차익	170,000
장기보유특별공제	170,000 × 26%(13년 적용)
양도소득금액	125,800
양도소득기본공제	2,500
과세표준	123,300
산출세액	123,300 × 35% − 15,440 = 27,715천 원

핵심 키워드 : 양도소득세

040 정답 ①

해설 : 보장성보험료 세액공제는 연간 납입금액 한도 100만 원 이내에서 12% 적용, 연금저축계좌의 연간 납입금액 중 최고 600만 원까지 12% 세액공제 적용, 자녀세액공제는 1명인 경우 15만 원 세액공제 적용함

핵심 키워드 : 세액공제

정답 [4교시]

| 복합사례 II |

| 001 | ⑤ | 002 | ⑤ | 003 | ① | 004 | ② | 005 | ③ | 006 | ③ | 007 | ④ | 008 | ③ | 009 | ② | 010 | ① |

| 복합사례 III |

| 011 | ① | 012 | ③ | 013 | ⑤ | 014 | ⑤ | 015 | ⑤ | 016 | ④ | 017 | ② | 018 | ② | 019 | ② | 020 | ⑤ |

| 종합사례 |

| 021 | ⑤ | 022 | ③ | 023 | ④ | 024 | ④ | 025 | ② | 026 | ⑤ | 027 | ⑤ | 028 | ④ | 029 | ⑤ | 030 | ③ |
| 031 | ③ | 032 | ④ | 033 | ④ | 034 | ④ | 035 | ⑤ | 036 | ② | 037 | ① | 038 | ⑤ | 039 | ② | 040 | ③ |

복합사례 II

001 정답 ⑤

해설 300,000[PV], 15 × 12[n], 5.5/12[n], PMT = 2,440천 원
- 방법 1 : 2nd AMORT, P1 = 1, P2 = 72, BAL = 208,439.71천 원
- 방법 2 : 72[n], FV = 208,439.71천 원
- 방법 3 : 108[n], PV = 208,439.71천 원

핵심 키워드 대출잔액 계산방법

002 정답 ⑤

해설 ⑤ 해당 ELS의 참여율은 50%인 상품이다.

핵심 키워드 ELS손익구조

003 정답 ①

해설
- 채권투자수익률을 A로 가정
  $7\% = A \times 6\% + (90\% - A) \times 14\% + 10\% \times 4\%$
  $14\%A - 6\%A = 12.6\% - 7\% + 0.4\%$
  $8\%A = 6\%$
  $A = 75\%$
  따라서 채권투자비중 : 75%, 주식투자비중 : 15%

핵심 키워드 주식과 채권의 투자비중

004 정답 ②

해설
- 요구 수익률 = 4 + 1.3 × 5 = 10.5%
- 성장률 = 유보율 × ROE = 0.4 × 0.07 = 2.8%
- PER = 0.6/(0.105 − 0.028) = 7.79배
- 내재가치 = 900 × 1.028/(0.105 − 0.028) = 12,015.6

핵심 키워드 내재가치/PER1

005 정답 ③

해설 주택의 재산세는 초과누진세율을 적용하지만 공동명의로 보유한다고 하여 과세표준이 분산되는 것은 아니기 때문에 공동명의를 통한 절세효과는 발생하지 않는다.

핵심 키워드 재산세

006 정답 ③

해설
① 자필증서유언의 날인이 생략되면 법적효력이 없다.
② 유언의 일부에 대한 수증자가 유증을 포기했다 하더라도 다른 부분에 대한 유언은 효력이 그대로 인정된다.
④ 유언의 내용 이외에 유언에 의한 수증자 및 공동상속인간의 합의로 분할이 가능하다.
⑤ 소유권이전등기를 마쳐야 법적효력이 인정된다.

핵심 키워드 유언의 법적효력

007 정답 ④

해설 ④ 예금원금에 미수이자를 가산하고 원천징수세액 상당액을 차감한 금액으로 평가한다.

핵심 키워드 상속재산평가

008 정답 ③

해설

총상속재산가액	본래의 상속재산	아파트 1,000,000 토지 500,000 주식 550,000 예금 300,000
	간주상속재산	−
	추정상속재산	−
상속재산 가산금액	사전증여재산	300,000(모친에 대한 증여는 소급하여 10년을 초과했으므로 제외함)
상속재산 차감금액	장례비	15,000(일반장례비 10,000 + 봉안시설 5,000)
상속세 과세가액		
상속세 과세가액 차감금액	상속공제	인적공제 1,000,000 금융재산상속공제 170,000
상속세 과세표준		1,465,000천 원

핵심 키워드 상속세 산출세액

009
정답 ②

해설
① 2천만 원 → 1천만 원
③ 1천만 원 → 2천만 원
④ 상속세는 상속개시일이 속하는 달의 말일로부터 6개월 이내에 신고납부하여야 한다.
⑤ 상속세 납부세액이 금융재산을 초과하는 경우에는 물납이 가능하다.

핵심 키워드 상속세 납부

010
정답 ①

해설
라. 누나가 먼저 사망한 경우라면 선사망에 해당되고 누나의 배우자와 직계비속은 대습상속을 받는다.
마. 문성규씨의 재산현황을 토대로 재산세는 부과되지만, 종합부동산세는 부과되지 않는다.

핵심 키워드 재무상담

복합사례 III

011
정답 ①

해설
① 이철민씨의 사망보험금 : 100,000 + 30,000 + 28,800 + 30,000 + 28,500 = 217,300천 원

핵심 키워드 사망보험금/연금저축보험/변액연금보험/암보험/단기손해보험

012
정답 ③

해설
③ 증여세법상 증여시기는 등기접수일이며, 취득세법상 취득시기는 증여계약일, 사용수익일, 등기일 중 빠른 날이다.

핵심 키워드 증여세와 취득세의 증여시기

013
정답 ⑤

해설
◉ 은퇴시점, 은퇴자산의 순미래가치
- 아파트 : 300,000[PV], 27[n], 4[i], FV = 865,010
- 이철민씨의 개인연금보험, 변액연금의 은퇴시점 가치
  → (10,000 × 2)[PMT](B), 25[n], 7[i], PV = 249,386
- 한선희씨의 개인연금보험의 은퇴시점의 가치
  → 10,000[PMT](B), 28[n], 7[i], PV = 129,867
- 미래퇴직금 : 200,000
- 총 은퇴시점의 순미래가치 865,010 + 249,386 + 129,867 + 200,000 = 1,444,263

핵심 키워드 은퇴자산의 순미래가치

014
정답 ⑤

해설 0[CF₀], 0[CF₁](26), (54,000 − 18,000)[CF₂](25), (37,800 − 7,000)[CF₃](3), (1.07/1.04 − 1)[i], NPV = 323,633
→ 은퇴 후 국민연금을 감안한 필요자금 마련을 위해 현재 통장에 있어야 할 돈 의미
→ 이를 은퇴시 필요한 자금으로 바꾸면(27[n], 7[i]), FV = 2,011,010천 원
은퇴예비자금 200,000의 은퇴시점의 가치 : −200,000[PV], 4[i], 27[n], FV = 576,674
2,011,010천 원 + 576,674천 원 = 2,587,683천 원

핵심 키워드 은퇴일시금

015
정답 ⑤

해설 (2,587,683 − 1,444,263)(은퇴시점의 부족액)[FV], 27[n], 7[i], PV = 184,011
184,011[PV], 27[n], (1.07 / 1.04 − 1) × 100[i], PMT(E) = 9,903 (× 1.04) = 10,299

핵심 키워드 증액식 저축

016
정답 ④

해설 5,000[PMT](E), 10[n], 7[i], FV = 69,278
69,278[PV], 17[n], 7[i], FV = 218,218
218,218 + 1,444,263(은퇴시점 은퇴자산) = 1,662,481(은퇴시점의 준비자금)
1,662,481[PV], 25[n], (1.07/1.04 − 1) × 100[i], PMT(B) = 91,606(은퇴시점의 연간소비)
91,606[FV], 27[n], 4[i], PV = 31,770
→ 31,770 + 11,000 + 7,000 = 49,770

핵심 키워드 은퇴생활수준

017
정답 ②

해설
- 상속포기의 경우 대습상속 불가, 기여분보다 유증이 우선 (재산전부를 유증하였으므로 기여분 주장 불가)
- 포괄유증 포기는 신고 필요, 보증금 채무는 포괄수유자가 부담
- 이양후의 유류분 중 행복재단에 청구할 금액
  = (18억 원 + 20억 원 + 8억 원 − 2억 원) × 2/7 × 1/2 × 1/2
  = 3.143억 원(나머지 유류분 3.143억 원은 이철민에게 청구)

핵심 키워드 대습상속/기여분/유류분

018
정답 ②

해설 상속세 및 증여세법에서 민법과 상이한 규정을 두고 있지 않으면 민법의 규정을 적용하게 되고, 상속세 과세체계의 주체는 피상속인이다.

핵심 키워드 상속세와 증여세

019
정답 ②

해설
① 민법상 수익자의 고유재산, 세법상 간주상속재산이다.
② 고가양수도의 증여재산가액 : (10억 원 − 5억 원) − min(3억 원, 10억 원 × 30%) = 2억 원
③ 이양후의 상속개시 전 포기는 무효이다.

④ 이철호는 상속권이 있다.
⑤ 보험사고 발생 전 보험수익자의 지위는 일신전속권으로 상속 불가하며, 보험수익자가 먼저 사망한 경우에는 다른 공동상속인이 보험수익자의 지위를 갖게 된다.

핵심 키워드 특수관계인 간의 고가양수도의 증여재산가액

020 **정답** ⑤
해설 대습상속이 되지 않는 한 손자는 상속개시일 5년 이내 증여분만 가산된다.
핵심 키워드 상속세 및 증여세 설계

종합사례

021 **정답** ⑤
해설
가. 개인사업자는 부가가치세에 대한 예정신고납부의 의무는 없다.
마. 상가분양권의 보충적평가는 불입액과 프리미엄의 합계액인 1,000,000천 원으로 평가한다.

핵심 키워드 부가가치세 예정신고 및 상속 및 증여재산가액의 평가

022 **정답** ③
해설 국민건강보험료 1,360 + 고용보험료 400 = 1,760천 원
• 국민연금보험료는 연금보험료공제로 별도 적용되며, 자동차보험료와 자녀의 생명보험료 등의 사적인 보장성보험은 보장성보험료 세액공제 대상이다.

핵심 키워드 보험료 소득공제

023 **정답** ④
해설

```
  양 도 가 액    100,000
- 취 득 가 액     62,500
- 필 요 경 비        350   증권거래세 : 100,000 × 0.35% = 350천 원
  양 도 차 익     37,150
- 기 본 공 제      2,500
  과 세 표 준     34,650
× 세      율        20%
  산 출 세 액      6,930 (반기 말일로부터 2개월 내 신고)
```

핵심 키워드 주식의 양도소득세

024 **정답** ④
해설
• 본래상속재산 = (① + ②) : 1,021,150천 원 + 45.5억 원
① 정기예금 1,000,000 + 1,000,000 × 5%/2 × (1 − 15.4%) = 1,021,150천 원
② 부동산 12억(아파트A) + 15억(아파트B) + 8.5억(임대상가건물) + 10억(상가분양권)
= 45.5억 원

- 간주상속재단 = 보험금 500,000천 원
- 본래상속재산 + 간주상속재산 = 6,071,150천 원
- 장례비 5,000천 원, 채무 1,050,000천 원
- 상속세 과세가액 = 6,071,150천 원 − 5,000천 원 − 1,050,000천 원 = 5,016,150천 원
- 일괄공제 및 배우자 공제 : 10억 원
- 순금융재산 1,021,150 + 500,000 − 300,000 = 1,221,150
- 금융재산상속공제 : 1,221,150 × 20% = 244,230(2억 원 한도 → 2억 원)
- 상속공제 계 : 12억 원
- 상속세 과세표준 : 5,016,150 − 1,200,000 = 3,816,150천 원

핵심 키워드 상속세 과세표준

---

025 정답 ②

해설
- 1년간의 원금상환액
  → 100,000[PV], 20 × 12[n], 8/12[i], PMT = 836.44
  ⟨2nd AMORT⟩ : P1 = 20, P2 = 31
  → BAL = 94,175 : 31회차 상환 후 모기지 잔액
  → PRN = − 2,398 : 2018년간 상환한 원금
  → INT = − 7,639 : 2018년간 상환한 이자
- 순자산 : 총자산 − 총부채 = 633,262 − 94,175 − 5,000(약관대출) = 534,087천 원

핵심 키워드 주택모기지

---

026 정답 ⑤

해설
◯ 교육비 마련(CF)
- 김수헌의 교육자금 : 0[CF_0], 0 [CF_1](8), 15,000[CF_2](4), 30,000[CF_3](2), (1.07/1.06 − 1) × 100[i], NPV = 107,227천 원
- 김수희의 교육자금 : 0[CF_0], 0[CF_1](12), 15,000[CF_2](4), (1.07/1.06 − 1) × 100[i], NPV = 52,365천 원
  → 필요자금 : 107,227 + 52,365 = 159,592천 원
  → 준비자금 : 적립식펀드 74,481천 원
- 매년 말 저축액
  → (159,592 − 74,481)[PV], 10[n], (1.07/1.05 − 1) × 100[i], PMT(E) = 9,428(× 1.05)
  = 9,899천 원

[참고] ④ 연간 증액율이 임금상승률로 주어져 있으며, 증액율은 월 단위 증액율로 환산하여 월 저축액을 산정하는 것은 이론상 불합리하다.

핵심 키워드 증액식 저축

---

027 정답 ⑤

해설
◯ 결혼자금(CF)
- 김수헌의 결혼자금 : 150,000[PV], 20[n], (1.07/1.04 − 1) × 100[i], PV = 84,934천 원
- 김수희의 결혼자금 : 150,000[PV], 24[n], (1.07/1.04 − 1) × 100[i], PV = 75,802천 원
  → 필요자금 : 84,934 + 75,802 = 160,736천 원
    → 준비자금 : 후순위채권 31,667천 원

- 필요 저축액의 계산
  → (160,736 −31,667)[PV], 10 × 12[n], [i], PMT(E) = 1,484천 원
  (*이율변환 : −100[PV], 107[FV], 12[n], i = 0.5654)

핵심 키워드 결혼자금/이율변환

028 정답 ④

해설

자산		부채 및 사후정리자금	
사망보험금(종신)	100,000		
사망보험금(연금)	58,800		
사망보험금(연금)	58,500	주택모기지	94,175
CMA	10,257	약관대출	5,000
장기주택마련저축	55,057	사후정리자금	50,000
퇴직연금 적립금	30,000		
	312,614		

- 유동성 제공을 위한 생명보험 니즈금액
  = 312,614천 원 − 149,175천 원 = 163,439천 원 초과

핵심 키워드 니즈분석방법 / 유동성을 제공하기 위한 생명보험 필요보장액

029 정답 ⑤

해설

○ **생명보험 필요보장액**
- 막내 독립 시까지 : 35 ~ 55세(20N) : 필요자금 − 수입 − (연금0)
  → 78,000 × 0.8 = 62,400 − 40,000 = 22,400천 원
- 독립 후 은퇴 전까지 : 55 ~ 60세(5N) : 78,000 × 0.5 − 40,000 = 0으로 처리
- 은퇴 후 사망시까지 : 60 ~ 90세(30N) : 필요자금 − (수입0) − 연금
  → 78,000 × 0.5 − 6,000 = 32,000천 원
- 총 필요자금 : 22,400[CF_0], 22,400[CF_1](19), 0[CF_2](5), 32,000[CF_3](30),
  (1.07/1.04 − 1) × 100[i], NPV = 668,295천 원
- 송미희씨 명의로 된 연금보험의 현재가치
  → 10,000[PMT](B), 30[n], 7[i], PV = 132,776천 원
  → 132,776[FV], 25[n], 7[i], PV = 24,464천 원
- 필요보장액 : 668,295 − 24,464 = 643,831천 원

핵심 키워드 생애수입 생명보험 필요보장액

030 정답 ③

해설 임대인배상책임보험 : 급배수시설누출손해액 특약에서는 배관이 터졌을 때 실제 배관수리비용이 보상되는 것이 아니라 손상된 물건 값에 대해서 보상하는 것이다.

핵심 키워드 일상생활배상책임보험과 임대인배상책임보험

031 정답 ③

해설 중복급여의 조정으로 선택하지 아니한 급여가 유족연금인 경우 유족연금액의 30%에 해당하는 금액을 추가하여 지급하고, 노령연금의 가입기간이 20년 이상인 경우 기본연금액의 100%를 지급한다.

핵심 키워드 중복급여의 조정

032
정답 ④
해설 가입기간 20년 이상 가입자의 유족연금액은 기본연금액의 60% + 부양가족연금액이다.
핵심 키워드 유족연금

033
정답 ④
해설
- 은퇴시점의 은퇴총일시금
  → (54,000 − 17,000)[CF_0], (54,000 − 17,000)[CF_1](24), (54,000 × 70% − 6,000)[CF_2](5), (1.07/1.04 − 1) × 100[i], NPV = 745,314(× 1.04^{25}) = 1,986,886천 원
- 은퇴시점 은퇴자산 : 982,038천 원
  → 아파트 : 300,000[PV], 25[n], 4[i], FV = 799,751(× 50%) = 399,875천 원
  → 김준성씨 연금 : 20,000[PMT](B), 25[n], 7[i], PV = 249,386천 원
  → 송미희씨 연금 : 10,000[PMT](B), 30[n], 7[i], PV = 132,776천 원
  → 김준성씨의 미래 퇴직금 : 200,000천 원
- 은퇴시점 은퇴 예비자금 : 200,000 × 1.04^{25} = 533,167천 원
- 은퇴시점의 부족자금 : 1,986,886 + 533,167 − 982,038 = 1,538,015천 원
- 저축액의 계산
  → 1,538,015[FV], 25[n], 7[i], PV = 283,378
  → 283,378[PV], 25[n], (1.07/1.04 − 1) × 100[i], PMT(E) = 16,065 (× 1.04) = 16,708천 원

핵심 키워드 은퇴준비를 위한 저축액/증액식

034
정답 ④
해설
- 월세수입의 은퇴시점 평가액
  → 10,000[PMT](E), 12 × 30[n], 0.5654[i], PV = 1,536,276천 원
  (*이율변환 : −100[PV], 107[FV], 12[n], i = 0.5654)
- 은퇴소비수준의 계산
  → 1,536,276[PV], 30[n], (1.07/1.04 − 1) × 100[i], PMT(B) = 75,050(÷1.0425) = 28,152천 원

핵심 키워드 은퇴소비수준

035
정답 ⑤
해설

구분	주식	채권	현금자산	총수익률
전략적 자산배분 수익률	6.0	2.0	0.4	8.4
전술적 자산배분 수익률	7.2	1.5	0.4	9.1
실제 포트폴리오 수익률	6.0	1.32	0.38	7.7
자산배분효과	0.36	0.34	0.00	0.7
증권선택효과	−1.2	−0.18	−0.02	−1.4

핵심 키워드 자산배분

036 정답 ②

해설

주식형펀드	평균수익률	변동성 (표준편차)	베타	샤프척도
A	8%	0.08	0.33	0.375
B	9%	0.16	0.37	0.25
C	10%	0.1	0.64	0.5
D	11%	0.11	0.66	0.5455
E	12%	0.18	1.20	0.3889

핵심 키워드 위험조정 성과평가

037 정답 ①

해설

◎ 역모기지 만기의 상환금액과 담보가의 60%와 비교
- 상환금액 : 10,000[PMT](B), 25[n], (1.085 / 1.04 − 1) × 100[i], PV = 157,492
  157,492[PV], 8.5[i], 25[n], FV = 1,210,601천 원
- 담보가치의 60% : 300,000[PV], 4[i], 50[n], FV = 2,132,005 (× 0.6) = 1,279,203천 원
- 담보가치의 60%가 상환금액보다 가치가 높다. 따라서 대출이 가능하다.
- 차이 금액 : 1,279,203 − 1,210,601 = 68,602천 원

핵심 키워드 주택연금(역모기지론)

038 정답 ⑤

해설

자본구분		지급이자 (7%)	자기자본수익			표준편차
자기자본	타인자본		호황(60%)	불황(40%)	기대수익	
1,000,00			100,000(10%)	50,000(5%)	80,000(8%)	2.45%
400,000	600,000	42,000	58,000(14.5%)	8,000(2%)	38,000(9.5%)	6.12%

- 자기자본 수익률 : 9.5%, 타인자본 수익률 : 7%,
- 기대수익률 : 9.5% × 40% + 7% × 60% = 8%
- 자기자본수익률 > 기대수익률 > 타인자본수익률 : 정(+)의 레버리지 효과 발생

핵심 키워드 자기자본 기대수익률

039 정답 ②

해설

가와 라는 맞는 지문이다.
- 유류분산정의 기초재산 : 20억 원 + 5억 원 + 12억 원 + 15억 원 + 8.5억 원 − 10억 원
  = 50.5억 원
나. 최순자씨의 유류분 : 50.5억 원 × 3/9 × 1/2 = 841,667천 원
  김준성씨에게 인정될 수 있는 기여분 : 5,050,000천 원 − 841,667천 원(유류분) − 850,000천 원(유증) = 3,358,333천 원
다. 유증은 반환대상이 아니며, 유류분반환청구의 대상이 될 뿐이다.
마. 김혜경씨의 유류분 : 50.5억 원 × 2/9 × 1/2 = 561,111천 원

핵심 키워드 유류분/기여분

040 **정답** ③

해설 김수영과 손일수는 부모 중 어느 누구도 일치하는 자가 없으므로 두 형제간에는 상속관계가 성립되지 않는다.

핵심 키워드 상속관계

[저자소개]

■ 최동진
- 현) 이패스코리아 AFPK·CFP, 국내금융 강의
- 현) 전국퇴직금융인협회 운영이사
- 현) 한국금융연수원, 보험연수원, 강의 및 교재 집필
- 전) 우리은행 자산관리전문가 근무
- 담당 과목 : 재무설계원론(윤리 포함), 은퇴설계, 상속설계

■ 김종모
- 현) 국내보험사 WM센터 근무
- 현) 숭실대학교 금융부동산학과 겸임교수
- 현) 이패스코리아 국내금융, 은행자격증 강의
- 담당 과목 : 위험관리와 보험설계, 세금설계

■ 박성현
- 현) 탑파이낸스앤로 대표
- 현) 이패스코리아 국내금융, CFP, 외환전문역 강의
- 전) 에듀스탁 AFPK·CFP 강의
- 전) 신한은행 PB팀 근무
- 담당 과목 : 투자설계

■ 김종희
- 현) 지식콘텐츠연구소 소장
- 현) 이패스코리아 금내금융·은행자격증 강의
- 전) FN주식회사 차장(교육기획 및 강의)
- 전) 에듀스탁 강의 및 교재편찬
- 담당 과목 : 단일사례 부동산설계, 복합·종합사례

CFP 사례형 핵심문제집

개정1판 1쇄 인쇄 / 2025년 07월 14일
개정1판 1쇄 발행 / 2025년 07월 18일

지 은 이	㈜이패스코리아
발 행 인	이재남
발 행 처	이패스코리아
	서울시 영등포구 경인로 775 에이스하이테크시티 2동 1004호
	전　　화 1600-0522　팩 스 02-6345-6701
	홈페이지 www.epasskorea.com
	이 메 일 edu@epasskorea.com
등 록 번 호	제318-2003-000119호(2003년 10월 15일)

※ 잘못된 책은 교환해드립니다.
※ 이 책은 저작권법에 의해 보호를 받는 저작물이므로 무단전재와 복제를 금합니다.
※ 이 문제집은 한국FPSB 승인 하에 한국FPSB가 저작권을 소유하고 있는 CFP교재를 바탕으로 편성하였음.

본 교재의 저작권은 이패스코리아에 있습니다.